米山達郎
久保田智大 著

大学入試

英作文バイブル

自由英作文編

解いて覚えるモデル英文
20

Writing Bible for
University Entrance Examinations

Z-KAI

本書は、**自由英作文のカギとなる文法・表現・論理展開のポイントを凝縮した20の英文**を、ポイントを理解しながら覚えることで、大学入試の英作文に必要な知識を効率よくマスターすることを目的とした、**暗唱例文集を兼ねた問題集**です。

■ 自由英作文攻略のカギは論理展開

英語は語順によって意味が決まる言語であり、単に単語を並べただけでは文になりません。また、語順が正しくても、時制などが間違っていれば、意図が間違って伝わってしまう恐れがあります。日常生活であれば、文法的に間違った英語を書いたり話したりしても、相手は話を理解しようとしてくれるでしょう。しかし、大学入試で同じことをすると、伝えたいことが伝わらないどころか、減点の対象となってしまいます。大学入試の英作文で高得点を取り、合格を勝ち取るためには、**文法的に正しい英文を書く力を身につけることが必要不可欠**なのです。

それに加え、自由英作文では、あるテーマについて、指定された条件にしたがって解答する必要があります。「自由」英作文とはいえ、何でも自由に書くことができるわけではないのです。さらに、「大学の先生」という読み手がいるということを意識する必要もあります。読み手である大学の先生は、みなさんが書いた英文を読み、そこからみなさんの考えを読み取ったうえで採点することになります。したがって、大学の先生にとって読みやすく、理解しやすく、納得しやすい英文、つまり論文を書く際にも用いられる論理展開をもとに英文を書くことが求められます。**条件にしたがった内容を、文法的に正しく、論理的な英文を書けるようになる**ことが、大学入試の自由英作文攻略のカギともいえるでしょう。

■ 論理展開を意識した例文暗唱も効果的

英語には、**読み手が理解しやすい文章の組み立て方**があります。これを〈パラグラフの基本パターン〉と呼ぶことにします。自由英作文では、この〈パラグラフの基本パターン〉を意識して答案を書くことが、合格点をめざすうえでのカギになります。そのためには、**自分の考えを〈パラグラフの基本パターン〉にしたがってまとめる練習**が必要です。また、〈パラグラフの基本パターン〉を含むまとまった量の英文を覚えることも、この論理展開を身につけるのに効果的なので、例文暗唱も学習に取り入れるとよいでしょう。

■ 効率よく例文を暗唱するための本書の工夫

　英作文学習のカギとなる例文暗唱を、丸暗記ではなく、文法・表現・論理展開のポイントをしっかりと理解したうえで効率よく行える学習方法を追求した結果、誕生したのが『大学入試 英作文バイブル』です。本書には、効率よく例文を暗唱するために、次のような工夫が盛り込まれています。

① 自由英作文に必要なポイントを 20 の英文に凝縮

　自由英作文では、文法的に正しいことはもちろん、論理的な英文を書くことが求められます。そこで、本書では、自由英作文のカギとなる文法・表現・論理展開のポイントを 20 の英文に凝縮しました。20 の英文を覚えることで、大学入試の自由英作文に必要なポイントをマスターできます。各英文は 80 語前後の長さなので、全体で約 1600 語にわたる英文を覚えることになります。自信を持って使える英文をこれだけ覚えておけば、入試本番で困ることはまずないでしょう。

② 3 ラウンド方式で覚えた英文を「使える」状態に

　本書では、3 つの異なる観点から問題を解くことで、文法・表現・論理表現のポイントへの理解を深めながら英文を覚えられる〈3 ラウンド方式〉を採用しました。この方式により、英文を単に「覚えている」状態から、あらゆる場面で応用できる「使える」状態に引き上げることができます。

③ 別冊でモデル英文と重要表現をくり返し確認

　覚えた英文は、本書での学習が終わった後もくり返し確認することが大切です。そのために、本書では 20 の英文と重要表現をまとめた別冊を用意しました。この別冊を音声と合わせて活用すれば、いつでもどこでも英文や表現を覚えたかを確認できます。入試直前の最終チェックにも最適です。

　自由英作文のカギとなる文法・表現・論理展開のポイントを凝縮した 20 の英文を、独自の 3 ラウンド方式によって単に「覚えている」状態から「使える」状態に引き上げることができる本書は、まさに英作文の「バイブル＝必携書」といえるでしょう。本書で身につけた英文を武器に、大学入試の英作文攻略の第一歩を踏み出すことを心より願っています。

米山　達郎

久保田　智大

もくじ

　本書では、3つの異なる観点から問題を解くことで、文法・表現・論理展開のポイントへの理解を深めながら英文を覚えられる〈3ラウンド方式〉を採用しています。〈原則編〉で自由英作文の基本的な考え方を確認してから、この構成にしたがって学習すれば、英文を単に「覚えている」状態から、あらゆる場面で応用できる「使える」状態に自然に引き上げることができます。ここで各ラウンドの構成と学習の流れを確認してから問題に取り組みましょう。

問題 **（別冊）**

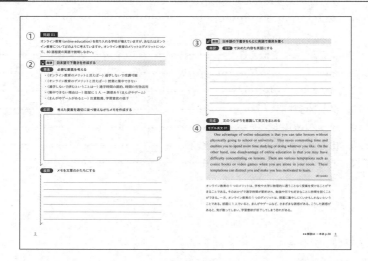

　各課の学習を始める前に、別冊を使って問題を解いてみます。この段階では、英語の答案を書けなくても大丈夫です。まずは原則編で学んだ論理展開を用いて文を組み立てられるかを確認しましょう。ヒントとして **要素** に挙げられている内容を見て、それらをどのように配列すればよいか考え、日本語のメモを作成してみます。もちろん、余裕があれば、メモを文章にして、英語に訳すところまでやってみてもかまいません。最後に、モデル英文を確認してからRound 1の学習を始めましょう。

① 問題
② **発想**：日本語で下書きを作成するパートです。手順にしたがって下書きを作成してみましょう。
③ **表現**：②で作成した日本語の下書きを英語に訳すパートです。
④ **モデル英文**：問題の解答例とその日本語訳です。この英文を暗唱することが最終目標になります。

　このラウンドでは、自由英作文の答案を作る〈手順〉と、答案に求められる〈構成〉を確認します。4ページ（2見開き）で構成されており、最初の見開きでは、**問題を解く手順を俯瞰**します。別冊の問題と同じ紙面構成になっているので、自分で取り組んだ結果と比較しながら、問題を解く手順を確認することができます。ここで、日本語で必要な要素を考え、その要素を相手に伝わりやすく、わかりやすい順序で配列し、文章化して英語に訳すという、自由英作文の問題を解く流れを確認しましょう。

① 問題：問題文が英語の場合は、その日本語訳を示しています。

② 🔆 発想：日本語で下書きを作成する手順を示しています。くわしい手順は、原則編の原則③で学びます（→ p.21 ～）。また、要素の考え方と並べ方については、次の見開きでくわしく学びます。

③ 📝 表現：②で作成した日本語の下書きを英語に訳したものを示しています。訳す際のポイントは、次の見開きでくわしく確認します。

④ モデル英文：問題の解答例とその日本語訳です。③で英語に訳した文を、文と文のつながりを意識してまとめたものになっています。学んだことを確認しながらこの英文を暗唱しましょう。

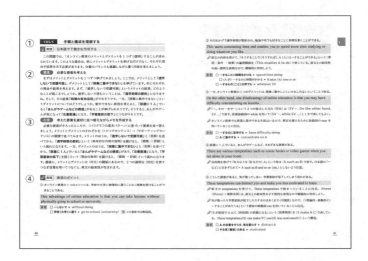

　2つめの見開きでは、**日本語メモの作り方と下書きを英語に訳すポイントをくわしく見て**いきます。問題の基本的な解き方を確認してから、最初の見開きで俯瞰した日本語メモを作る手順を具体的に確認し、最後に日本語の下書きを英語に訳す時にカギとなる文法・表現を学びます。最初の見開きで確認した自由英作文の問題を解く流れを、この見開きで理解を伴ったかたちで定着させましょう。

① 🗲 発想 ：問題の基本的な解き方を確認します。まずは問題への取り組み方を理解しましょう。

② 要素 ：答案を作成するのに必要な要素を考える手順を学びます。どのようにアイデアを発想すれば、答案を書くのに必要な要素を挙げられるかを確認しましょう。

③ 配置 ：②で作成した要素を〈パラグラフの基本パターン〉に基づいて並べ替える手順を学びます。要素をどのように並べれば相手に伝わりやすく、わかりやすい文になるかをしっかりと確認しましょう。

④ ✐ 表現 ：日本語の下書きを英語に訳す時にカギとなる文法・表現を学びます。1文を正確に訳すためのポイントはもちろん、文と文のつながりを作るための表現についても説明しているので、まとまりのある英文を書くためのポイントをしっかりと学びましょう。

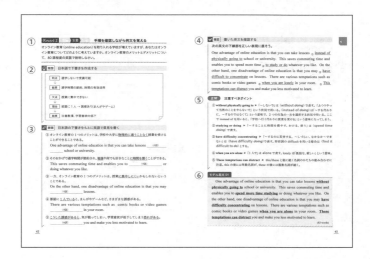

　このラウンドでは、自由英作文の答案を作る〈手順〉と〈構成〉を再確認するともに、モデル英文を覚えているかを〈部分英作文〉と〈誤文訂正問題〉で確認します。問題になっているのは、Round 1 で学んだ文法・表現のポイントを含む箇所なので、問題を解きながら重要なポイントを復習することができます。自由英作文のカギとなるポイントとともに、英文が定着しているかを確認しましょう。

① 問題：問題文を再掲載しています。

② 💡発想：日本語メモを再掲載しています。答案の構成を改めて確認しましょう。

③ ✏️表現：モデル英文を覚えているかを〈部分英作文〉で確認します。文法・表現のポイントを含む箇所が問われているので、Round 1 で学んだことを思い出しながら解いてみましょう。

④ ✔確認：③で問われているポイントを〈誤文訂正〉で確認します。英作文では、自分で書いた英文を見直すことが大切です。誤文訂正問題を通じてそのコツを学びましょう。

⑤ 正解：④の正解と解説です。Round 1 で学んだ文法・表現のポイントを再確認しましょう。

⑥ モデル英文：問題の解答例を再掲載しています。③で問われた箇所が太字になっているので、ポイントを再確認しながら改めて英文を暗唱しましょう。

　このラウンドでは、学習の総まとめとして、モデル英文を完全に暗唱できたかを確認します。モデル英文を完全に復元できるようになれば、自由英作文に必要な文法・表現・論理展開をインプットできたことになります。「書く」「音声を聞く」「声に出して読む」など、さまざまな方法を活用して、モデル英文を記憶にしっかりと定着させましょう。

① **問題**：問題文を再掲載しています。

② **発想**：日本語メモを再掲載しています。答案の構成を改めて確認しましょう。

③ **表現**：モデル英文を覚えているかを確認します。まずは②の日本語メモをもとに復元してみます。うまく復元できない場合は（ヒント1）の日本語訳をもとに復元し、それでもうまく書けない場合は（ヒント2）の〈部分英作文〉に取り組みましょう。

④ **確認**：（ヒント2）の〈部分英作文〉の問題部分に含まれるポイントを確認します。

⑤ **最後に確認**：自分で書いた英文を見直す際のポイントがまとめられています。くわしくは、原則編の原則③で学びます（→ p.32 ～）。

⑥ **モデル英文**：問題の解答例を再掲載しています。正しく英文を復元できたかを確認しましょう。③の〈部分英作文〉の問題部分が太字になっています。

原則編

自由英作文の〈心得〉 ― 読み手と構成を意識する ―

　「自由英作文」と聞いて、何を思い浮かべますか。「自由」英作文だから、思いついたことを自由に書いてもよいと思うかもしれませんが、そんなことはありません。大学入試の自由英作文では、あるテーマについて、指定された条件にしたがって解答する必要があります。このように見ると、意外と「自由」はありませんね。しかし、条件があるにせよ、あるテーマについて自分で考えたことを書くという意味では「自由」であり、この点が、日本語を英語に訳す「和文英訳」との大きな違いといえます。自由英作文の解き方を学ぶ前に、まず自由英作文で求められる心得を確認しておきましょう。

■ 自由英作文の読み手は〈大学の先生〉

　大学入試の自由英作文では、あるテーマについて、指定された条件にしたがって解答する必要があることは、先ほど述べましたが、もうひとつ意識すべきことがあります。それは、「**大学の先生という読み手がいる**」ということです。読み手である大学の先生は、あなたが書いた英文を読み、そこからあなたの考えを読み取ったうえで採点することになります。したがって、自由英作文では、**読み手である大学の先生にとって読みやすく、理解しやすく、納得しやすい答案を書くことが求められる**のです。自由英作文に取り組む際には、まずは大学の先生という読み手がいることを意識するようにしましょう。

■ パラグラフの基本パターン

　読み手である大学の先生にとって読みやすく、理解しやすく、納得しやすい答案を書くには、どのようなことに気をつければよいでしょうか。実は、英語には、**読み手が理解しやすい文の組み立て方**があります。これを〈**パラグラフの基本パターン**〉と呼ぶことにします。パラグラフの基本パターンは、論文を書く際にも用いられるので、このパターンにしたがって答案を書けば、論文を書くことが仕事のひとつである大学の先生にとって読みやすく、理解しやすく、納得しやすいものになります。ここで、パラグラフの基本パターンについて大まかに確認しておきましょう（くわしくは p.15 から始まる原則②で説明します）。

✔ **パラグラフの基本パターン**

① 概略 トピックセンテンス（Topic Sentence）
　　↓
② 詳細 サポーティングセンテンス（Supporting Sentences）
　　↓
③ まとめ コンクルーディングセンテンス（Concluding Sentence）

① トピックセンテンス（Topic Sentence）

　トピックセンテンスは、そのパラグラフが何について書かれているかを示す〈話題〉と、その話題に対して書き手がどのように考えているかを示す〈見解〉（＝主張・意見・判断など）を述べる文です。「取り上げる話題とそれに対する書き手の見解」を最初に示されると、読み手はその文章の概略をつかみ、後に続く内容をある程度予測できるようになります。つまり、トピックセンテンスは、読み手にとって「全体を俯瞰できる見取り図」の役割を果たしてくれるのです。トピックセンテンスは、1 文で簡潔に書くのが原則です。（くわしくは → p.15）

② サポーティングセンテンス（Supporting Sentences）

　サポーティングセンテンスは、**トピックセンテンスで示した〈話題〉と〈見解〉について、くわしく説明する文**です。〈話題〉と〈見解〉についてのくわしい説明なので、複数の文から構成されます（Supporting Sentenc**e**s と複数形になっていることに注目しましょう）。トピックセンテンスとサポーティングセンテンスは、〈概略（**general**）→ 詳細（**specific**）〉という流れになっています。この「まず述べたいポイントを伝え、その後でくわしい情報を示す」という展開は、英語の大きな特徴なので、ここでしっかりとおさえておきましょう。サポーティングセンテンスでの説明には、大きく分けて 3 つの方法があります。

---

(1) 理由の説明

　トピックセンテンスで示した〈見解〉に対して、なぜそのように考えたのか、その理由や根拠、原因を説明する方法です。理由を説明する際のポイントは、**まず一般的・抽象的な〈キーワード〉で理由を端的に示してから、その後で具体的で詳細な説明を加える**ことです。この展開も、〈概略 → 詳細〉という英語の特徴を反映したものになっています。（くわしくは → p.16）

(2) 具体的な説明（＝具体化）

　トピックセンテンスで示した〈話題〉と〈見解〉について、より具体的に説明する方法です。アカデミックな論文では実験結果などの厳密なデータを示しますが、自由英作文では、読み手が納得・共感できるような、**一般常識・社会通念・世間的な価値観に照らして、事実と言って差し支えない、妥当だとみなしてかまわないことを示す**ことになります。（くわしくは → p.16）

(3) 対比の説明

　長所と短所、現在と過去など、2 つの要素を対比することで、トピックセンテンスで示した〈話題〉と〈見解〉について説明する方法です。**2 つの要素を共通の尺度で比較する**ことで、似ている点と異なる点が明確になります。また、3 つ以上の要素を比べて「似ている、異なっている、〜が一番…だ」と分析することもあります。（くわしくは → p.17）

説明する内容にあわせてこの 3 つの方法を使い分けたり組み合わせたりすることで、読み手が理解しやすい説明にすることができます。

③ コンクルーディングセンテンス (Concluding Sentence)

コンクルーディングセンテンスは、サポーティングセンテンスでの説明を受けて、そのパラグラフで書き手が伝えたかったことをまとめる文です。トピックセンテンスで述べた〈見解〉を、最後にコンクルーディングセンテンスでくり返すことで、読み手に対して書き手の見解をよりいっそう強く印象づけることができます。Concluding Sentence の conclude は、「結論を出す」という意味ではなく、「話を締めくくる、話を終える、話をまとめる」という意味で使われているということを覚えておけば、コンクルーディングセンテンスのはたらきを理解することができるでしょう。

コンクルーディングセンテンスでは、トピックセンテンスで述べた〈見解〉をくり返しますが、トピックセンテンスとまったく同じ英文をくり返すことはせず、同じ内容を異なる表現で表すことに気をつけましょう。日本語でもそうですが、同じ単語や表現をくり返し使うと、冗長な印象を与えるので、表現を変える工夫が必要になります。（くわしくは → p.18）。

* * * * *

このように、大学入試の自由英作文では、次の 2 つの心得を意識する必要があります。

---

(1) 大学の先生という〈読み手〉がいることを意識する
(2) 読み手が理解しやすい文になるよう、〈パラグラフの基本パターン〉を意識する

〈パラグラフの基本パターン〉
① 概略 　**トピックセンテンス**
　　　↓
② 詳細 　**サポーティングセンテンス**
　　　↓
③ まとめ **コンクルーディングセンテンス**

特に、〈パラグラフの基本パターン〉は、日本語の論理展開とは異なる点も多いので、次のページから始まる原則②でしっかりと確認し、具体的な書き方を身につけていきましょう。

■ パラグラフの基本パターンのポイント

　パラグラフの基本パターンは〈① トピックセンテンス → ② サポーティングセンテンス → ③ コンクルーディングセンテンス〉という構成でしたね。自由英作文において、それぞれの文で注意すべき点を、具体例を見ながら確認していきましょう。

① トピックセンテンス（Topic Sentence）

　トピックセンテンスは、〈話題〉と〈見解〉をセットで示すのが原則です。たとえば、「日本の首都は東京だ」のように、単なる事実だけを〈話題〉として述べてもトピックセンテンスにはなりません。「東京は首都の機能を十分に果たしていないと思う」や、「首都を東京以外に移すという意見に賛成だ」のように、主張・意見・判断などの〈見解〉を必ず入れる必要があります。「何を〈話題〉」＋「どう考えるか〈見解〉」のセットで書くことを意識しましょう。

　実際の入試問題では、〈話題〉について指定されていることがふつうです。また、〈見解〉についても、誰もが思いつくような、常識的なものを示せば問題ありません。さらに言えば、あなたの本心でなくてもかまわないのです。自由英作文では、独創性は求められません。平凡な内容でも、自分のことばで説明でき、相手に確実に伝えられることを選んで書くようにしましょう。

② サポーティングセンテンス（Supporting Sentences）

　大学入試の自由英作文では、ふつう 100 語程度の語数制限が設けられています。その語数制限の中で、トピックセンテンスで導入した〈話題〉と〈見解〉について説明するには、3 〜 4 文でまとめる必要があります。また、アカデミックな論文のように、調査や実験の結果などをもとに書くことはできないので、一般常識・社会通念・世間的な価値観に照らして、事実と言って差し支えない、妥当だとみなしてかまわないことをもとに説明をしなければなりません。限られた語数の中で、限られた情報をもとに、いかに読み手を納得させる説明ができるかが、自由英作文の最大のポイントとなります。効率的に説明できるよう、次のページから説明する 3 つの説明方法のポイントをしっかりとおさえておきましょう。

（1）理由の説明

　理由を説明する際のポイントは、まず一般的・抽象的な〈キーワード〉で理由を端的に示してから、具体的で詳細な説明を続けることです。次の例では、「現状の通信システムを変更することには反対」というトピックセンテンスに対して、まず「経費がかかりすぎる」と端的に理由を示してから、その具体的な内容として「現在は 500 万、変更後は 2500 万（約 5 倍）」という説明を続けています。このように、〈概略 → 詳細〉という英語の特徴を意識して、〈端的な理由の提示 → 提示した理由の詳細〉という流れで説明を組み立てるようにしましょう。

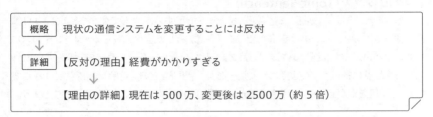

（2）具体的な説明（＝具体化）

　トピックセンテンスの〈見解〉を読み手に納得してもらうには、読み手の頭の中に生き生きとしたイメージが浮かぶよう、なるべく具体的な説明をすることが大切です。ただ、大学入試の自由英作文では、その場で必要な情報を調べたり、実験を行ったりすることはできません。そこで、一般常識・社会通念・世間的な価値観に照らして、事実と言って差し支えない、妥当だとみなしてかまわないことを用いて説明することになります。次の例を参考に、〈概略 → 詳細〉という英語の特徴を意識しながら説明を組み立てるようにしましょう。

■ 例示：「たとえば〜」という具体例を示す

　次の例では、「現状の通信システムを変更することには利点がある」というトピックセンテンスに対して、まず利点の具体例として「経費の節減になる」を示し、次に「現在は 500 万、変更後は 100 万（約 5 分の 1）」というさらに具体的な説明を続けています。

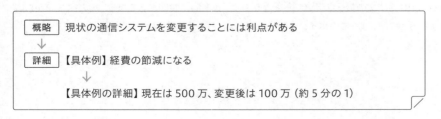

■ 仮定：「もし～なら」という仮の話を述べる

　次の例では、「現状の通信システムを変更すべき」というトピックセンテンスに対して、「もし変更しなければ、経費は年々増えていく」「もし変更すれば、経費は年々減っていく」という仮定を用いた〈条件 → 結果〉を示すことで説明を続けています。

概略	現状の通信システムを変更すべき
↓	
詳細	【変更しないという仮定】経費は年々増えていく
	【変更するという仮定】経費は年々減っていく

■ 程度：「～ほどだ」という程度を述べる

　次の例では、「現状の通信システムは古すぎる」というトピックセンテンスに対して、「毎週システムが停止してしまうほど」「部品が製造停止で入手できないほど」という、どの程度古すぎるかという説明を続けています。

概略	現状の通信システムは古すぎる
↓	
詳細	【どの程度古すぎる？】毎週システムが停止してしまうほど
	【どの程度古すぎる？】部品が製造停止で入手できないほど

　具体的な内容の説明は、受験生がもっとも苦手とするものです。サポーティングセンテンスに何を書けばいいのか困ったら、ここで紹介した〈例示〉〈仮定〉〈程度〉という３つの観点から考えてみましょう。「たとえば？」「もし～なら？」「どの程度？」とつぶやきながら考えてみると、案外すんなりと書く内容を思いつけますよ。

(3) 対比の説明

　トピックセンテンスの〈見解〉について、長所と短所、現在と過去など、**２つの要素を対比しながら説明すると、似ている点と異なる点が明確になり**、〈見解〉について具体的にイメージがしやすくなります。次の例では、「システム B ではなく、システム A を導入すべき」というトピックセンテンスに対して、両者を対比しながら、「両者とも性能の面では大差ない」という類似点と「システム A の方が価格的に手頃」という相違点を示すことで説明を続けています。

```
┌─────────┐
│ 概略    │  システム B ではなく、システム A を導入すべき
└─────────┘
    ↓
┌─────────┐
│ 詳細    │  【両者を比べて】両者とも性能の面では大差ない
└─────────┘  【両者を比べて】システム A の方が価格的に手頃
```

　ここまで紹介した〈理由〉〈具体化（＝例示・仮定・程度）〉〈対比〉をうまく組み合わせると、サポーティングセンテンスで話をふくらませて説明に厚みを持たせることができます。なんだか難しそうに感じるかもしれませんが、「今日のお昼ご飯は何にする？」のような身近な例を思い浮かべると、実はふだんから〈理由〉〈具体化（＝例示・仮定・程度）〉〈対比〉をうまく組み合わせて使いながら物事を考えているとわかります。

```
┌─────────┐
│ 概略    │  お昼は中華が食べたい
└─────────┘
    ↓
┌─────────┐
│ 詳細    │  【理由】近くにおいしそうな中華料理店がオープンしたから
└─────────┘  【具体化】いつも行列ができていて、ネットでも評価が高い
            【対比】駅前の中華料理店より値段が安く、量も多い
```

　自由英作文だからといって構え過ぎずに、ふだん物事を考えているのと同じように説明を考えるようにしましょう。

③ コンクルーディングセンテンス（Concluding Sentence）

　コンクルーディングセンテンスは、サポーティングセンテンスでの説明を受けて、そのパラグラフで書き手が伝えたかったことをまとめる文ですが、**大学入試の自由英作文では無理に書く必要はありません**。大学入試の自由英作文では、100 語程度の語数制限があるのが一般的です。そのため、トピックセンテンスとサポーティングセンテンスをしっかりと書くと、それだけで語数が埋まってしまうことが多くあります。また、無理にコンクルーディングセンテンスを書いたせいで、かえって論理展開が崩れてしまったり、内容の一貫性が損なわれたりしまったりするという失敗をする受験生が多いのも実情です。コンクルーディングセンテンスで述べるべき〈見解〉は、サポーティングセンテンスでも示しているので、「語数に十分な余裕があり、かつ答案の完成度が大幅にアップするという場合に限り、コンクルーディングセンテンスを入れる」くらいに考えておきましょう。

■ 採点者の〈観点〉 ―自由英作文の採点基準―

　大学入試の自由英作文では、大学の先生という〈読み手〉がいることを意識する必要があることは、すでに確認しましたね。ただし、大学の先生は単なる〈読み手〉ではありません。自由英作文は〈試験〉であり、大学の先生はその試験の〈採点者〉でもあるのです。〈採点者〉は、一定の基準にしたがって採点を行うので、合格点を確実に取るためには、その基準を知っておく必要があります。ここで自由英作文の採点基準を確認して、常に基準を意識しながら答案を書くようにしましょう。

　自由英作文の採点基準は、〈内容面〉と〈表現面〉の2つに分かれます。まずは〈内容面〉に関する採点基準を見てみましょう。

✔ 内容面に関する採点基準

① 条件に対する妥当性
　□ 設問条件に過不足なく答えているか
② トピックセンテンスの有無と妥当性
　□ トピックセンテンスは〈話題〉と〈見解〉を適切に表現しているか
③ トピックセンテンスとサポーティングセンテンスとの関連性
　□ サポーティングセンテンスはトピックセンテンスを適切にサポートしているか
④ サポーティングセンテンスの内容的な一貫性
　□ サポーティングセンテンスは内容的にまとまっているか
⑤ サポーティングセンテンスとしての適切な分量
　□ サポーティングセンテンスは具体的かつ詳細に書かれているか

　たとえば、「自分の体験を述べなさい」という設問に対して、答案に次のような問題点がある場合は、減点の対象になるので注意しましょう。

例1 体験についての記述が答案に含まれていない
　→ 採点基準①の観点から減点（設問の条件に答えていない）
例2 体験についての記述は含まれているが、内容がトピックセンテンスとの関連性が弱い
　→ 採点基準③の観点から減点（トピックセンテンスを適切にサポートしていない）
例3 体験が1文だけで、具体的な説明がない
　→ 採点基準⑤の観点から減点（サポーティングセンテンスが具体的ではない）

　次に、〈表現面〉に関する採点基準にはどのようなものがあるかを見てみましょう。

⑥ 文と文のつながり (= 英文の結束性)
　　□ 代名詞、冠詞、つなぎ言葉などが適切に使われているか
⑦ 表現の正確さと自然さ
　　□ 単語・語法・文法のミスがないか

　たとえば、答案に次のような問題点がある場合は、採点基準⑥の観点から減点の対象になるので注意しましょう。

例1 代名詞の示す対象があいまい
　　→ 英文が自然につながらず、読み手が混乱する
例2 a/the が使われていない、または使い方が不適切
　　→ 英文どうしのつながりがあいまいになり、説明に一貫性がなくなる
例3 適切なつなぎ言葉が使われていない
　　→ 英文どうしにつながりが感じられず、説明に一貫性がなくなる

　また、単語・語法・文法に間違いがあれば、当然、減点の対象になります。自由英作文では、内容面に注意が行きがちですが、和文英訳の場合と同じように、英文としての正しさにも注意して答案を書く必要があることを覚えておきましょう。

　ここまで〈パラグラフの基本パターン〉でおさえておくべきポイントと、〈採点者〉である大学の先生が答案を読むときの観点である〈採点基準〉を見てきました。最後に、原則②のポイントをまとめておきましょう。

(1) トピックセンテンスを意識する
　　「何を〈話題〉」＋「どう考えるか〈見解〉」のセット
(2) サポーティングセンテンスの3つの説明方法を意識する
　　〈理由〉〈具体化 (= 例示・仮定・程度)〉〈対比〉
(3) 7つの採点基準を意識する　→ 合格点を取るコツ
　　内容面の採点基準：特に「内容的な一貫性」がポイント
　　表現面の採点基準：特に「文と文のつながり (= 英文の結束性)」がポイント

原則 ③　　自由英作文の〈手順〉 ── 答案の作り方を知る ──

　ここからは、自由英作文問題の答案をどのように作ればよいか、その〈手順〉を学んでいきます。まずは答案を作る時の流れを確認しておきましょう。大学入試の自由英作文問題は、次のような手順で解いていきます。

💡 発想　日本語で下書きを作成する

- **要素** 必要な要素を考える
- **配置** 考えた要素を適切に並べ替えながらメモを作成する
- **展開** メモを文章のかたちにする

✍ 表現　日本語の下書きをもとに英語で意見を書く

- **英訳** **展開** で決めた内容を英語にする
- **完成** 文のつながりを意識して英文をまとめる

✔ 確認　書いた英文を確認する

　それでは、それぞれのステップでどのようなことをすればよいか、具体的な作業について確認してみましょう。

💡 発想　日本語で下書きを作成する

　自由英作文の答案は、もちろん英語で書きますが、いきなり英語で書いてはいけません。まずはどのようなことを書けばよいか、日本語で下書きを作成するようにしましょう。下書きは、次のような手順で作ります。

要素　必要な要素を考える

　まずは問題を読み、どのようなことを書けばよいか、必要な要素を考え、書き出します。この段階では、パラグラフの構成などは考える必要はありません。また、文のかたちにする必要もありません。単語や記号だけの簡単なメモでかまわないので、まずは思いついたことを書き出してみましょう。頭の中で考えているだけだと思いつかないことも、書き出して目に見えるかたちにしてみると、それを起点にいろいろなアイデアが出てくるようになります。

配置　考えた要素を適切に並べ替えながらメモを作成する

　要素を書き出したら、それらを取捨選択しながら〈パラグラフの基本パターン〉に沿うかたちに並べ替えて、構成を決めます。この段階では、まだ文章のかたちにする必要はありません。〈トピックセンテンス → サポーティングセンテンス〉の展開と〈採点基準〉を意識して、「非論理的な展開はないか」「論理の飛躍はないか」「説明不足になっている箇所はないか」をチェックしながら、一貫性のある内容になるよう、要素を箇条書きのかたちで並べていきましょう。必要に応じて要素を修正・追加・削除して、書く内容を確定させます。たとえば、「制服の廃止に賛成か反対か」という問題の場合は、次のようなメモを作ることになります。

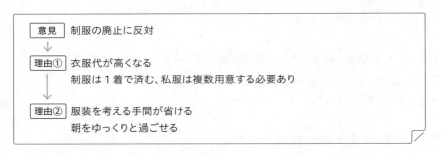

展開　メモを文章のかたちにする

　構成が決まったら、メモを最終的に書く文章のかたちにします。もう一度〈論理の一貫性〉と〈採点基準〉を確認しながら文章にしていきましょう。ここで書く内容を決めたら、この後の手順でその内容を変更しないことが大切です。英語を書きながら内容を修正してしまうと、せっかくまとめた論理の一貫性が崩れてしまうからです。

表現　日本語の下書きをもとに英語で意見を書く

　日本語で書く内容を決めたら、いよいよ英語にしていきます。

英訳　展開で決めた内容を英語にする

　まずは展開で決めた各文を英語にしていきます。「日本語を英語にする」という意味では、和文英訳と同じですね。必要に応じて、日本語を英語にしやすいかたちに言い換えて、単語・語法・文法に注意しながら英語にしていきましょう。

文のつながりを意識して英文をまとめる

　各文を英語にしたら、それをつなげて答案をまとめることになりますが、その際には、文と文のつながりを意識するようにしましょう。**つなぎ言葉や代名詞、冠詞などをうまく使い、一貫性のある文章にしていきます。**ここまで来たら、答案が完成します。

✔ 確認　**書いた英文を確認する**

　最後に、完成した答案を確認します。単語・語法・文法のミスをチェックして、必要に応じて修正します。さらに、「英文のつながり」の視点からもチェックしましょう。単語・語法・文法の点では正しい英文でも、つながりが悪いと、読んでも意味がよくわからず、〈読み手〉である大学の先生に考えが伝わらなくなってしまうからです。最後に確認すべき点をまとめると、以下のようになります。くわしくは、のちほど具体例をもとに見ていきましょう。

✔ **最後に確認**

□名詞：特定か不特定か／単数か複数か
□動詞：時制は適切か／助動詞は適切か／語法は適切か
□つながり：文と文のつながりは適切か／数の一致は適切か

　答案を作る時の流れは理解できましたか。次のページからは、実際の生徒の解答例をもとに、自由英作文の答案の作り方を具体的に見ていきます。その前に、手順をもう一度確認して、流れをしっかりと頭の中に入れておきましょう。

■ 日本語メモを作成する

　ここからは、実際の生徒の解答例をもとに、自由英作文の答案の作り方を具体的に見ていきます。まずは問題と、それに対する A さんの日本語メモを見てみましょう。

現金をほとんど使わず、クレジットカードや電子マネーで決済ができるキャッシュレス社会になりつつある。こうした社会にはどのようなメリットやデメリットがあるか。メリットかデメリットかどちらか一方にしぼって、自分の意見を 80 語程度の英文で述べなさい。

【A さんの日本語メモ】

> (a) キャッシュレス社会　メリット　便利　安全
> (b) 便利　クレジットカード vs. さいふ
> (c) 　　　レジでの支払い　簡単・早い
> (d) 安全　電子マネー → さいふの紛失・盗難の心配なし
> (e) 　　　クレジットカード → 盗まれても不正使用を防げる
> 　　　　　　→ 電話一本で使用停止可能

　A さんの日本語メモについて、ポイントごとにくわしく見てみましょう。

(a) キャッシュレス社会　メリット　便利　安全

　トピックセンテンスにあたる要素が、キーワードで簡潔にメモされていますね。「メリット」というキーワードにより、キャッシュレス社会のメリットとデメリットのうち、メリットについて〈見解〉として述べることがわかります。また、「便利＋安全」というキーワードにより、この後のサポーティングセンテンスで「キャッシュレス社会の利便性」と「キャッシュレス社会の安全性」の説明を続ければよいということがわかります。全体の方向性が簡潔にまとめられた、よい日本語メモだといえます。

(b) 便利　クレジットカード vs. さいふ

　サポーティングセンテンスで説明する要素として、「便利」を扱うことが示されています。「キャッシュレス社会の利便性」について、「クレジットカード」と「さいふ（＝現金）」を対比しながら説明しようと考えていることがわかります。〈理由〉〈具体化〉〈対比〉という 3 つの説明方法のうち、〈対比〉を使うので、論理展開としても問題なさそうです。

(c) 便利　レジでの支払い　簡単・早い

　「キャッシュレス社会の利便性」についての説明をさらに肉付けする要素として、「レジでの支払い」について説明しようとしていることがわかります。「簡単・早い」というのは、多くの人が実感していることなので、説得力のある説明になりそうです。

(d) 安全　電子マネー → さいふの紛失・盗難の心配なし

　サポーティングセンテンスで説明するもう1つの要素として、「安全」を扱うことが示されています。「さいふの紛失・盗難の心配なし」という点は、(b) で挙げた「さいふ」にも自然につながります。

(e) 安全　クレジットカード →盗まれても不正使用を防げる →電話一本で使用停止可能

　「キャッシュレス社会の安全性」についての説明をさらに肉付けする要素として、「クレジットカードは盗まれても不正使用を防げる」点について説明しようとしていることがわかります。なぜ不正使用を防げるかを説明するために、「電話一本で使用停止可能」なことを挙げており、論理展開も問題なさそうです。

　最後に、全体の内容面の一貫性を確認してみましょう。まず、「キャッシュレス社会」という〈話題〉について、「メリット」を挙げるという〈見解〉を示しています。トピックセンテンスに必要な要素はしっかりメモできていますね。「メリット」の説明として、「便利」と「安全」というキーワードを挙げています。「便利」については、「クレジットカード vs. さいふ」という〈対比〉を使って説明したうえで、「レジでの支払い」「簡単・早い」という説明を加えることで、「キャッシュレス社会の利便性」をしっかりとアピールできていますね。「安全」については、「さいふの紛失・盗難の心配なし」「クレジットカード → 盗まれても不正使用を防げる」の2つを挙げていますが、「さいふ」と「クレジットカード」が〈対比〉の関係になっているうえに、この対比は「便利」でも出てきているので、内容の一貫性もしっかりとしています。

■ 日本語メモを確認する

　ここで、日本語メモを作る前と作った後に行うべき確認事項を整理しておきましょう。これらは、自由英作文の〈採点基準〉にも連動しているので、〈採点基準〉とあわせて確認しておきましょう。

① 設問条件の確認

　設問にある条件に過不足なく答えられているかを確認しましょう。設問は2回読み、条件の部分には下線を引くなどして、条件を見落とさないように気をつけることが大切です。この点をおさえると、採点基準の〈① 条件に対する妥当性〉をカバーすることができます。

② トピックセンテンスにあたる要素の確認

　トピックセンテンスに必要な〈話題〉と〈見解〉がセットで入っているかを確認しましょう。また、〈見解〉の内容が適切かも確認する必要があります。問題文が英語の場合は、そこに含まれる英語をそのまま使ってかまいません。この点をおさえると、採点基準の〈② トピックセンテンスの有無と妥当性〉をカバーすることができます。

③ サポーティングセンテンスにあたる要素の確認

　トピックセンテンスに対する適切な説明になっているか、内容的に一貫しているかを確認しましょう。また、英文にした時に、必要かつ十分な分量になりそうかについてもチェックします。特に、「内容の一貫性」は非常に大切なので、次のチェックポイントに照らし合わせて確認するようにしましょう。この点をおさえると、採点基準の〈③ トピックセンテンスとサポーティングセンテンスとの関連性〉〈④ サポーティングセンテンスの内容的な一貫性〉〈⑤ サポーティングセンテンスとしての適切な分量〉をカバーすることができます。

✔ 日本語メモのチェックポイント

□ トピックセンテンスとのつながりは自然か
□ 余計なことを入れて話が脱線していないか
□ 論理的におかしい箇所や説明不足の箇所はないか
□ 抽象的すぎないか／非常識すぎないか／幼稚すぎないか

---

　①〜③の確認事項を念頭に、同じ問題に対する別の生徒の日本語メモを見てみましょう。それぞれのメモについて、どのような点が問題になるかをコメントしているので、大学入試での減点ポイントを実感しておきましょう。

【B さんの日本語メモ】

> トピックセンテンス：キャッシュレス社会　メリット・デメリット両方あり
> サポーティングセンテンス：〜〜〜〜〜（以下、説明のメモが 4 行続く）

コメント ▶ 設問に条件として「メリットかデメリットかどちらか一方にしぼって」とあるのに、メリットとデメリットの両方がメモされています。このままの内容で英文にした場合、条件が守られていないので、採点基準の〈① 条件に対する妥当性〉の観点から減点されることになります。

【C さんの日本語メモ】

> トピックセンテンス：クレジットカード　便利
> サポーティングセンテンス：〜〜〜〜〜（以下、説明のメモが 4 行続く）

コメント ▶ メモに〈話題〉にあたる「キャッシュレス社会」というキーワードが入っていません。このままの内容で英文にした場合、「クレジットカードの利便性」についての話になってしまう恐れがあります。採点基準の〈② トピックセンテンスの有無と妥当性〉の観点から減点されないよう、メモに〈話題〉に関するキーワードを入れておいたほうがよいでしょう。

【D さんの日本語メモ】

> トピックセンテンス：キャッシュレス社会　メリット
> サポーティングセンテンス：クレジットカード　浪費につながる
> 〜〜〜〜（以下、さらに具体的な説明のメモが 3 行続く）

コメント ▶ トピックセンテンスで「メリット」を〈見解〉として挙げているのに、サポーティングセンテンスで「浪費につながる」というデメリットを挙げています。トピックセンテンスとサポーティングセンテンスが矛盾する内容になっているので、このままの内容で英文にした場合、一貫性のない内容になってしまい、採点基準の〈③ トピックセンテンスとサポーティングセンテンスとの関連性〉の観点から減点されることになります。

【E さんの日本語メモ】

> トピックセンテンス：キャッシュレス社会　デメリット
> サポーティングセンテンス：クレジットカード　支出管理できない　→　浪費につながる
> 〜〜〜〜（以下、さらに具体的な説明のメモが 3 行続く）

コメント ▶ トピックセンテンスとサポーティングセンテンスのつながりは自然ですが、「支出管理できない」のはキャッシュレス特有の問題ではなく、現金の場合でも起こりうることです。現金で浪費する者もいれば、カードで倹約する者もいるというのが世間の常識です。したがって、このままの内容で英文にした場合、「支出管理できない（原因）→浪費につながる（結果）」という因果関係に論理的なつながりがないので、採点基準の〈④ サポーティングセンテンスの内容的な一貫性〉の観点から減点されることになります。

> トピックセンテンス：キャッシュレス社会　メリット　便利　安全
> 便利　クレジットカード vs. さいふ
> 安全　さいふの紛失・盗難の心配なし

コメント ▶ 基本的なメモの内容は A さんと同じで、展開に問題はなさそうです。しかし、メモの量が少ないので、このままの内容で英文にした場合、条件である「80 語程度」に満たなかったり、それぞれの要素が説明不足になってしまったりする恐れがあります。採点基準の〈⑤ サポーティングセンテンスとしての適切な分量〉の観点から減点されないよう、A さんの日本語メモくらいの分量をメモしておいたほうがよいでしょう。

　このように、日本語メモを作成する際には、〈採点基準〉を意識して、「非論理的な展開はないか」「論理の飛躍はないか」「説明不足になっている箇所はないか」をチェックしながらまとめていく必要があります。英語にする段階で内容を修正しようとすると、せっかくまとめた論理の一貫性が崩れてしまうことがあるので、**日本語メモの段階で内容的な一貫性をしっかりと確認し、書く内容を確定させるようにしましょう**。

■ 日本語を英語にしてまとまりのある文にする
　日本語メモが完成して、書く内容が決まったら、いよいよ日本語を英語にする手順に進みます。まずは各文を英語にしていきますが、「日本語を英語にする」という意味では和文英訳と同じ作業になります。必要に応じて、日本語を英語にしやすいかたちに言い換えて、単語・語法・文法に注意しながら英語にしていきましょう。

　次に、英語にした各文をつなげて答案をまとめることになりますが、その際には、文と文のつながりを意識する必要があります。ここで、英文と英文が自然につながるようにするにはどのような工夫が必要かを確認しておきましょう。

　「英文と英文の自然なつながり」のことを〈結束性〉といいます。結束性のある英文は、読み手の思考が中断されることなく最後まですんなりと読み進めることができます。すんなりと読み進められれば、内容もすっと頭に入ってくるので、読み手にとって読みやすく、理解しやすい英文だといえます。結束性のある英文を書くためには、〈代名詞〉〈the〔this/one's など〕＋名詞〉〈つなぎ言葉〉をうまく使う必要があります。読み手である大学の先生にあなたの〈見解〉をしっかりと伝え、合格点を取れるよう、これらの言葉を効果的に使えるようにしておきましょう。

① 代名詞

　英語では、前に出てきた名詞のくり返しを避けるために、代名詞を使います。また、代名詞は文の一部、または文全体を受けることもあります。このように、代名詞は前に出てきた要素とのつながりを示す言葉なので、**代名詞を使うことで、英文どうしのつながりが明確になり、英文の結束性を高めることができるのです。**

　英語では、〈旧情報 → 新情報〉の順で情報を示すのが自然ですが、この流れを作る時にも代名詞が役立ちます。代名詞は、前に出てきた情報を受けているので、〈旧情報〉を表すことになります。**その代名詞を主語にして、その後に新情報を続けることで、自然に〈旧情報 → 新情報〉の流れを作ることができるのです。** 次の例で確認しておきましょう。

> 例　私にはアイコという名前の友人がいる。彼女は毎朝私にメールをくれる。
>
> I have <u>a friend named Aiko</u>. $\boxed{\text{She}}$ emails me every morning.
>
> ▶ 後の文の代名詞 She は、前の文の a friend (named Aiko) を受けているので、前後の文に内容のつながりが生まれる。また、前の文の a friend という〈新情報〉を代名詞の She で受けることで、後の文が〈旧情報〉で始まり、その後に a friend に関する〈新情報〉を続けるという自然な情報の流れになる。

> 例　私は昨夜両親といっしょに映画を観に行った。それはとてもおもしろかった。
>
> I went to see <u>a movie</u> with my parents last night. $\boxed{\text{It}}$ was very exciting.
>
> ▶ 後の文の代名詞 It は、前の文の a movie を受けているので、前後の文に内容のつながりが生まれる。また、前の文の a movie という〈新情報〉を代名詞の It で受けることで、後の文が〈旧情報〉で始まり、その後に a movie に関する〈新情報〉を続けるという自然な情報の流れになる。

> 例　私には大勢のよい友人がいる。そのおかげでいつも幸せを感じている。
>
> <u>I have a lot of good friends</u>. $\boxed{\text{This}}$ makes me feel happy all the time.
>
> ▶ 後の文の代名詞 This は、前の文全体を受けているので、前後の文に内容のつながりが生まれる。また、前の文全体で示される〈新情報〉を代名詞の This で受けることで、後の文が〈旧情報〉で始まり、その後に前の文に関する〈新情報〉を続けるという自然な情報の流れになる。

② 〈the〔this/one's など〕＋名詞〉

　前に出てきた名詞のくり返しを避ける要素には、代名詞以外に〈the〔this/one's など〕＋名詞〉があります。たとえば、前の文に出てきた a girl という名詞を、後の文で the girl（その少女）や this girl（この少女）などに言い換えると、代名詞と同じように英文どうしのつながりが明確になり、英文の結束性を高めることができます。また、〈the〔this/one's〕＋名詞〉も前に出てきた情報を受けていて、〈旧情報〉を表すことも、代名詞と同じです。したがって、〈the〔this/one's など〕＋名詞〉を主語にして、その後に新情報を続けることで、自然に〈旧情報 → 新情報〉の流れを作ることができるのです。

例　私にはアイコという名前の友人がいる。その友人は毎朝私にメールをくれる。
　　I have <u>a friend named Aiko</u>. │The friend│ emails me every morning.
　　✐ 後の文の The friend は、前の文の a friend（named Aiko）を受けているので、前後の文に内容のつながりが生まれる。また、前の文の a friend という〈新情報〉を The friend で受けることで、後の文が〈旧情報〉で始まり、その後に a friend に関する〈新情報〉を続けるという自然な情報の流れになる。

例　テーブルの上に1冊の本があり、そこには名前が書かれていた。
　　There was <u>a book</u> on the table. │The book│ had a name written on it.
　　✐ 後の文を It had a name written on it. と書くと、It が前の文の a book と the table のどちらを指すかがわかりにくい。直前の the table ＝ It と解釈してしまうと、文と文のつながりがあるとは言いがたい。このように、代名詞を使うと指示内容が曖昧になる場合には、〈the〔this/one's など〕＋名詞〉の表現を用いると、誤解がなくなる。

例　学校では他の生徒と交流できる。そのおかげで学校へ行きたくなるのだ。
　　<u>You can interact with other students at school.</u>　│This interaction│ makes you feel like going to school.
　　✐ 後の文の This interaction（この交流）は、前の文全体を受けているので、前後の文に内容のつながりが生まれる。また、前の文全体で示される〈新情報〉を This interaction で受けることで、後の文が〈旧情報〉で始まり、その後に前の文に関する〈新情報〉を続けるという自然な情報の流れになる。前の文の interact という動詞を、後の文では interaction という名詞に変えている点にも注目。

③ つなぎ言葉

　文と文のつながりを明確にするには、however（しかしながら）、on the other hand（一方）、in addition（その上）、first（まず / 第一に）などの、論理関係を示す〈つなぎ言葉〉を使うことも有効です。ここでは、よく使われる副詞（句）を確認しておきましょう。

✓ 主な論理関係を示す副詞 (句)

① 〈逆接〉を表す表現
- [ ] however「しかしながら」
- [ ] nevertheless「それにもかかわらず」
- [ ] on the contrary「それどころか」

② 〈対比〉を表す表現
- [ ] instead「その代わりに」
- [ ] on the other hand「一方」

③ 〈譲歩〉を表す表現
- [ ] still「それでもなお」

④ 〈結果〉を表す表現
- [ ] therefore「したがって」
- [ ] thus「したがって、このようにして」
- [ ] accordingly「したがって／その結果」
- [ ] consequently「その結果（として）」
- [ ] as a consequence「その結果（として）」

⑤ 〈追加・特化・言い換え〉を表す表現
- [ ] also「…もまた」
- [ ] as well「同様に」
- [ ] what is more「さらに」
- [ ] in addition「さらに／その上」
- [ ] above all「とりわけ／特に」
- [ ] for example〔instance〕「たとえば」
- [ ] in other words「言い換えれば」
- [ ] that is (to say) 「つまり」

⑥ 〈列挙〉を表す表現
- [ ] first (ly)「まず／第一に」
- [ ] second (ly)「次に／第二に」
- [ ] next「次に」
- [ ] then「それから／次に」
- [ ] first of all「まず第一に」
- [ ] in the beginning「まず／最初に」
- [ ] in the first place「まず／最初に」
- [ ] to begin with「まず第一に」

■ 書いた英文を確認する

　日本語メモをもとに英文を書き終えたら、必ず英文をチェックする時間を取りましょう。最後に自分の書いた英文を見返すことで、ミスを防ぎ、答案の完成度を上げることができます。英文をチェックする際には、特に〈名詞〉〈動詞〉〈つながり〉の3つの観点に注目し、次の7つのポイントを確認します。

✓ **最後に確認**

> □ 名詞：特定か不特定か／単数か複数か
> □ 動詞：時制は適切か／助動詞は適切か／語法は適切か
> □ つながり：文と文のつながりは適切か／数の一致は適切か

　それぞれのチェックポイントについて、どのような点に注目すればよいかを確認しましょう。

① 名詞は特定か不特定か

　使っている名詞が〈特定〉の場合は、〈the〔this/one's など〕＋名詞〉にします。〈特定〉とは、文脈・状況・常識などから「その名詞が唯一のもの（やグループ）」だと限定できる名詞のことです。〈不特定〉の場合は、次のチェックポイントに移ります。

② 名詞は単数か複数か

　使っている名詞が、読み手が知らない〈不特定〉のものの場合は、まず〈可算名詞〉か〈不可算名詞〉を確認します。〈可算名詞〉の場合は、〈単数〉で使うべきか〈複数〉で使うべきかを考えます。〈単数〉で使う場合は〈a ＋名詞〉、〈複数〉で使う場合は〈～ s〉にします。

③ 動詞の時制は適切か

　動詞の時制（現在形・過去形・進行形・完了形など）を適切に使えているかを確認します。特に、日本語の「〜している」と「〜した」は、単純に進行形と過去形にしてしまわずに、表している内容をしっかりと確認してから適切な時制を用いるようにしましょう。

例　週末は家で映画を観ている。　▶ I <u>watch</u> a movie at home on the weekend.
　✐ 週末の〈習慣〉を表しているので、進行形ではなく現在形で表す

例　この映画はすでに3回観た。　▶ I <u>have watched</u> this movie three times.
　✐ これまでの〈経験〉を表しているので、過去形ではなく現在完了形で表す

④ 助動詞は適切か

助動詞を使っている場合は、その助動詞を使うのが適切かを確認します。特に、日本語で「〜するだろう」と書いていなくても、内容としては未来のことを表している場合は、助動詞の will を使うことに注意しましょう。

例 来年で20歳になる。 ▶ I <u>will be</u> 20 next year.

例 ヨーロッパでどこに行くかまだ決めていない。
　　 ▶ I still haven't decided which place I <u>will visit</u> in Europe.
　　 🖉 「決めていない」のは〈現在〉だが、「ヨーロッパに行く」のは〈未来〉

⑤ 動詞の語法は適切か

「自動詞と他動詞を使い分けられているか」「正しい文型を使っているか」などを確認します。動詞にはそれぞれ固有の使い方（語法）があるので、使い方に自信が持てない場合は、確実に覚えている動詞を使って書くようにしましょう。

例 母から寝るように言われた。
　　 ▶ My mother <u>told me to go to bed</u>. 　　× My mother told to go to bed.
　　 🖉 〈tell A to *do*〉「A に〜するよう命令する / 忠告する / 指示する」

⑥ 文と文のつながりは適切か

文と文が自然につながっているか（＝英文の結束性）を確認します。間違った代名詞を使ってしまうと、文と文のつながりが不明確になってしまうので、注意が必要です。代名詞のほかに、〈**the**〔**this/one's** など〕＋名詞〉や〈**つなぎ言葉**〉も文と文を自然につなげるのに必要な要素なので、あわせて確認するようにしましょう。このような英文の結束性は、ほとんどの受験生が見落としているポイントなので、しっかりチェックして、完成度の高い答案をめざしましょう。（→ p.29 〜 31）

⑦ 数の一致は適切か

「三単現の s の書き忘れがないか」など、主語と述語動詞の数が一致しているかを確認します。「三単現の s」を付け忘れる間違いが非常に多いので、主語と述語動詞の関係をしっかりと確認するようにしましょう。

例 最近この国では外国人労働者が増えている。
　　 ▶ The number of foreign workers **is** 〔× are〕increasing in this country these days.
　　 🖉 the number of A（A の数）の中心は the number なので、三人称単数扱いになる。

最後に、大学入試の自由英作文問題を解く手順を改めて確認しておきましょう。

　次のページから始まる実践編では、実際の問題をこの手順で解いていきます。「1回解いておしまい」ではなく、同じ問題について、観点を変えながらくり返し学ぶ構成になっているので、自然に自由英作文の解き方が身につきます。さらに、解答例を暗唱英文として覚えると、自由英作文で求められる論理展開を、重要単語・語法・文法知識とともにインプットすることができます。本書の構成にしたがって問題に取り組み、英文を暗唱できるところまで到達できれば、自由英作文問題で困ることはないでしょう。合格点を確実に取れる自由英作文力をめざしてがんばりましょう！

実践編 第**1**章

意見を述べる、根拠を説明する

　　意見を述べる、根拠を説明する

　この章では、「あるテーマに対する見解の違い」や「2つの要素を比べて優劣を述べる」問題を扱います。このタイプの問題では、**意見をはっきりと述べて、その根拠をわかりやすく説明することが基本**になります。一般常識をふまえ、大きな事実誤認がないように注意しつつ、**一読して読み手に理解してもらえる答案**をめざしましょう。

✔ **確認**　　**問題情報**

☐ **01　オンライン教育のメリットとデメリット**
　「オンライン教育のメリットとデメリット」を説明する問題です。このタイプの問題で注意すべきことは、「記述量のバランス」です。たとえば、全体で10行の答案を書く場合、メリットが5〜6行、デメリットが4〜5行の比率で書くのが理想的です。メリットが7〜8行、デメリットが2〜3行のようなバランスが悪い答案は、減点対象になります。メリットとデメリットに極端な情報差が出ないように注意しましょう。

☐ **02　ペットを飼う利点**
　「ペットを飼うことのメリット」を説明する問題です。指定された語数にもよりますが、メリットを複数挙げると書きやすいでしょう。その場合は、メリットとデメリットの両方を挙げる場合と同様に、情報量のバランスに注意しましょう。メリットを1つ挙げて掘り下げる場合は、〈概要 → やや詳細 → さらに詳細〉という展開にすることが大切です。

☐ **03　多文化社会で暮らすことの難点**
　「多文化社会で暮らすことの難点」を説明する問題です。この問題では、移民という国家規模の問題が問われているので、国家という規模感にふさわしい内容を考えるようにしましょう。個人レベルに話を限定するのか、学校や地域社会まで話を広げるのかなど、テーマに応じて適切な内容を考えることが大切です。

☐ **04　2つの勉強法の比較**
　「教室で先生に教わりながら学ぶのと独学するのを比べて、どちらが効率的か」を説明する問題です。このような問題では、まず両者のよい点と悪い点を挙げてみて、書きやすいものを選んで書くとよいでしょう。また、このタイプの問題では、2つの要素を比較しながら説明するとわかりやすいので、**比較表現をいかにうまく使うかがポイント**になります。

「2つのことわざを比べて、どちらが自分の考えに近いか」を説明する問題です。抽象的なテーマについて述べる時は、**具体的な体験やエピソードに基づいて考える**ようにすると書きやすくなります。「**個人的な体験を述べて、それを読み手が納得できるようなかたちで一般化する**」という展開でまとめるようにしましょう。

✓ 確認　入試情報

大学入試では、法律・政治・経済などの社会的なテーマに関して意見を述べる問題が多く出題されています。これらのテーマについて、「知識がない」「誤解や偏見を持っている」状態では、合格点を取れる答案を書くことはできません。したがって、「**テーマに関する基本的な情報**」や「**テーマに関する代表的な見解とその根拠**」を知っておくと、非常に有利になります。以下に大学入試で出題された問題の中で、高校生にとって書く要素を思いつきにくいであろうテーマをまとめておきました。それぞれについて、どの程度のことを知っているかを確認してみましょう。くわしいことを知らないテーマがあれば、概要だけでも調べておくと、自由英作文はもちろん、読解問題を解く時にも役立つでしょう。

✓ 大学入試で出題されたテーマ

□ 大学生が家族と同居するメリットとデメリット
□ インバウンド観光増加のメリットとデメリット
□ オリンピックを開催するメリットとデメリット
□ SNS の会員登録の際に個人情報の使用を認める契約のメリットとデメリット
□ ファストフードのメリットとデメリット
□ 英語表記で〈名字＋名前〉と〈名前＋名字〉のどちらがよいか
□ 留学で成功するには語学力と積極性のどちらが大切か
□ AI やロボットは人間の暮らしをよくするか悪くするか
□ 携帯電話の登場によって、人とのつながりは強まったか弱まったか
□ ひとりで判断するのがよいのか、人に相談するのがよいのか
□ 小学校の校庭は芝生と土のどちらがよいか

Round 1 理解 定着 発信　　手順と構成を理解する

オンライン教育 (online education) を取り入れる学校が増えていますが、あなたはオンライン教育についてどのように考えていますか。オンライン教育のメリットとデメリットについて、80 語程度の英語で説明しなさい。

発想　日本語で下書きを作成する　　　　　　　　　　　　▶▶ くわしくは → p.40

要素　必要な要素を考える

・(オンライン教育のメリットと言えば…) 通学しないで受講可能
・(オンライン教育のデメリットと言えば…) 授業に集中できない
・(通学しないで済むということは…) 通学時間の節約、時間の有効活用
・(集中できない理由は…) 部屋に 1 人 → 誘惑あり (まんがやゲーム)
・(まんがやゲームがあると…) 注意散漫、学習意欲の低下

配置　考えた要素を適切に並べ替えながらメモを作成する

利点	通学しないで受講可能
↓	
結果	通学時間の節約、時間の有効活用
欠点	授業に集中できない
↓	
理由	部屋に 1 人 → 誘惑あり(まんがやゲーム)
結果	注意散漫、学習意欲の低下

展開　メモを文章のかたちにする

利点　① オンライン教育のメリットは、通学しないで受講可能なことである。

　　結果　② 通学時間を節約でき、時間を有効活用できる。

欠点　③ オンライン教育のデメリットは、授業に集中できないことである。

　　理由　④ 部屋に 1 人だと、まんがやゲームなどの誘惑がある。

　　結果　⑤ 注意散漫になり、学習意欲が低下する。

✎ 表現　日本語の下書きをもとに英語で意見を書く　▶▶くわしくは → p.40

英訳　展開 で決めた内容を英語にする

① オンライン教育のメリットは、通学しないで受講可能なことである。
▶ One advantage of online education is that you can take lessons without physically going to school or university.

② 通学時間を節約でき、時間を有効活用できる。
▶ This saves commuting time and enables you to spend more time studying or doing whatever you like.

③ オンライン教育のデメリットは、授業に集中できないことである。
▶ One disadvantage of online education is that you may have difficulty concentrating on lessons.

④ 部屋に1人だと、まんがやゲームなどの誘惑がある。
▶ There are various temptations such as comic books or video games when you are alone in your room.

⑤ 注意散漫になり、学習意欲が低下する。
▶ These temptations can distract you and make you less motivated to learn.

完成　文のつながりを意識して英文をまとめる

モデル英文 01　次のページの解説を読み、構成を理解した上で暗唱しよう。

　　One advantage of online education is that you can take lessons without physically going to school or university. **This** saves commuting time and enables you to spend more time studying or doing whatever you like. **On the other hand**, **one disadvantage of online education** is that you **may** have difficulty concentrating on lessons. There are various temptations **such as** comic books or video games when you are alone in your room. **These temptations** can distract you and make you less motivated to learn.

(83 words)

オンライン教育の1つのメリットは、学校や大学に物理的に通うことなく授業を受けることができることである。そのおかげで通学時間が節約され、勉強や何でも好きなことに時間を割くことができる。一方、オンライン教育の1つのデメリットは、授業に集中しにくいかもしれないということである。部屋に1人でいると、まんがやゲームなど、さまざまな誘惑がある。こうした誘惑があると、気が散ってしまい、学習意欲が低下してしまう恐れがある。

💡 発想　日本語で下書きを作成する

　この問題では、「オンライン教育のメリットとデメリットを 1 つずつ説明」することが求められています。このような場合は、単にメリットとデメリットを挙げるだけでなく、**それぞれ理由や結果を示す必要があります**。分量のバランスも意識しながら書く内容を考えましょう。

要素　必要な要素を考える

　まずはメリットとデメリットを 1 つずつ挙げてみましょう。ここでは、メリットとして「**通学しないで受講可能**」、デメリットとして「**授業に集中できない**」を挙げています。次にそれぞれの理由や結果を考えます。まず、「通学しないで受講可能」というメリットの結果、どのようなことが起こるでしょうか。通学しないで済むということは、「**通学時間の節約**」になりますね。そして、その結果「**時間の有効活用**」ができそうです。一方、「授業に集中できない」というデメリットについてはどうでしょうか。集中できない原因を考えると、「**部屋に 1 人**」でいると「**まんがやゲームなどの誘惑**」があることが挙げられそうです。そうすると、まんがやゲームが気になって「**注意散漫**」になり、「**学習意欲の低下**」につながりそうです。

配置　考えた要素を適切に並べ替えながらメモを作成する

　必要な要素がそろったところで、〈パラグラフの基本パターン〉に基づいて要素を並べ替えましょう。メリットとデメリットのそれぞれを〈トピックセンテンス〉→〈サポーティングセンテンス〉の展開で並べてみます。メリットのほうは、「**通学しないで受講可能**」と〈見解〉を述べてから、「**通学時間の節約**」という〈具体的な内容の説明〉を続けると、〈概略 → 詳細〉という流れになります。一方、デメリットのほうは、「**授業に集中できない**」と〈見解〉を述べてから、「**部屋に 1 人**」でいると「**まんがやゲームなどの誘惑**」があり、「**注意散漫**」になり、「**学習意欲の低下**」を招くという〈理由の説明〉を続けると、〈概略 → 詳細〉という流れになります。最後に、メリットとデメリットは〈対比〉の関係にあるので、2 つの説明を〈対比〉を表すつなぎ言葉を用いてつなぐと、英文の結束性が生まれます。

✏️ 表現　表現のポイント

① オンライン教育の 1 つのメリットは、学校や大学に物理的に通うことなく授業を受けることができることである。

> One advantage of online education is that you can take lessons without physically going to school or university.

表現　□ 〜しないで ▶ without *doing*
　　　□ 学校〔大学〕に通う ▶ go to school〔university〕　注 この意味では無冠詞。

② そのおかげで通学時間が節約され、勉強や何でも好きなことに時間を割くことができる。

This saves commuting time and enables you to spend more time studying or doing whatever you like.

🖉 前文の内容を受けて、「そうすることで〔そうすれば〕、A（人）は～することができる」という〈原因・条件 → 結果〉の論理関係を〈This enables A to *do*〉で表している。前文との結束性の高い便利な表現なので、積極的に利用しよう。

表現	□ ～することに時間をかける ▶ spend time *doing*
	□（A が）～するのに時間がかかる ▶ It takes (A) time to *do*
	□ ～するもの〔こと〕は何でも ▶ whatever SV

③ 一方、オンライン教育の1つのデメリットは、授業に集中しにくいかもしれないということである。

On the other hand, one disadvantage of online education is that you may have difficulty concentrating on lessons.

🖉「～。その一方で…」という2つの独立した文の〈対比〉は〈SV ～. On the other hand, SV ...〉で表す。従属接続詞の while を用いて〈SV ～, while SV ...〉と1文で表してもよい。

🖉 オンライン教育でも授業に集中できる生徒はいるので、断定を避けるために助動詞の may を用いていることに注目。

表現	□ ～するのに苦労する ▶ have difficulty *doing*
	□ A に集中する ▶ concentrate on A

④ 部屋に1人でいると、まんがやゲームなど、さまざまな誘惑がある。

There are various temptations such as comic books or video games when you are alone in your room.

🖉 具体例を挙げて「B のような〔B などの〕A」という時は〈A such as B〉で表す。日本語の「～など」に引きずられて× A such as B and so on〔etc.〕としないよう注意。

⑤ こうした誘惑があると、気が散ってしまい、学習意欲が低下してしまう恐れがある。

These temptations can distract you and make you less motivated to learn.

🖉 前文の temptations を受けて、These temptations で始まっていることに注目。〈these〔those〕＋複数名詞〉は、前文との結束性を示す便利な表現なので積極的に利用しよう。

🖉 気が散ったり学習意欲が低下したりするのはあくまで〈可能性〉なので、「（理論的・経験的に）～することがありうる」という意味の助動詞 can を用いていることに注目。

🖉「S が原因で A は C（形容詞）の状態になる」という〈因果関係〉を〈S make A C〉で表している。These temptations(S) can make(V) you(O) less motivated(C) という構造。

表現	□ A の注意をそらす、気を散らす ▶ distract A
	□ やる気〔意欲〕のある ▶ motivated

オンライン教育 (online education) を取り入れる学校が増えていますが、あなたはオンライン教育についてどのように考えていますか。オンライン教育のメリットとデメリットについて、80 語程度の英語で説明しなさい。

💡 発想　日本語で下書きを作成する

利点	通学しないで受講可能

↓

結果	通学時間の節約、時間の有効活用

欠点	授業に集中できない

↓

理由	部屋に 1 人 → 誘惑あり(まんがやゲーム)

↓

結果	注意散漫、学習意欲の低下

✏ 表現　日本語の下書きをもとに英語で意見を書く

① オンライン教育の 1 つのメリットは、学校や大学に<u>物理的に通うことなく</u>授業を受けることができることである。

One advantage of online education is that you can take lessons ＿＿＿ (4語) ＿＿＿ school or university.

② そのおかげで通学時間が節約され、<u>勉強</u>や何でも好きなこと<u>に時間を割く</u>ことができる。

This saves commuting time and enables you to ＿＿＿ (4語) ＿＿＿ or doing whatever you like.

③ 一方、オンライン教育の 1 つのデメリットは、授業<u>に集中しにくい</u>かもしれないということである。

On the other hand, one disadvantage of online education is that you may ＿＿＿ (4語) ＿＿＿ lessons.

④ 部屋に<u>1 人でいる</u>と、まんがやゲームなど、さまざまな誘惑がある。

There are various temptations such as comic books or video games ＿＿＿ (4語) ＿＿＿ in your room.

⑤ <u>こうした誘惑があると</u>、気が散ってしまい、学習意欲が低下してしまう<u>恐れがある</u>。

＿＿＿ (4語) ＿＿＿ you and make you less motivated to learn.

✔ **確認** 書いた英文を確認する

次の英文の下線部を正しい表現に直そう。

One advantage of online education is that you can take lessons ① <u>instead of physically going to</u> school or university. This saves commuting time and enables you to spend more time ② <u>to study or do</u> whatever you like. On the other hand, one disadvantage of online education is that you may ③ <u>have difficult to concentrate</u> on lessons. There are various temptations such as comic books or video games ④ <u>when you are lonely</u> in your room. ⑤ <u>This temptations can distract</u> you and make you less motivated to learn.

正解　注意すべきポイント

① **without physically going to** ▶ 「～しないで」は〈without *doing*〉で表す。「ふつうやって当然のことをやらないで」という状況で用いる。〈instead of *doing*〉は「～する代わりに、～するのではなくて」という意味で、2 つの行為の一方を選択する状況で用いる。ここで instead of を用いると、「学校へ行く代わりに授業を受ける」という意味になってしまう。

② **studying or doing** ▶ 「～することに時間を費やす、かける、使う」は〈spend time *doing*〉で表す。

③ **have difficulty concentrating** ▶ 「～するのに苦労する、～しづらい、なかなか～できない」は〈have difficulty *doing*〉で表す。形容詞の difficult を用いる場合は〈find it difficult to *do*〉とする。

④ **when you are alone** ▶ 「1 人で」は alone で表す。lonely は「孤独な、寂しい」という意味。

⑤ **These temptations can distract** ▶ this/these と後に続く名詞のかたちの組み合わせに注意。this の後には単数名詞が、these の後には複数名詞が続く。

モデル英文 01

One advantage of online education is that you can take lessons **without physically going to** school or university. This saves commuting time and enables you to **spend more time studying** or doing whatever you like. On the other hand, one disadvantage of online education is that you may **have difficulty concentrating** on lessons. There are various temptations such as comic books or video games **when you are alone** in your room. **These temptations can distract** you and make you less motivated to learn.

(83 words)

オンライン教育 (online education) を取り入れる学校が増えていますが、あなたはオンライン教育についてどのように考えていますか。オンライン教育のメリットとデメリットについて、80 語程度の英語で説明しなさい。

💡 発想　日本語で下書きを作成する

> | 利点 | 通学しないで受講可能 |
> |---|---|
>
> ↓
>
> | 結果 | 通学時間の節約、時間の有効活用 |
> |---|---|
>
> | 欠点 | 授業に集中できない |
> |---|---|
>
> ↓
>
> | 理由 | 部屋に 1 人 → 誘惑あり (まんがやゲーム) |
> |---|---|
>
> ↓
>
> | 結果 | 注意散漫、学習意欲の低下 |
> |---|---|

✏️ 表現　日本語の下書きをもとに英語で意見を書く

ヒント 1　次の日本語を英語に直そう。

オンライン教育の 1 つのメリットは、学校や大学に物理的に通うことなく授業を受けることができることである。そのおかげで通学時間が節約され、勉強や何でも好きなことに時間を割くことができる。一方、オンライン教育の 1 つのデメリットは、授業に集中しにくいかもしれないということである。部屋に 1 人でいると、まんがやゲームなど、さまざまな誘惑がある。こうした誘惑があると、気が散ってしまい、学習意欲が低下してしまう恐れがある。

ヒント2 **ヒント1** の日本語を参考に、次の英文の下線部に適切な表現を入れよう。

One advantage of online education is that you can take lessons ___(7語)___

___. This saves commuting time and ___(7語)___

or doing whatever you like. ___(4語)___, one disadvantage of

online education is that you may ___(5語)___.

___(6語)___ comic books or video games when you are alone in your room.

These temptations ___(3語)___ and ___(6語)___.

✓ **確認** 書いた英文を確認する

□ 〜しないで ▸ without *doing*

□ そうすることでA（人）は〜することができる ▸ This enable A to *do*

□ 〜することに時間を費やす、かける、使う ▸ spend time *doing*

□ 一方 ▸ on the other hand

□ 〜するのに苦労する、〜しづらい、なかなか〜できない ▸ have difficulty *doing*

□ Aに集中する ▸ concentrate on A

□ Bのような〔Bなどの／Bといった〕A ▸ A such as B

□ Aの注意をそらす、気を散らす ▸ distract A

□ Sが原因でAはC（形容詞）の状態になる ▸ S make A C

□ やる気〔意欲〕のある ▸ motivated

✓ **最後に確認**

□ 名詞：特定か不特定か／単数か複数か

□ 動詞：時制は適切か／助動詞は適切か／語法は適切か

□ つながり：文と文のつながりは適切か／数の一致は適切か

モデル英文 01

One advantage of online education is that you can take lessons **without physically going to school or university**. This saves commuting time and **enables you to spend more time studying** or doing whatever you like. **On the other hand**, one disadvantage of online education is that you may **have difficulty concentrating on lessons**. **There are various temptations such as** comic books or video games when you are alone in your room. These temptations **can distract you** and **make you less motivated to learn**.

(83 words)

Round 1　理解　定着　発信　　　**手順と構成を理解する**

ペットを飼うことは、飼い主にさまざまなよい効果をもたらすといわれています。あなたが
考えるペットを飼うメリットを、80語程度の英語で説明しなさい。

💡 **発想**　**日本語で下書きを作成する**　　　　　　　　　　▶▶ くわしくは → p.48

要素　　**必要な要素を考える**

・メリットは複数ある
・メリット①：責任感が芽生える
・メリット②：命の尊さを知る
・（責任感が芽生えるのは…）ペットは人による世話が不可欠
・（命の尊さを知るのは…）ペットが亡くなった時

配置　　**考えた要素を適切に並べ替えながらメモを作成する**

| 見解 | ペットを飼うメリットは複数ある |

↓

| 利点① | 責任感が芽生える |

理由	ペットは人による世話が不可欠
結果	世話を通じて責任感が芽生える
利点②	命の尊さを知る
理由	ペットの死は悲しい
結果	喪失体験を通じて命の尊さを実感できる

展開　　**メモを文章のかたちにする**

| 見解 | ① ペットを飼うことには、いくつかの利点がある。 |

| 利点① | ② 責任感が芽生える。 |

| 理由 | ③ ペットは世話をしないと生きていけないので、えさをあげたり、すみかを掃除したり、健康状態をチェックしたりしなければならない。 |

| 結果 | ④ そうすることで、より責任感のある人間になることができる。 |

| 利点② | ⑤ ペットを飼うことで、命の尊さを知ることができる。 |

| 理由 | ⑥ ペットが死ぬと、悲しい気持ちになるかもしれない。 |

| 結果 | ⑦ まさにその喪失という体験が、命の大切さを教えてくれるのだ。 |

英訳 **展開** で決めた内容を英語にする

① ペットを飼うことには、いくつかの利点がある。

▶ Having a pet has several advantages.

② 責任感が芽生える。

▶ You can develop a sense of responsibility.

③ ペットは世話をしないと生きていけないので、えさをあげたり、すみかを掃除したり、健康状態をチェックしたりしなければならない。

▶ Pets cannot live without being taken care of, so you have to feed them, clean their houses, and check their health.

④ そうすることで、より責任感のある人間になることができる。

▶ This will help you to be a more responsible person.

⑤ ペットを飼うことで、命の尊さを知ることができる。

▶ By having a pet, you will learn how precious life is.

⑥ ペットが死ぬと、悲しい気持ちになるかもしれない。

▶ You may feel sad when your pet dies.

⑦ まさにその喪失という体験が、命の大切さを教えてくれるのだ。

▶ The very experience of loss can help you realize the importance of life.

完成 文のつながりを意識して英文をまとめる

モデル英文 02 次のページの解説を読み、構成を理解した上で暗唱しよう。

Having a pet has several advantages. **First**, you can develop a sense of responsibility. Pets cannot live without being taken care of, so you have to feed **them**, clean their houses, and check their health. **This** will help you to be a more responsible person. **Second**, by having a pet, you will learn how precious life is. You **may** feel sad when your pet dies. **However**, the very experience of loss can help you realize the importance of life. (79 words)

ペットを飼うことには、いくつかの利点がある。まず、責任感が芽生える。ペットは世話をしないと生きていけないので、えさをあげたり、すみかを掃除したり、健康状態をチェックしたりしなければならない。そうすることで、より責任感のある人間になることができる。次に、ペットを飼うことで、命の尊さを知ることができる。ペットが死ぬと、悲しい気持ちになるかもしれない。しかし、まさにその喪失という体験が、命の大切さを教えてくれるのだ。

発想　日本語で下書きを作成する

　この問題では、「ペットを飼うメリット」が問われています。メリットが問われている場合は、**メリットを述べてから、その理由や結果を示す**必要があります。メリットは１つだけ挙げてもかまいませんが、ここでは複数のメリットを挙げています。

要素　必要な要素を考える

　それでは、「ペットを飼うメリット」を挙げてみましょう。ここでは、「**責任感が芽生える**」「**命の尊さを知る**」を挙げています。次に、それぞれの理由となる要素を挙げてみましょう。まず、「責任感が芽生える」といえるのはなぜでしょうか。それは、ペットを飼うには「**人による世話が不可欠**」だからです。具体的な世話の内容を挙げて、それを通じて責任感が芽生えるという流れにすると、説得力のある説明になりそうです。次に、「命の尊さを知る」について考えてみましょう。ペットは生き物ですから、いつか亡くなる日が来ます。「**ペットが亡くなった時**」は悲しいですが、その体験を通じて命の尊さを実感できるといえそうです。

配置　考えた要素を適切に並べ替えながらメモを作成する

　まず、〈トピックセンテンス〉で「**ペットを飼うメリットは複数ある**」という〈見解〉を述べて、メリットを複数挙げることを示します。次に、メリットの１つめとして「**責任感が芽生える**」を紹介します。その〈理由〉として「**ペットは人による世話が不可欠**」であることを具体例を挙げながら示し、その結果「**責任感が芽生える**」とまとめると、〈概略 → 詳細（理由 → 結果）〉という流れの、まとまりのある文になります。１つめのメリットの説明が終わったら、同じ展開で２つめのメリットである「**命の尊さを知る**」を紹介します。「**ペットの死は悲しい**」が、「**喪失体験を通じて命の尊さを実感できる**」とすると、〈譲歩 → 逆接 → 主張〉という論理展開になり、説得力のある説明になります。

表現　表現のポイント

① ペットを飼うことには、いくつかの利点がある。

Having a pet has several advantages.

　🖉 複数のメリットを挙げるので、several advantages としている点に注意。

表現　□ **ペットを飼う** ▶ have a pet　注 keep よりも have を用いるのが一般的。

② まず、責任感が芽生える。

First, you can develop a sense of responsibility.

　🖉 ２つの要素を列挙する場合は、〈**First, SV**〉（まず〔第一に〕～）と〈**Second, SV**〉（次〔第二に〕～）を用いるのが一般的。この first/second は副詞で、直後にコンマが必要。

表現　□ **責任感、使命感** ▶ a sense of responsibility
　　　　　注 sense のつづりに注意。× sence としてしまう間違いが多い。

③ ペットは世話をしないと生きていけないので、えさをあげたり、すみかを掃除したり、健康状態を
チェックしたりしなければならない。

Pets cannot live without being taken care of, so you have to feed them, clean
their houses, and check their health.

表現　□ **A の世話をする** ▶ take care of A
　　　□ **A（動物）にえさをあげる** ▶ feed A　注 過去形・過去分詞は fed.

④ そうすることで、より責任感のある人間になることができる。

This will help you to be a more responsible person.

✐「S は A が〜するのに役立つ」は〈**S help A (to) *do***〉で表す。ここでは、主語に前文の内容
を受ける this を用いて、「そのおかげで A（人）は〜するようになる」という〈**原因・条件 → プ
ラスの結果**〉という論理関係を表している。

⑤ 次に、ペットを飼うことで、命の尊さを知ることができる。

Second, by having a pet, you will learn how precious life is.

✐ 2 つめの要素を導入するために〈**Second, SV**〉を用いている。

✐「命の尊さ」はそのままだと英語にするのが難しいので、「いかに命が尊いか（ということ）」と
言い換えて、how precious life is という間接疑問で表す。疑問文で表す内容を文の一部とし
て組み込む時は、疑問詞の後の語順を平叙文と同じ〈**主語＋動詞**〉にした間接疑問のかたちに
する。〈**how＋形容詞＋S＋be**〉は「〜さ、〜度、〜性」などの抽象名詞の意訳に便利な表現。

表現　□ **（経験によって）A に関する知識を得る、A を知る** ▶ learn A

⑥ ペットが死ぬと、悲しい気持ちになるかもしれない。

You may feel sad when your pet dies.

✐ 助動詞の may を用いて〈**譲歩**〉の意味を表していることに注目。次の文と合わせて〈**譲
歩 → 逆接 → 主張**〉という論理展開になっている。

⑦ しかし、まさにその喪失という体験が、命の大切さを教えてくれるのだ。

However, the very experience of loss can help you realize the importance of
life.

✐「〜かもしれないが…」は〈**S may *do* 〜. However, SV ...**〉で表す。〈**譲歩 → 逆接 → 主
張**〉という論理展開。譲歩を前に加えることで、後の主張がより強調される効果がある。

表現　□ **まさにその〜、ちょうどその〜** ▶ the very＋名詞
　　　□ **A（物事の重要性）を悟る、自覚する** ▶ realize A

ペットを飼うことは、飼い主にさまざまなよい効果をもたらすといわれています。あなたが考えるペットを飼うメリットを、80語程度の英語で説明しなさい。

💡 発想　日本語で下書きを作成する

> 見解　ペットを飼うメリットは複数ある
> ↓
> 利点①　責任感が芽生える
> 　　理由　ペットは人による世話が不可欠
> 　　結果　世話を通じて責任感が芽生える
> 利点②　命の尊さを知る
> 　　理由　ペットの死は悲しい
> 　　結果　喪失体験を通じて命の尊さを実感できる

✏ 表現　日本語の下書きをもとに英語で意見を書く

① ペットを飼うことには、いくつかの利点がある。

　　＿＿＿＿＿(4語)＿＿＿＿＿ several advantages.

② まず、責任感が芽生える。

　　First, you can develop ＿＿＿(4語)＿＿＿ .

③ ペットは世話をしないと生きていけないので、えさをあげたり、すみかを掃除したり、健康状態をチェックしたりしなければならない。

　　Pets cannot live without ＿＿＿(4語)＿＿＿ , so you have to feed them, clean their houses, and check their health.

④ そうすることで、より責任感のある人間になることができる。

　　This will ＿＿＿(4語)＿＿＿ a more responsible person.

⑤ 次に、ペットを飼うことで、命の尊さを知ることができる。

　　Second, by having a pet, you will learn ＿＿＿(4語)＿＿＿ .

⑥ ペットが死ぬと、悲しい気持ちになるかもしれない。

　　You may feel sad ＿＿＿(4語)＿＿＿ .

⑦ しかし、まさにその喪失という体験が、命の大切さを教えてくれるのだ。

　　However, ＿＿＿(3語)＿＿＿ of loss can help you realize the importance of life.

✔ 確認 書いた英文を確認する

次の英文の下線部を正しい表現に直そう。

① Having a pet have several advantages. First, you can develop ② a responsibility sense. Pets cannot live without ③ taking care of, so you have to feed them, clean their houses, and check their health. This will ④ help you being a more responsible person. Second, by having a pet, you will learn ⑤ how precious is life. You should feel sad ⑥ when your pet die. However, ⑦ very experience of loss can help you realize the importance of life.

正解　注意すべきポイント

① **Having a pet has** ▶ 動名詞が主語の場合は三人称単数扱いをする。

② **a sense of responsibility** ▶ 「責任感」は〈a sense of responsibility〉で表す。

③ **being taken care of** ▶ ペットは「世話をされる」ので、〈take care of A〉を受動態にして being taken care of とする。前置詞 without の後に続いているので、動名詞にすることに注意。

④ **help you to be** ▶ 「S は A が〜するのに役立つ」は〈S help A (to) do〉で表す。

⑤ **how precious life is** ▶〈how＋形容詞＋S＋be〉は「〜さ、〜度、〜性」などの抽象名詞の意訳に便利。例文で確認しておこう。
　　例 この本のおもしろさ ▶ how interesting this book is
　　　その女優の知名度 ▶ how famous the actress is
　　　野生動物の危険性 ▶ how dangerous wild animals can be

⑥ **when your pet dies** ▶ 主語が三人称単数の場合、動詞の現在形は原形に -s または -es を付けた形になることに注意。

⑦ **the very experience** ▶ 「まさにその〜」は〈the very＋名詞〉で表す。

モデル英文 02

　　Having a pet has several advantages. First, you can develop **a sense of responsibility**. Pets cannot live without **being taken care of**, so you have to feed them, clean their houses, and check their health. This will **help you to be** a more responsible person. Second, by having a pet, you will learn **how precious life is**. You may feel sad **when your pet dies**. However, **the very experience** of loss can help you realize the importance of life.　(79 words)

ペットを飼うことは、飼い主にさまざまなよい効果をもたらすといわれています。あなたが考えるペットを飼うメリットを、80語程度の英語で説明しなさい。

💡 発想　日本語で下書きを作成する

| 見解 | ペットを飼うメリットは複数ある |

↓

| 利点① | 責任感が芽生える |

| 理由 | ペットは人による世話が不可欠 |
| 結果 | 世話を通じて責任感が芽生える |

| 利点② | 命の尊さを知る |

| 理由 | ペットの死は悲しい |
| 結果 | 喪失体験を通じて命の尊さを実感できる |

✏️ 表現　日本語の下書きをもとに英語で意見を書く

（ヒント1）次の日本語を英語に直そう。

ペットを飼うことには、いくつかの利点がある。まず、責任感が芽生える。ペットは世話をしないと生きていけないので、えさをあげたり、すみかを掃除したり、健康状態をチェックしたりしなければならない。そうすることで、より責任感のある人間になることができる。次に、ペットを飼うことで、命の尊さを知ることができる。ペットが死ぬと、悲しい気持ちになるかもしれない。しかし、まさにその喪失という体験が、命の大切さを教えてくれるのだ。

ヒント2 **ヒント1** の日本語を参考に、次の英文の下線部に適切な表現を入れよう。

_____ (4語) _____ several advantages. First, you can _____ (5語) _____

_____ (6語) _____ . Pets cannot _____ (6語) _____ , so you have to feed

them, clean their houses, and check their health. _____ (6語) _____

a more responsible person. Second, by having a pet, you will _____

_____ (5語) _____ . You may _____ (6語) _____ .

_____ (6語) _____ can help you realize the importance of life.

✔ 確認 書いた英文を確認する

- □ ペットを飼う ▶ **have a pet**
- □ 責任感、使命感 ▶ **a sense of responsibility**
- □ A の世話をする ▶ **take care of A**
- □ S は A が〜するのに役立つ ▶ **S help A (to)** *do*
- □ （経験によって）A に関する知識を得る、A を知る ▶ **learn A**
- □ 命の尊さ → いかに命が尊いか ▶ **how precious life is** ▶ 間接疑問
- □ 〜かもしれないが… ▶ **S may** *do* 〜 **. However, SV ...**
- □ まさにその〜、ちょうどその〜 ▶ **the very ＋ 名詞**

✔ 最後に確認

- □ 名詞：特定か不特定か／単数か複数か
- □ 動詞：時制は適切か／助動詞は適切か／語法は適切か
- □ つながり：文と文のつながりは適切か／数の一致は適切か

モデル英文 02

　　Having a pet has several advantages. First, you can **develop a sense of responsibility**. Pets cannot **live without being taken care of**, so you have to feed them, clean their houses, and check their health. **This will help you to be** a more responsible person. Second, by having a pet, you will **learn how precious life is**. You may **feel sad when your pet dies**. **However, the very experience of loss** can help you realize the importance of life.　　(79 words)

Round 1 ┃ 理解 定着 発信　　**手順と構成を理解する**

日本で働く外国人の数は、今後も増加していくことが予想されます。日本が多くの外国人が暮らす多文化社会（a multicultural society）になった場合、どのような難点（drawback）があると思いますか。あなたの考えを80語程度の英語で説明しなさい。

💡 **発想**　日本語で下書きを作成する　　　　　　　　　　　　▶▶ くわしくは → p.56

要素　**必要な要素を考える**

・（多文化社会の難点は…）言語や文化の違いからトラブルが発生
・（日本への移民は…）言葉の不自由さや生活習慣の違い
・（違いがあると…）日本人同士では起こりえない問題になるおそれも
・（具体的には…）移民による暴動
・（なぜそう言える？）一部の欧州諸国で移民による暴動が起きている

配置　**考えた要素を適切に並べ替えながらメモを作成する**

難点	言語や文化の違いからトラブルが発生

↓

原因	言葉の不自由さや生活習慣の違い

↓

結果	日本人同士では起こりえない問題になるおそれも

> | 具体例 | 一部の欧州諸国で移民による暴動が起きている |
> | --- | --- |
> 　　　　　→ 日本でも起きる可能性も

展開　**メモを文章のかたちにする**

難点	① 多文化社会で暮らすことの難点の1つは、言語や文化の違いから、日本人と外国人の間でトラブルが発生しかねないということだ。
原因	② 言葉の不自由さや生活習慣の違いから誤解が生じやすく、
結果	③ 日本人同士ではふつう起こりえないような問題にまで発展するおそれがある。

> | 具体例 | ④ 一部の欧米諸国では移民による暴動が起きていると聞いている。 |
> | --- | --- |
> 　　　　　→ ⑤ 日本への移民が増えた場合、日本でも同じ問題が起きるかもしれない。

英訳　展開 で決めた内容を英語にする

① 多文化社会で暮らすことの難点の１つは、言語や文化の違いから、日本人と外国人の間でトラブルが発生しかねないということだ。
▶ One of the drawbacks of living in a multicultural society is that trouble can arise between the Japanese and foreigners because of differences in language and culture.

② 言葉の不自由さや生活習慣の違いから誤解が生じやすく、
▶ Misunderstandings can easily occur due to a lack of language skills or differences in lifestyle,

③ 日本人同士ではふつう起こりえないような問題にまで発展するおそれがある。
▶ which can lead to problems that would not normally occur among Japanese people.

④ 一部の欧米諸国では移民による暴動が起きていると聞いている。
▶ I have heard that riots by immigrants have happened in some Western countries.

⑤ 日本への移民が増えた場合、日本でも同じ問題が起きるかもしれない。
▶ If more immigrants come to Japan, the same problem may occur in Japan.

完成　文のつながりを意識して英文をまとめる

モデル英文 03　次のページの解説を読み、構成を理解した上で暗唱しよう。

　　<u>**One of the drawbacks of living in a multicultural society**</u> is that trouble can arise between the Japanese and foreigners **because of** differences in language and culture.　Misunderstandings can easily occur **due to** a lack of language skills or differences in lifestyle**, which** can **lead to** problems that would not normally occur among Japanese people.　I have heard that riots by immigrants have happened in some Western countries.　**If** more immigrants come to Japan, the same problem may occur in Japan.

(81 words)

<u>多文化社会で暮らすことの難点の１つ</u>は、言語や文化の違い<u>から</u>、日本人と外国人の間でトラブルが発生しかねないということだ。言葉の不自由さや生活習慣の違い<u>から</u>誤解が生じやすく、<u>そのせいで</u>日本人同士ではふつう起こりえないような問題<u>にまで発展するおそれがある。</u>一部の欧米諸国では移民による暴動が起きていると聞いている。日本への移民が増えた場合、日本でも同じ問題が起きるかもしれない。

発想　日本語で下書きを作成する

　この問題では、「多文化社会で暮らすことの難点」が問われています。「簡潔な意見表明
→ くわしい説明」というパラグラフの基本パターンどおりに答案を構成していきましょう。

要素　必要な要素を考える

　まずは「多文化社会で暮らすことの難点」を考えます。ここでは、「**言語や文化の違いから
トラブルが発生しかねない**」を挙げています。次に、その原因となる要素を挙げてみましょう。
日本への移民は、日本語が流ちょうというわけではなく、日本の生活習慣についても十分に
知っているわけではないことが多いですよね。つまり、「**言葉の不自由さや生活習慣の違い**」
があるから誤解が生じやすいといえそうです。その結果として、「**日本人同士では起こりえな
い問題になるおそれも**」あります。たとえば、「**移民による暴動**」ですね。新聞やニュースで
報道されているように、すでに移民による暴動が「**一部の欧州諸国で起きている**」ので、同様
のことが「**日本でも起きる可能性**」も否定できないことを示すと、問題が具体的にイメージで
きるでしょう。

配置　考えた要素を適切に並べ替えながらメモを作成する

　この問題は「多文化社会で暮らすことの難点」が問われているので、まず〈トピックセンテ
ンス〉で「**言語や文化の違いからトラブルが発生しかねない**」という〈見解〉を述べます。続い
て、トラブルが発生する〈原因〉として「**言葉の不自由さや生活習慣の違い**」を挙げ、その〈結
果〉として「**日本人同士では起こりえない問題になるおそれも**」あることを示すと、〈トピック
センテンス〉で挙げた「言語や文化の違い」が〈サポーティングセンテンス〉で「言葉の不自由
さや生活習慣の違い」と具体化されるという、〈概略 → 詳細〉という流れの、まとまりのある
文になります。また、〈原因〉→〈結果〉という具体的な内容の説明に加え、「日本人と移民」
と「日本人同士」という〈対比〉も示せ、説得力のある説明になります。さらに、「日本人同士
では起こりえないトラブル」の〈具体例〉として、「**一部の欧州諸国で移民による暴動が起き
ている**」ことを挙げ、それに続けて、もし日本への移民が増えれば同じ問題が「**日本でも起き
る可能性**」があると〈仮定（条件 → 結果）〉の説明方法を用いて話を締めくくると、まとまり
がある文章になるでしょう。

表現　表現のポイント

① 多文化社会で暮らすことの難点の1つは、言語や文化の違いから、日本人と外国人の間でトラ
　ブルが発生しかねないということだ。

One of the drawbacks of living in a multicultural society is that trouble can
arise between the Japanese and foreigners because of differences in language
and culture.

　　「（多くの難点の中での）難点の1つ」は、〈one of the＋複数名詞〉を用いて表す。

✎ 常にトラブルが起こるわけではないので、「〜することもある、〜しかねない、〜するおそれがある」という意味の〈可能性〉を表す can を用いていることに注目しよう。

表現	□ **A が原因〔理由〕で** ▶ because of A
	□ **A の違い、A という点における違い** ▶ difference in A

② 言葉の不自由さや生活習慣の違いから誤解が生じやすく、

Misunderstandings can easily occur due to a lack of language skills or differences in lifestyle

表現	□ **誤解** ▶ misunderstanding
	□ **A が原因で、A のために** ▶ due to A
	□ **A の不足、A がないこと** ▶ a lack of A

③ そのせいで日本人同士ではふつう起こりえないような問題にまで発展するおそれがある。

, which can lead to problems that would not normally occur among Japanese people.

✎ 非制限用法の関係代名詞 which は、前文の内容（の一部）を先行詞にすることができる。ここでは、前文の内容が原因で、can lead 以下のことが起こるという〈因果関係〉を示している。

✎ 「おそれがある」という可能性が低いことを助動詞の can で表していることに注目しよう。

表現	□ **S（原因）は A（という結果）を引き起こす** ▶ S lead to A
	□ **日本人** ▶ Japanese people　　注 the は不要。

④ 一部の欧米諸国では移民による暴動が起きていると聞いている。

I have heard that riots by immigrants have happened in some Western countries.

✎ 「〜と聞いている、〜だそうだ」という〈情報を耳にして知っている状況〉は〈I hear (that) SV〉で表す。具体例を挙げる際に便利な表現。

表現	□ **欧米の、西洋の** ▶ Western
	□ **欧米、西洋** ▶ the West

⑤ 日本への移民が増えた場合、日本でも同じ問題が起きるかもしれない。

If more immigrants come to Japan, the same problem may occur in Japan.

✎ 「もし〜ならば」という可能性があることを表す時は、〈if SV 〜〉を用いる。可能性があるので〈直説法〉を用いる。可能性がない（あるいは低い）ことを表す〈仮定法〉と区別すること。

✎ 「（それと）同じ〈名詞〉」は〈the same＋名詞〉で表す。ここでは、前文の riots by immigrants（移民による暴動）を the same problem（それと同じ問題）と言い換えていることに注目。

表現	□ **〜する〈名詞〉が増える、より多くの〈名詞〉が〜する** ▶ more＋名詞

日本で働く外国人の数は、今後も増加していくことが予想されます。日本が多くの外国人が暮らす多文化社会（a multicultural society）になった場合、どのような難点（drawback）があると思いますか。あなたの考えを 80 語程度の英語で説明しなさい。

💡 発想　日本語で下書きを作成する

> 難点　言語や文化の違いからトラブルが発生
> ↓
> 原因　言葉の不自由さや生活習慣の違い
> ↓
> 結果　日本人同士では起こりえない問題になるおそれも
> 具体例　一部の欧州諸国で移民による暴動が起きている
> 　　　　→ 日本でも起きる可能性も

✐ 表現　日本語の下書きをもとに英語で意見を書く

① 多文化社会で暮らすことの難点の１つは、言語や文化の違いから、日本人と外国人の間でトラブルが発生しかねないということだ。

One of the drawbacks of living in a multicultural society is that trouble can arise between the Japanese and foreigners ＿＿＿（4語）＿＿＿ language and culture.

② 言葉の不自由さや生活習慣の違いから誤解が生じやすく、

Misunderstandings can easily occur ＿＿＿（4語）＿＿＿ of language skills or differences in lifestyle

③ そのせいで日本人同士ではふつう起こりえないような問題にまで発展するおそれがある。

, ＿＿＿（4語）＿＿＿ problems that would not normally occur among Japanese people.

④ 一部の欧米諸国では移民による暴動が起きていると聞いている。

＿＿＿（4語）＿＿＿ riots by immigrants have happened in some Western countries.

⑤ 日本への移民が増えた場合、日本でも同じ問題が起きるかもしれない。

If ＿＿＿（4語）＿＿＿ Japan, the same problem may occur in Japan.

次の英文の下線部を正しい表現に直そう。

One of the drawbacks of living in a multicultural society is that trouble can arise between the Japanese and foreigners because of ① <u>differences of</u> language and culture. Misunderstandings can easily occur due to ② <u>a lack in</u> language skills or differences of lifestyle, ③ <u>that</u> can lead to problems that would not normally occur among Japanese people. ④ <u>I have listened</u> that riots by immigrants have happened in some Western countries. If ⑤ <u>immigrants increase in</u> Japan, the same problem may occur in Japan.

正解　注意すべきポイント

① **differences in** ▶ 「A の違い」は〈difference in A〉で表す。日本語の「〜の」に引きずられて of を使ってしまわないよう注意。

② **a lack of** ▶ 「A の不足、A がないこと」は〈a lack of A〉で表す。

③ **which** ▶ 関係代名詞の非制限用法では、that は使えないので注意。

④ **I have heard** ▶ 「〜と聞いている、〜だそうだ」は〈I hear (that) SV〉で表す。

⑤ **more immigrants come to** ▶ 「〜する〈名詞〉が増える、より多くの〈名詞〉が〜する」は〈more ＋名詞〉で表す。×〈人 increase〉とは言えない。「人の数が増える」は〈the number of 人 increases〉で表すので、If the number of immigrants coming to Japan increases としても同じ意味になる。

モデル英文 03

　One of the drawbacks of living in a multicultural society is that trouble can arise between the Japanese and foreigners **because of differences in** language and culture. Misunderstandings can easily occur **due to a lack** of language skills or differences in lifestyle, **which can lead to** problems that would not normally occur among Japanese people. **I have heard that** riots by immigrants have happened in some Western countries. If **more immigrants come to** Japan, the same problem may occur in Japan.

(81 words)

Round 3 　理解 〉定着 〉発信 　覚えた例文を再現する

日本で働く外国人の数は、今後も増加していくことが予想されます。日本が多くの外国人が暮らす多文化社会（a multicultural society）になった場合、どのような難点（drawback）があると思いますか。あなたの考えを80語程度の英語で説明しなさい。

💡 発想 　日本語で下書きを作成する

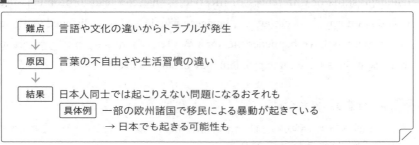

難点　言語や文化の違いからトラブルが発生
　↓
原因　言葉の不自由さや生活習慣の違い
　↓
結果　日本人同士では起こりえない問題になるおそれも
　　具体例　一部の欧州諸国で移民による暴動が起きている
　　　　　　→ 日本でも起きる可能性も

✏️ 表現 　日本語の下書きをもとに英語で意見を書く

（ヒント1）次の日本語を英語に直そう。

多文化社会で暮らすことの難点の1つは、言語や文化の違いから、日本人と外国人の間でトラブルが発生しかねないということだ。言葉の不自由さや生活習慣の違いから誤解が生じやすく、そのせいで日本人同士ではふつう起こりえないような問題にまで発展するおそれがある。一部の欧米諸国では移民による暴動が起きていると聞いている。日本への移民が増えた場合、日本でも同じ問題が起きるかもしれない。

_____

_____

_____

_____

_____

ヒント2 **ヒント1** の日本語を参考に、次の英文の下線部に適切な表現を入れよう。

One of the drawbacks of living in a multicultural society is that trouble can arise between the Japanese and foreigners ＿＿＿＿＿＿＿（7語）＿＿＿＿＿＿ . Misunderstandings can easily occur ＿＿＿＿＿＿（7語）＿＿＿＿＿＿ or differences in lifestyle, ＿＿＿＿（5語）＿＿＿＿ that would not normally occur among Japanese people. ＿＿＿＿＿（9語）＿＿＿＿＿ in some Western countries. ＿＿＿＿（6語）＿＿＿＿ , the same problem may occur in Japan.

✔ **確認**　書いた英文を確認する

- □ A が原因〔理由〕で ▶ because of A
- □ A の違い、A という点における違い ▶ difference in A
- □ A が原因で、A のために ▶ due to A
- □ A の不足、A がないこと ▶ a lack of A
- □ S（原因）は A（という結果）を引き起こす ▶ S lead to A
- □ 〜と聞いている ▶ I hear (that) SV
- □ 〜する〈名詞〉が増える、より多くの〈名詞〉が〜する ▶ 〈more＋名詞〉

✔ **最後に確認**

- □ 名詞：特定か不特定か／単数か複数か
- □ 動詞：時制は適切か／助動詞は適切か／語法は適切か
- □ つながり：文と文のつながりは適切か／数の一致は適切か

モデル英文 03

One of the drawbacks of living in a multicultural society is that trouble can arise between the Japanese and foreigners **because of differences in language and culture**. Misunderstandings can easily occur **due to a lack of language skills** or differences in lifestyle, **which can lead to problems** that would not normally occur among Japanese people. **I have heard that riots by immigrants have happened** in some Western countries. **If more immigrants come to Japan**, the same problem may occur in Japan.

(81 words)

Round 1 | 理解 | 定着 発信 | 手順と構成を理解する

教室で先生に教わりながら学ぶ (classroom learning with teachers) のと、先生の助け を借りずに生徒が独学する (self-study) のでは、どちらが効率的だと思いますか。あなた の意見を 80 語程度の英文で書きなさい。

💡 **発想** 日本語で下書きを作成する ▶▶ くわしくは → p.64

要素 必要な要素を考える

・（どちらが効率的？）教室で先生に教わりながら学ぶほう
・（どういう点が効率的？）初めての内容について先生がポイントを教えてくれる
・（それ以外には？）先生がアドバイスしてくれる → 理解が深まる
・（独学の場合は？）物理を独学した時、何がポイントかわからず、苦労した

配置 考えた要素を適切に並べ替えながらメモを作成する

> 見解 教室で先生に教わりながら学ぶほうが効率的
> ↓
> 理由 初めての内容について先生がポイントを教えてくれる
> ↓
> 具体例 独学 物理を独学した時、ポイントがわからなかった
> ↓
> 授業 先生が説明とアドバイスしてくれた → 理解が深まった

展開 メモを文章のかたちにする

見解 ① 私は、独学よりも教室で先生に教わりながら学ぶほうが効率的だと思う。

理由 ② 初めて何かを学んでいる時、先生が何が重要かを教えてくれるので、効率 よく勉強できるからである。

具体例 独学 ③ 私が独学で物理を勉強し始めた時、何が重要なポイントなのかわか らなかった。

授業 ④ 授業を受けてみると、その教科についての理解がより深まった。

理由 ⑤ 先生が理論を十分に説明し、勉強の仕方に関する役立つア ドバイスをしてくれた。

✎ **表現** 日本語の下書きをもとに英語で意見を書く　　　▶▶くわしくは → p.64

英訳　**展開** で決めた内容を英語にする

① 私は、独学よりも教室で先生に教わりながら学ぶほうが効率的だと思う。
　▶ I think classroom learning with teachers is more efficient than self-study.

② 初めて何かを学んでいる時、先生が何が重要かを教えてくれるので、効率よく勉強できるからである。
　▶ This is because when you are learning something for the first time, your teacher will teach you what is important, so that you can study more efficiently.

③ 私が独学で物理を勉強し始めた時、何が重要なポイントなのかわからなかった。
　▶ When I started studying physics on my own, I didn't know what the important points were.

④ 授業を受けてみると、その教科についての理解がより深まった。
　▶ After taking classes, I was able to understand the subject better.

⑤ 先生が理論を十分に説明し、勉強の仕方に関する役立つアドバイスをしてくれた。
　▶ My teacher fully explained the theories and gave me some helpful advice on how to study.

完成　文のつながりを意識して英文をまとめる

モデル英文 04　次のページの解説を読み、構成を理解した上で暗唱しよう。

I think classroom learning with teachers is more efficient than self-study. **This is because** when you are learning something for the first time, your teacher will teach you what is important, so that you can study more efficiently. **In fact**, when I started studying physics on my own, I didn't know what the important points were. **But** after taking classes, I was able to understand the subject better **because** my teacher fully explained the theories and gave me some helpful advice on how to study.　(85 words)

私は、独学よりも教室で先生に教わりながら学ぶほうが効率的だと思う。なぜなら、初めて何かを学んでいる時、先生が何が重要かを教えてくれるので、効率よく勉強できるからである。実際、私が独学で物理を勉強し始めた時、何が重要なポイントなのかわからなかった。しかし、授業を受けてみると、先生が理論を十分に説明し、勉強の仕方に関する役立つアドバイスをしてくれたので、物理の理解がより深まった。

発想　日本語で下書きを作成する

　この問題では、2つの要素のうちどちらがよいかを選択することが求められています。このような問題では、2つの要素を比較しながら説明すると、選んだ要素のよい点が明確になり、説得力のある説明になります。したがって、2つの要素のよい点と悪い点を考えながら、書く内容を整理していくとよいでしょう。「両方ともよい」という内容にするのは避けなければなりません。〈二者択一の意見型〉の問題では、「どちらか一方を選んで論じる」のが共通了解であり、「両方選ぶ」のはその約束を破ることになるからです。

要素　必要な要素を考える

　ここでは、「**教室で先生に教わりながら学ぶほうが効率的**」という立場で考えてみましょう。その理由としては、「**初めての内容について先生がポイントを教えてくれる**」「**先生がアドバイスしてくれる**」などが考えられます。これらは、独学では期待できないことなので、比較するポイントとしてもよさそうです。さらに、これらについて、独学で実際に困った経験を具体例として挙げると、説得力が増しそうです。ここでは「**物理を独学した時、何がポイントかわからず、苦労した**」という例を挙げていますが、扱う例は、自分の話でも、人から聞いた話でもかまいません。読み手が具体的にイメージできる例を挙げるようにしましょう。

配置　考えた要素を適切に並べ替えながらメモを作成する

　まず、〈トピックセンテンス〉で「**教室で先生に教わりながら学ぶほうが効率的**」という〈見解〉を述べます。次に、その〈理由〉として「**初めての内容について先生がポイントを教えてくれる**」を示すと、〈意見 → 理由〉という論理展開になります。この展開は、意見を述べるタイプの自由英作文の基本的な構成になるので、しっかりと意識するようにしましょう。さらに、その理由を補強するために、〈具体例〉を挙げていきます。ここでは、「**物理を独学した時、ポイントがわからなかった**」のに対して、「**授業で先生が説明とアドバイスをしてくれた**」おかげで「**理解が深まった**」という体験を紹介しています。「独学」と「授業」を〈対比〉して説明しているので、「授業」のほうがよい理由が明確になります。

表現　表現のポイント

① 私は、独学よりも教室で先生に教わりながら学ぶほうが効率的だと思う。

I think classroom learning with teachers is more efficient than self-study.

　　2つの要素のうち、独学と比較して「教室で先生に教わりながら学ぶ」ほうが効率的であると考えていることを明確にするために、比較級の more efficient を用いていることに注目。

② なぜなら、初めて何かを学んでいる時、先生が何が重要かを教えてくれるので、効率よく勉強できるからである。

This is because when you are learning something for the first time, your teacher will teach you what is important, so that you can study more efficiently.

✍ 「～。なぜなら…」という 2 つの独立した文で〈因果関係〉を表す時は、〈SV ～. This is because SV …〉を用いる。意見を述べたらその後で理由・根拠を述べるのは自然な展開なので、This is because を省略してもよいが、このかたちを用いたほうが論理展開が明確になる。

✍ ここでは一般的に言える内容を述べているので、主語には「(一般に) 人」を表す you を用い、現在時制にしている点に注目しよう。

表現　□ 初めて ▶ for the first time
　　　□ …、その結果～ ▶ … , so that SV

③ 実際、私が独学で物理を勉強し始めた時、何が重要なポイントなのかわからなかった。

In fact, when I started studying physics on my own, I didn't know what the important points were.

✍ 前文に補足して、「～。実際に…」という時には〈SV ～. In fact, SV … .〉を用いる。ここでは、過去の経験について述べているので、主語には I を用い、過去時制にしている。

✍ 「何が重要なポイントなのか」は what the important points were という間接疑問になっていることに注目。疑問文で表す内容を文の一部として組み込む時は間接疑問を用いる。

④ しかし、授業を受けてみると、その教科についての理解がより深まった

But after taking classes, I was able to understand the subject better

✍ 「過去に実際に 1 回することができた」ことを表す場合は、〈could *do*〉ではなく〈was able to *do*〉を用いる。

✍ physics (物理) を the subject (その教科) と言い換えていることに注目。英語では、同じ語のくり返しを避けるために、2 回目以降は別の表現に言い換えることが多い。

⑤ 先生が理論を十分に説明し、勉強の仕方に関する役立つアドバイスをしてくれたからである。

because my teacher fully explained the theories and gave me some helpful advice on how to study.

✍ 「～。なぜなら…」という〈因果関係〉は、〈SV ～ because SV …〉という 1 文のかたちで表すこともできる。〈SV ～〉が主節で、〈because SV …〉が従属節。

表現　□ (B〈人〉に) A〈事〉を説明する ▶ explain A (to B)
　　　□ (A〈人〉に) アドバイスをする ▶ give (A) advice / give advice (to A)
　　　注 「～に関するアドバイス」は advice on〔about〕～で表す。

教室で先生に教わりながら学ぶ (classroom learning with teachers) のと、先生の助けを借りずに生徒が独学する (self-study) のでは、どちらが効率的だと思いますか。あなたの意見を 80 語程度の英文で書きなさい。

💡 発想　日本語で下書きを作成する

　　見解　教室で先生に教わりながら学ぶほうが効率的
　　　↓
　　理由　初めての内容について先生がポイントを教えてくれる
　　　↓
　　具体例　独学　物理を独学した時、ポイントがわからなかった
　　　　　　　　↓
　　　　　　授業　先生が説明とアドバイスしてくれた → 理解が深まった

✏️ 表現　日本語の下書きをもとに英語で意見を書く

① 私は、独学よりも教室で先生に教わりながら学ぶほうが効率的だと思う。
I think classroom learning with teachers ＿＿＿＿(4語)＿＿＿＿ self-study.

② なぜなら、初めて何かを学んでいる時、先生が何が重要かを教えてくれるので、効率よく勉強できるからである。
＿＿＿＿(3語)＿＿＿＿ when you are learning something for the first time, your teacher will teach you what is important, so that you can study more efficiently.

③ 実際、私が独学で物理を勉強し始めた時、何が重要なポイントなのかわからなかった。
In fact, when I started studying physics on my own, I didn't know ＿＿＿＿
＿＿(5語)＿＿ .

④ しかし、授業を受けてみると、その教科についての理解がより深まった
But after taking classes , I ＿＿＿＿(4語)＿＿＿＿ the subject better

⑤ 先生が理論を十分に説明し、勉強の仕方に関する役立つアドバイスをしてくれたからである。
because my teacher fully explained the theories and gave me ＿＿(3語)＿＿
＿＿＿＿ on how to study.

✓ 確認 書いた英文を確認する

次の英文の下線部を正しい表現に直そう。

I think classroom learning with teachers ① are more efficient than self-study. ② Because when you are learning something for the first time, your teacher will teach you what is important, so that you can study more efficiently. In fact, when I started studying physics on my own, I didn't know ③ what were the important points. But after taking classes, I ④ could understand the subject better because my teacher fully explained the theories and gave me ⑤ some helpful advices on how to study.

正解 注意すべきポイント

① **is more efficient than** ▶ この文の主語は単数名詞の classroom learning なので、動詞は三人称単数の is にする。直前の複数名詞 teachers に引きずられて are としないよう注意。

② **This is because** ▶ because 節を単独で用いた×〈SV〜. Because SV ...〉という言い方はできない。〈SV〜. This is because SV ...〉か〈SV〜 because SV ...〉というかたちを用いる。

③ **what the important points were** ▶ know の目的語になっていることに注目。疑問文で表す内容を文の一部として組み込む時は、疑問詞の後の語順を平叙文と同じ〈主語＋動詞〉にした間接疑問のかたちにする。

④ **was able to understand** ▶「〜することできた」という日本語が「過去に実際に１回やった行為」を表す場合は、〈could do〉ではなく〈was able to do〉で表す。

⑤ **some helpful advice** ▶ advice は不可算名詞なので、複数形にはできない。動詞の advise とつづりを混同する間違いも多いので注意しよう。

モデル英文 04

I think classroom learning with teachers **is more efficient than** self-study. **This is because** when you are learning something for the first time, your teacher will teach you what is important, so that you can study more efficiently. In fact, when I started studying physics on my own, I didn't know **what the important points were**. But after taking classes, I **was able to understand** the subject better because my teacher fully explained the theories and gave me **some helpful advice** on how to study.

(85 words)

教室で先生に教わりながら学ぶ (classroom learning with teachers) のと、先生の助けを借りずに生徒が独学する (self-study) のでは、どちらが効率的だと思いますか。あなたの意見を 80 語程度の英文で書きなさい。

💡 発想　日本語で下書きを作成する

見解　教室で先生に教わりながら学ぶほうが効率的
　↓
理由　初めての内容について先生がポイントを教えてくれる
　↓
具体例　独学　物理を独学した時、ポイントがわからなかった
　　　　　↓
　　　　授業　先生が説明とアドバイスしてくれた → 理解が深まった

✎ 表現　日本語の下書きをもとに英語で意見を書く

ヒント1　次の日本語を英語に直そう。

私は、独学よりも教室で先生に教わりながら学ぶほうが効率的だと思う。なぜなら、初めて何かを学んでいる時、先生が何が重要かを教えてくれるので、効率よく勉強できるからである。実際、私が独学で物理を勉強し始めた時、何が重要なポイントなのかわからなかった。しかし、授業を受けてみると、先生が理論を十分に説明し、勉強の仕方に関する役立つアドバイスをしてくれたので、物理の理解がより深まった。

ヒント2 **ヒント1** の日本語を参考に、次の英文の下線部に適切な表現を入れよう。

I think classroom learning with teachers ＿＿＿＿＿＿＿＿(5語)＿＿＿＿＿＿＿＿.
＿＿＿＿＿＿＿(6語)＿＿＿＿＿＿ learning something ＿＿＿＿(4語)＿＿＿＿,
your teacher will teach you what is important, so that you can study more
efficiently. ＿＿＿＿＿(5語)＿＿＿＿＿ studying physics on my own, I didn't
＿＿＿＿＿(6語)＿＿＿＿＿. ＿＿＿＿＿(8語)＿＿＿＿＿ understand the
subject better because my teacher fully explained the theories and
＿＿＿＿＿(6語)＿＿＿＿＿ how to study.

✓ **確認** 書いた英文を確認する

□ 効率的な ▶ efficient
□ これは〜だからである ▶ This is because SV
□ 初めて ▶ for the first time
□ 〜。実際に… ▶ SV 〜 . In fact, SV ....
□ 何が重要なポイントなのか ▶ what the important points were ▶ 間接疑問
□ （過去に実際に1回）〜することができた ▶ was able to *do*
□ （A〈人〉に）アドバイスをする ▶ give（A）advice / give advice（to A）

✓ **最後に確認**

□ 名詞：特定か不特定か／単数か複数か
□ 動詞：時制は適切か／助動詞は適切か／語法は適切か
□ つながり：文と文のつながりは適切か／数の一致は適切か

モデル英文 04

I think classroom learning with teachers **is more efficient than self-study**.
This is because when you are learning something **for the first time**, your
teacher will teach you what is important, so that you can study more
efficiently. **In fact, when I started** studying physics on my own, I didn't
know what the important points were. **But after taking classes, I was**
able to understand the subject better because my teacher fully explained the
theories and **gave me some helpful advice on** how to study. (85 words)

Round 1　理解　定着　発信　手順と構成を理解する

Resignation is the first lesson of life.（何事もあきらめが肝心）と Where there is a will, there is a way.（あきらめなければ必ず道は開ける）ということわざがありますが、あなたの考えはどちらに近いですか。過去の経験を挙げて、80 語程度の英文で述べなさい。

発想　日本語で下書きを作成する　　　　　　　　　　▶▶ くわしくは → p.72

要素　必要な要素を考える

・（どちらに近い?）あきらめなければ必ず道は開ける
・（どんな体験からそう言える?）高校のテニス部
・（なにがあった?）下手で退部しかけた
・（あきらめなかったらどうなった?）2 年近く毎日練習 → 優勝できた

配置　考えた要素を適切に並べ替えながらメモを作成する

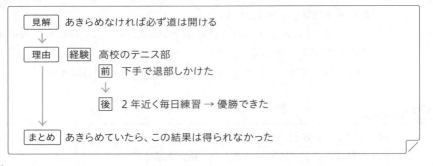

展開　メモを文章のかたちにする

| 見解 | ①「あきらめなければ必ず道は開ける」ということわざがあるように、私は決してあきらめないことが大切だと思う。 |

理由	経験	② 高校時代、私はテニス部に所属していた。
	前	③ 私は一番下手で、何度も退部しようかと考えた。
	後	④ あきらめずに 2 年近く毎日練習を積み重ね、ついに優勝することができた。

| まとめ | ⑤ もし簡単にあきらめていたら、このようなすばらしい結果は得られなかっただろう。 |

英訳 　展開 で決めた内容を英語にする

① 「あきらめなければ必ず道は開ける」ということわざがあるように、私は決してあきらめないことが大切だと思う。

▶ As the proverb "Where there is a will, there is a way" says, I believe it is important never to give up.

② 高校時代、私はテニス部に所属していた。

▶ When I was in high school, I belonged to the tennis club.

③ 私は一番下手で、何度も退部しようかと考えた。

▶ I was the most terrible player, and I thought about leaving the club many times.

④ あきらめずに2年近く毎日練習を積み重ね、ついに優勝することができた。

▶ I didn't give up and practiced hard every day for nearly two years, until I finally won the championship.

⑤ もし簡単にあきらめていたら、このようなすばらしい結果は得られなかっただろう。

▶ If I had given up easily, I couldn't have achieved such a remarkable result.

完成 　文のつながりを意識して英文をまとめる

モデル英文 05 　次のページの解説を読み、構成を理解した上で暗唱しよう。

As the proverb "Where there is a will, there is a way" says, I believe it is important never to give up. When I was in high school, I belonged to the tennis club. I was the most terrible player, and I thought about leaving the club many times. **However**, I didn't give up and practiced hard every day for nearly two years, until I finally won the championship. If I had given up easily, I couldn't have achieved such a remarkable result.

(83 words)

「あきらめなければ必ず道は開ける」ということわざがあるように、私は決してあきらめないことが大切だと思う。高校時代、私はテニス部に所属していた。私は一番下手で、何度も退部しようかと考えた。しかし、あきらめずに2年近く毎日練習を積み重ね、ついに優勝することができた。もし簡単にあきらめていたら、このようなすばらしい結果は得られなかっただろう。

発想 日本語で下書きを作成する

　この問題では、2つのことわざのうち、どちらが自分の考えに近いかを選び、その理由を過去の経験を挙げて説明することが求められています。体験やエピソードをもとに、そこから学んだ教訓や意義を述べるのは、比較的書きやすいおなじみのパターンですが、それだけに注意が必要です。日本語では、「体験 → 教訓」という順で書きますが、これは〈具体 → 抽象〉という論理展開ですね。しかし、英語では、この論理展開は一般的ではなく、〈抽象 → 具体〉という逆の論理展開を用いる必要があります。アイデアは日本語の発想（具体 → 抽象）で出してかまいませんが、要素を並べ替える時に〈パラグラフの基本パターン〉（抽象 → 具体）を意識するようにしましょう。

要素 必要な要素を考える

　ここでは、「**あきらめなければ必ず道は開ける**」が自分の考えに近いという立場で考えてみます。その理由を説明するには、「あきらめなければ必ず道は開ける」ことが具体的にわかる体験が必要ですね。たとえば、「**高校のテニス部**」での成功体験を挙げてみましょう。最初は「**下手で退部しかけた**」ものの、あきらめずに「**2年近く毎日練習**」する努力を続けた結果、「**優勝できた**」とすると、「あきらめなければすばらしい結果が得られる」ことがよく伝わりそうです。示す経験は、自分の話でも、人から聞いた話でもかまいません。あなたの意見に読み手が共感できるような体験を示すようにしましょう。

配置 考えた要素を適切に並べ替えながらメモを作成する

　まず、〈トピックセンテンス〉で「**あきらめなければ必ず道は開ける**」が「**決してあきらめないことが大切**」という自分の考えに近いという〈見解〉を述べます。次に、その〈理由〉として「**高校のテニス部**」での体験を続けると、〈意見 → 理由〉という論理展開になります。体験は、「あきらめなければ必ず道は開ける」ということが伝わるように、最初は「**下手で退部しかけた**」ものの、あきらめずに「**2年近く毎日練習**」するという努力を続けた結果、「**優勝できた**」とします。そうすると、努力の前と後の〈対比〉で説明でき、「道が開ける」ことが明確になります。ここまでの内容だけで英文にすると、条件の語数に満たないおそれがあるので、最後に「**あきらめていたら、この結果は得られなかった**」とまとめを加えると、メモの分量も十分になり、読み手がイメージしやすく、説得力のある文になります。

表現 表現のポイント

① 「あきらめなければ必ず道は開ける」ということわざがあるように、私は決してあきらめないことが大切だと思う。

As the proverb "Where there is a will, there is a way" says, I believe it is important never to give up.

🖊 「ことわざにあるように」は As the proverb says で表す。ここでは、proverb の後に具体的なことわざを入れたかたちになっている。

表現　□ **あきらめる、断念する** ▶ give up

② 高校時代、私はテニス部に所属していた。

When I was in high school, I belonged to the tennis club.

🖊 経験やエピソードを切り出す時は、when I was in A（私が A（小学生・中学生など）だった頃）のように表現するとよい。A に用いる elementary school / junior high school などは無冠詞になることに注意。

🖊 「テニス部」は学校の中に 1 つだけのことがふつうなので、the を付ける。

表現　□ **A（クラブなど）に所属している、入っている** ▶ belong to A
　　　注 belong は状態動詞。「所属している」「入っている」という日本語に引きずられて× be belonging to A としてしまう間違いが多い。

③ 私は一番下手で、何度も退部しようかと考えた。

I was the most terrible player, and I thought about leaving the club many times.

表現　□ **〜することについて考える、検討する** ▶ think about *doing*
　　　□ **クラブを辞める、退部する** ▶ leave the club
　　　　　□ **入部する** ▶ join the club
　　　□ **何度も、何回も** ▶ many times　注 副詞句なので、前置詞は不要。

④ しかし、あきらめずに 2 年近く毎日練習を積み重ね、ついに優勝することができた。

However, I didn't give up and practiced hard every day for nearly two years, until I finally won the championship.

🖊 「しかし」は however で表すことができる。however は副詞で、後にコンマがあることに注意。

表現　□ **〜して、（その結果）ついに…する** ▶ SV 〜 , until SV … .
　　　　　注 until の前にコンマを付けることに注意。

⑤ もし簡単にあきらめていたら、このようなすばらしい結果は得られなかっただろう。

If I had given up easily, I couldn't have achieved such a remarkable result.

🖊 「実際はあきらめなかったので、よい結果が得られた」という過去の事実に反する内容なので、〈仮定法過去完了〉を用いて表す。仮定法過去完了は〈If S had *done* …, S would（could / might）have *done* 〜.〉が基本形。

🖊 「このような〜な〈名詞〉」という〈一般化〉は〈such a＋形容詞＋名詞〉で表す。

表現　□ **結果を出す、達成する** ▶ achieve（get）a result

Resignation is the first lesson of life.（何事もあきらめが肝心）と Where there is a will, there is a way.（あきらめなければ必ず道は開ける）ということわざがありますが、あなたの考えはどちらに近いですか。過去の経験を挙げて、80 語程度の英文で述べなさい。

💡 **発想**　日本語で下書きを作成する

> 見解　あきらめなければ必ず道は開ける
>   ↓
> 理由　経験　高校のテニス部
>   　　前　下手で退部しかけた
>   　　　　↓
>   　　後　2 年近く毎日練習 → 優勝できた
>   ↓
> まとめ　あきらめていたら、この結果は得られなかった

✏️ **表現**　日本語の下書きをもとに英語で意見を書く

① 「あきらめなければ必ず道は開ける」ということわざがあるように、私は決してあきらめないことが大切だと思う。

　　_____(3語)_____ "Where there is a will, there is a way" says, I believe it is important never to give up.

② 高校時代、<u>私はテニス部に所属していた</u>。

　　When I was in high school, _____(3語)_____ the tennis club.

③ 私は一番下手で、何度も<u>退部しようか</u>と考えた。

　　I was the most terrible player, and I thought about _____(3語)_____ many times.

④ しかし、あきらめずに 2 年近く毎日練習を積み<u>重ね</u>、<u>ついに優勝することができた</u>。

　　However, I didn't give up and practiced hard every day for nearly two years, _____(4語)_____ the championship.

⑤ もし簡単に<u>あきらめていたら</u>、このようなすばらしい結果は得られなかっただろう。

　　If I _____(3語)_____ easily, I couldn't have achieved such a remarkable result.

次の英文の下線部を正しい表現に直そう。

With the proverb "Where there is a will, there is a way" says, I believe it is important ① <u>never give up</u>. When I was in high school, I ② <u>was belonging to</u> the tennis club. I was the most terrible player, and I thought about ③ <u>leave club</u> many times. However, I didn't give up and practiced hard every day for nearly two years, ④ <u>by the time I finally won</u> the championship. If I ⑤ <u>gave up</u> easily, I couldn't have achieved such a remarkable result.

5

① **never to give up** ▶「決してあきらめない<u>こと</u>」は不定詞を用いて never to give up で表す。it is important の it は形式主語で、never to give up が真主語。。

② **belonged to** ▶ belong は状態動詞。「所属<u>している</u>」という日本語に引きずられて進行形の× be belonging to A としてしまう間違いが多い。

③ **leaving the club** ▶ 前置詞 about の目的語になっているので、動名詞にする。ここでの「退部する」とは「(②で述べた<u>特定の</u>) テニス部を退部する」ということなので、the を付ける。

④ **until I finally won** ▶「～して、(その結果)ついに…する」は〈SV ～, until SV ...〉で表す。

⑤ **had given up** ▶「実際はあきらめなかったので、よい結果が得られた」という過去の事実に反する内容なので、〈仮定法過去完了〉を用いて表す。

モデル英文 05

<u>**As the proverb**</u> "Where there is a will, there is a way" says, I believe it is important never to give up. When I was in high school, **I belonged to** the tennis club. I was the most terrible player, and I thought about **leaving the club** many times. However, I didn't give up and practiced hard every day for nearly two years, **until I finally won** the championship. If I **had given up** easily, I couldn't have achieved such a remarkable result. (83 words)

Resignation is the first lesson of life.（何事もあきらめが肝心）と Where there is a will, there is a way.（あきらめなければ必ず道は開ける）ということわざがありますが、あなたの考えはどちらに近いですか。過去の経験を挙げて、80 語程度の英文で述べなさい。

💡 発想　日本語で下書きを作成する

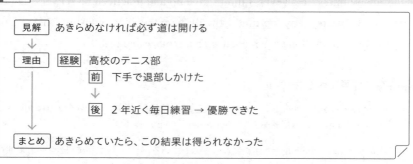

見解　あきらめなければ必ず道は開ける
　↓
理由　経験　高校のテニス部
　　　　　前　下手で退部しかけた
　　　　　　↓
　　　　　後　2 年近く毎日練習 → 優勝できた
　↓
まとめ　あきらめていたら、この結果は得られなかった

✐ 表現　日本語の下書きをもとに英語で意見を書く

ヒント1　次の日本語を英語に直そう。

「あきらめなければ必ず道は開ける」ということわざがあるように、私は決してあきらめないことが大切だと思う。高校時代、私はテニス部に所属していた。私は一番下手で、何度も退部しようかと考えた。しかし、あきらめずに 2 年近く毎日練習を積み重ね、ついに優勝することができた。もし簡単にあきらめていたら、このようなすばらしい結果は得られなかっただろう。

ヒント2 **ヒント1** の日本語を参考に、次の英文の下線部に適切な表現を入れよう。

As the proverb "Where there is a will, there is a way" says, I believe ＿＿＿＿＿
＿＿＿＿＿(7語)＿＿＿＿＿. When I was in high school, ＿＿＿＿＿(6語)＿＿
＿＿＿＿. I was the most terrible player, and ＿＿＿＿＿(6語)＿＿＿＿＿ many
times. However, I didn't give up and practiced hard every day for nearly two
years, ＿＿＿＿＿(6語)＿＿＿＿＿. ＿＿＿＿＿(6語)＿＿＿＿＿, I couldn't
have achieved such a remarkable result.

✔ **確認** 書いた英文を確認する

□ あきらめる、断念する ▶ give up
□ A（クラブなど）に所属している、入っている ▶ belong to A
□ ～することについて考える、検討する ▶ think about *doing*
□ クラブを辞める、退部する ▶ leave the club
□ ～して、（その結果）ついに…する ▶ SV ～ , until SV ...
□ もし～だったら、～だっただろう
　▶ If S had *done* ..., S would (could / might) have *done* ～ .

✔ **最後に確認**

□ 名詞：特定か不特定か／単数か複数か
□ 動詞：時制は適切か／助動詞は適切か／語法は適切か
□ つながり：文と文のつながりは適切か／数の一致は適切か

モデル英文05

　As the proverb "Where there is a will, there is a way" says, I believe **it is
important never to give up**. When I was in high school, **I belonged to the
tennis club**. I was the most terrible player, and **I thought about leaving the
club** many times. However, I didn't give up and practiced hard every day for
nearly two years, **until I finally won the championship**. **If I had given up
easily**, I couldn't have achieved such a remarkable result. (83 words)

□ 01　オンライン教育のメリットとデメリット

　メリットとしては「通学時間の短縮」「浮いた時間の有効活用」「地方でも都会の授業を受講可能」「教育の地域格差の是正」などが、デメリットとしては「自宅では授業に集中できない」「生徒同士のコミュニケーションの減少」「長時間の画面視聴による健康悪化」「オンライン環境の格差」などが挙げられていました。

□ 02　ペットを飼う利点

　「ペットが寂しさを癒やしてくれる」「ペットの世話を通して責任感が芽生える」「毎朝の犬の散歩が健康によい」などが挙げられていました。個人的な体験を紹介するだけでは説得力に欠けるので、「個人的な体験を述べたら、それを読み手が納得できるようなかたちで一般化する」という展開でまとめるようにしましょう。

□ 03　多文化社会で暮らすことの難点

　「多文化社会で暮らすことに関して、利点と難点の両方、あるいは利点のみ、あるいは難点のみを書きなさい」という問題を出題したところ、「利点」についてはよく書けていたものの、「難点」についてはきちんと書けているものがほとんどないという結果になりました。その結果を踏まえて、本書では難点に絞った問題にしています。ここでは、日本社会が将来的に多文化社会になるという観点から答案を作成していますが、日本社会に限定せず、より一般的な多文化社会の観点から作成してもかまいません。難点を挙げた後の展開としては、「その難点を克服するためには、〜することが大切だ」などの〈問題解決〉タイプの展開が自然です。〈問題解決〉タイプの展開については、Topic10 (p.118〜) でくわしく学びます。

□ 04　2 つの勉強法の比較

　「教室で先生に教わりながら学ぶ」を選ぶ根拠としては、「先生がポイントをしぼって教えてくれる」「わからない箇所を先生に質問できる」「他の生徒とのライバル心が芽生えて学習意欲が高まる」などが、「独学」を選ぶ根拠としては、「自分のペースで学習できる」「自分のレベルに合った教材を選べる」「他の生徒がうるさいと集中できない」「一人の方が集中できる」などが挙げられていました。

□ 05　2 つの考え方の比較

　どちらのことわざを選んだ場合も、「過去の体験」の中身で差が出ました。読み手が十分に納得できる、具体的な体験やエピソードをうまく書けた答案が高い評価を受けることになります。「私にはそのような体験はない」という場合は、人から聞いた話を自分の体験として語ってもかまいません。あるいは、それらしいエピソードを創作してもかまいません。

実践編 第**2**章

賛成・反対を述べる、根拠を説明する

賛成・反対を述べる、根拠を説明する

　この章では、あるテーマに対して「賛成か反対か」や「～すべきかどうか」について意見を述べる問題を扱います。ある論点についての賛否は、書き手と読み手で異なる場合も多いので、読み手にあなたの考えを理解してもらえるよう、ていねいに説明することが必要となります。読み手が納得できるような根拠と説明を提示し、論理展開が一貫した、読み手が理解しやすい答案を心がけましょう。

✔ 確認　問題情報

□ 06　小学生のスマートフォン使用の是非

　「小学生にスマートフォンを自由に使わせるべきではない」という意見に対して、賛成か反対かを答える問題です。このような問題では、最初に賛成か反対かを表明し、次にその理由を具体的に述べていくことになります。この問題の場合、賛成意見のほうが多くの人にとって納得のしやすい根拠を思いつきやすそうでね。ですから、本心では反対意見だったとしても、書きやすく、多くの人にとって納得のしやすい賛成意見のほうで答案を作るほうが得策です。このように、賛成か反対かを答える問題には、一方の意見のほうが圧倒的に書きやすく、実質的には「一択」と等しい問題もあるということを覚えておきましょう。

□ 07　高校生のスマートフォン使用の是非

　「高校生が学校でスマートフォンを使うことは許可されるべきか」という意見に対して、賛成か反対かを答える問題です。「賛成か反対かを述べなさい」という指示はありませんが、実際は賛否を問われているので、06 と同じように、最初に賛成か反対かを表明し、次にその理由を具体的に述べていくことになります。06 と同じ「スマートフォンの使用」について問う問題ですが、対象が「小学生」から「高校生」に変わっていることに注意しましょう。対象が変われば、賛否やその根拠も変わります。条件をしっかりと確認してから問題に取り組むようにしましょう。

□ 08　部活動廃止の是非

　「すべての部活動を廃止する計画」に対して、賛成か反対かを答える問題です。部活動をがんばってきた人にとっては、反対意見のほうが根拠を思いつきやすそうです。その場合は、自分の経験や先輩の話など、実体験をもとに根拠を考えると、説明しやすいでしょう。また、「一部の」ではなく「すべての」という文言も反対意見の根拠になります。さまざまな事情があるのにもかかわらず、それらを完全に無視して「すべて」廃止すると、実行後に多くの問題が生じる可能性が非常に高く、現実的な計画とはいえないからです。

社会的なテーマに関して賛否を述べる問題を解くためには、まずはそのテーマについて知っていることが大切です。日頃からニュースに触れるようにして、いま世の中で起こっている社会的・時事的なテーマに関する知識をインプットするようにしましょう。そのうえで、それらのテーマについて、自分なりの意見を持っておくと、自由英作文の際にもすんなりと書くことが決まるようになります。以下に大学入試で出題された問題の中で、高校生にとって書く要素を思いつきにくいであろうテーマをまとめておきました。もし知らないテーマがあれば、ネットや書物を使って基本的な情報を確認しておきましょう。

✔ 大学入試で出題されたテーマ

- ☐ もっと多くの日本人男性が育児休暇を取るべきか
- ☐ ボランティアを義務化すべきか
- ☐ 日本の方言は廃止して標準語に統一すべきか
- ☐ 日本も週4日労働にすべきか
- ☐ 花粉症を減らすために杉の木を切るべきか
- ☐ 国政選挙の投票を義務化すべきか
- ☐ 80歳以上のクルマの運転を禁止すべきか
- ☐ 日本では夫婦別姓を義務化すべきか
- ☐ コンビニは24時間営業であるべきか
- ☐ 政府は宇宙開発に公金を投入すべきか
- ☐ グローバル化をもっと推進すべきか
- ☐ 政府は地元商品購入にインセンティブを与えるべきか
- ☐ 子供向けの番組で広告を禁止すべきか
- ☐ 高校や大学も無償化すべきか
- ☐ 人類は火星にコロニーを建設すべきか

Round 1 | 理解 | 定着 | 発信 | **手順と構成を理解する**

登下校時の安全確認や緊急連絡用のツールとして、小学生にスマートフォンを持たせる親が増えていますが、このような用途以外には「小学生にスマートフォンを自由に使わせるべきではない」という意見があります。あなたはこの意見に賛成か反対か、80 語程度の英語で述べなさい。

発想 日本語で下書きを作成する ▶▶くわしくは→ p.84

要素 必要な要素を考える

- （賛成か反対か？）賛成
- （なぜ？）適切に使えない、スマホ中毒になる → 子供の成長に悪影響
- （なぜそう言える？）携帯ゲームのやり過ぎ、SNS の見過ぎ
- （その結果どうなる？）外で遊ぶ回数減少 → 健康維持の妨げ

配置 考えた要素を適切に並べ替えながらメモを作成する

| 見解 | 「小学生にスマホを自由に使わせるべきではない」に賛成 |

↓

| 理由 | 適切に使えない、スマホ中毒になる |
| | 具体例 携帯ゲームのやり過ぎ、SNS の見過ぎ |

↓

| 結果 | 子供の成長に悪影響 |
| | 具体例 外で遊ぶ回数減少 → 健康維持の妨げ |

展開 メモを文章のかたちにする

見解 ① 私は、小学生がスマートフォンを自由に使うべきではないという意見に賛成だ。

理由 ② 彼らはまだスマートフォンを適切に使えるほど大人ではなく、容易にスマートフォン中毒になることもある。

具体例 ③ 携帯ゲームをやり過ぎたり、SNS を見過ぎたりする悪い習慣を身につけてしまうかもしれない。

結果 ④ このような依存状態は、成長に悪い影響を与える。

具体例 ⑤ スマートフォンの使い過ぎは、外で遊ぶ回数が減ることを意味し、そのせいで健康を維持することができなくなるかもしれない。

英訳 **展開** で決めた内容を英語にする

① 私は、小学生がスマートフォンを自由に使うべきではないという意見に賛成だ。
▶ I agree with the opinion that elementary school students should not use smartphones freely.

② 彼らはまだスマートフォンを適切に使えるほど大人ではなく、容易にスマートフォン中毒になることもある。
▶ They are still not old enough to use smartphones in a proper way, and they can easily get addicted to their smartphones.

③ 携帯ゲームをやり過ぎたり、SNSを見過ぎたりする悪い習慣を身につけてしまうかもしれない。
▶ They might develop bad habits of playing mobile games or watching social media to excess.

④ このような依存状態は、成長に悪い影響を与える。
▶ This addiction will have a bad effect on their development.

⑤ スマートフォンの使い過ぎは、外で遊ぶ回数が減ることを意味し、そのせいで健康を維持することができなくなるかもしれない。
▶ Using smartphones too much means playing outside less often, which could prevent them from staying healthy.

完成 文のつながりを意識して英文をまとめる

モデル英文 06 次のページの解説を読み、構成を理解した上で暗唱しよう。

I agree with the opinion that elementary school students should not use smartphones freely. **They** are still not old enough to use smartphones in a proper way, and they can easily get addicted to their smartphones. **For example**, they might develop bad habits of playing mobile games or watching social media to excess. **This addiction** will have a bad effect on their development. Using smartphones too much means playing outside less often, which could prevent them from staying healthy. (79 words)

私は、小学生がスマートフォンを自由に使うべきではないという意見に賛成だ。彼らはまだスマートフォンを適切に使えるほど大人ではなく、容易にスマートフォン中毒になることもある。たとえば、携帯ゲームをやり過ぎたり、SNSを見過ぎたりする悪い習慣を身につけてしまうかもしれない。このような依存状態は、成長に悪い影響を与える。スマートフォンの使い過ぎは、外で遊ぶ回数が減ることを意味し、そのせいで健康を維持することができなくなるかもしれない。

発想　日本語で下書きを作成する

　この問題では、「小学生にスマートフォンを自由に使わせるべきではないという意見に賛成か反対か」を述べることを求められています。このような問題では、**最初に賛成か反対かを表明し、次にその理由を具体的に述べていく**ことになります。〈トピックセンテンス〉で〈見解〉を述べ、〈サポーティングセンテンス〉で〈理由の説明〉を行うという、〈パラグラフの基本パターン〉を意識すれば、自然と説得力のある文を書くことができるでしょう。また、「小学生」という対象を意識することも大切です。大人と子供の〈対比〉で説明できれば、論点が明確になります。

要素　必要な要素を考える

　ここでは、「『**小学生にスマホを自由に使わせるべきではない**』に賛成」の立場で考えてみましょう。その理由を説明するためには、スマホ使用の負の側面を挙げる必要があります。「**適切に使えない**」から「**スマホ中毒になる**」おそれがあり、「**子供の成長に悪影響**」があることなどを示せばよさそうです。ただ、単に「スマホ中毒」と言っただけでは、それがどのような状態かわかりません。具体例として、「**携帯ゲームのやり過ぎ**」や「**SNS の見過ぎ**」などを挙げておくとよさそうです。また、「子供の成長に悪影響」についても、「**外で遊ぶ回数が減少**」することが「**健康維持の妨げ**」になるなどの具体例を挙げれば、読み手に納得してもらえるでしょう。

配置　考えた要素を適切に並べ替えながらメモを作成する

　まず、〈トピックセンテンス〉で「『**小学生にスマホを自由に使わせるべきではない**』に賛成」という〈見解〉を述べます。続けて「**適切に使えないので、スマホ中毒になるおそれがある**」という〈理由〉を示すと、〈意見 → 理由〉という論理展開になります。次に、スマホ中毒の具体例として「**携帯ゲームのやり過ぎ、SNS の見過ぎ**」を挙げると、〈概略 → 詳細〉という論理展開になり、読み手が理解しやすくなります。さらに、その〈結果〉として、「**子供の成長に悪影響を与える**」ことを示し、さらに「**外で遊ぶ回数が減少 → 健康維持を妨げる**」という具体例を挙げると、〈概略 → 詳細〉という論理展開で文をまとめることができ、読み手がイメージしやすく、説得力のある文になります。

表現　表現のポイント

① 私は、小学生がスマートフォンを自由に使うべきではないという意見に賛成だ。

I agree with the opinion that elementary school students should not use smartphones freely.

表現　□ ～という意見に賛成する ▶ agree with the opinion that SV

② 彼らはまだスマートフォンを適切に使えるほど大人ではなく、容易にスマートフォン中毒になることもある。

They are still not old enough to use smartphones in a proper way, and they can easily get addicted to their smartphones.

🖉 前文の elementary school students を代名詞の They で受けることで、前文とのつながりを作っている。Such young children (そのような幼い子供たち) で受けてもよい。

🖉 「小学生は容易にスマホ中毒になる」と断定してしまうのは言い過ぎ。「〜することもある」という〈可能性〉の話なので、〈可能性〉を表す助動詞 can を用いている。

| 表現 | □ A 中毒〔依存症〕になる ▶ get〔become〕addicted to A

③ たとえば、携帯ゲームをやり過ぎたり、SNS を見過ぎたりする悪い習慣を身につけてしまうかもしれない。

For example, they might develop bad habits of playing mobile games or watching social media to excess.

🖉 前文に対して、その具体例を文のかたちで追加する時は〈SV 〜. For example, SV ....〉を用いる。for example は接続詞ではなく副詞句なので、直後にコンマが必要なことに注意。

🖉 「〜かもしれない」という〈可能性〉の話なので、〈可能性〉を表す助動詞 might を用いている。

| 表現 | □ 〜する習慣 ▶ a habit of *doing*
| | □ SNS ▶ social media 　注 英語では SNS とは言わないことに注意。
| | □ 〜しすぎる、過度に ▶ to excess

④ このような依存状態は、成長に悪い影響を与える。

This addiction will have a bad effect on their development.

🖉 〈this＋名詞〉は、前文の内容を受けて、前文とのつながりを明確にする便利な表現。この表現の〈名詞〉には、前文の内容を言い換えた名詞を用いることが多い。ここでは、② addicted / ③ to excess の内容を名詞の addiction で言い換えている。

| 表現 | □ A に影響を与える ▶ have an effect〔influence〕on A

⑤ スマートフォンの使い過ぎは、外で遊ぶ回数が減ることを意味し、そのせいで健康を維持することができなくなるかもしれない。

Using smartphones too much means playing outside less often, which could prevent them from staying healthy.

🖉 「外で遊ぶ回数が減る」〈原因〉→「健康を維持できない」〈結果〉は「100% そうなる」という因果関係ではなく、「そうなるかもしれない」という〈可能性〉の話なので、〈可能性〉を表す助動詞 could を用いている。

| 表現 | □ S のせいで A は〜できなくなる ▶ S prevent A from *doing*
| | □ 健康を維持する ▶ stay healthy

登下校時の安全確認や緊急連絡用のツールとして、小学生にスマートフォンを持たせる親が増えていますが、このような用途以外には「小学生にスマートフォンを自由に使わせるべきではない」という意見があります。あなたはこの意見に賛成か反対か、80 語程度の英語で述べなさい。

💡 発想　日本語で下書きを作成する

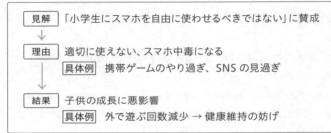

見解　「小学生にスマホを自由に使わせるべきではない」に賛成
↓
理由　適切に使えない、スマホ中毒になる
　　　具体例　携帯ゲームのやり過ぎ、SNS の見過ぎ
↓
結果　子供の成長に悪影響
　　　具体例　外で遊ぶ回数減少 → 健康維持の妨げ

✎ 表現　日本語の下書きをもとに英語で意見を書く

① 私は、小学生がスマートフォンを自由に使うべきではないという<u>意見に賛成だ</u>。
I ＿＿＿＿(4語)＿＿＿＿ that elementary school students should not use smartphones freely.

② 彼らはまだスマートフォンを適切に使えるほど大人ではなく、容易にスマートフォン<u>中毒になる</u>こともある。
They are still not old enough to use smartphones in a proper way, and they can easily ＿＿＿＿(3語)＿＿＿＿ their smartphones.

③ たとえば、携帯ゲームをやり過ぎたり、SNS を見過ぎたりする<u>悪い習慣を身につけてしまう</u>かもしれない。
For example, ＿＿＿＿(5語)＿＿＿＿ of playing mobile games or watching social media to excess.

④ このような依存状態は、成長に<u>悪い影響を与える</u>。
This addiction will ＿＿＿＿(5語)＿＿＿＿ their development.

⑤ スマートフォンの使い過ぎは、外で遊ぶ回数が減ることを意味し、そのせいで健康を<u>維持することができなくなる</u>かもしれない。
Using smartphones too much means playing outside less often, which could ＿＿＿＿(4語)＿＿＿＿ healthy.

次の英文の下線部を正しい表現に直そう

I ① <u>agree to</u> the opinion that elementary school students should not use smartphones freely. They are still not old enough to use smartphones in a proper way, and they can easily ② <u>addict to</u> their smartphones. For example, ③ <u>you might develop</u> bad habits of playing mobile games or watching social media to excess. This addiction will ④ <u>give a bad effect to</u> their development. Using smartphones too much means playing outside less often, which could ⑤ <u>prevent from staying</u> healthy.

6

正解 **注意すべきポイント**

① **agree with** ▶「A（人・意見・考えなど）に賛成する」は〈agree with A〉で表す。〈agree to A〉は「A（提案・要求など）に同意する、承諾する、応じる」という意味。

② **get addicted to** ▶「A中毒〔依存症〕になる」は〈get〔become〕addicted to A〉で表す。

③ **they might develop** ▶ 前文の「小学生のスマホ中毒」の具体例を示しているので、主語には「小学生（elementary school students）」を受ける they を用いるのが適切。

④ **have a bad effect on** ▶「A に〜な影響を与える」は〈have (a) ＋形容詞＋effect〔influence〕on A〉で表す。日本語の「与える」に引きずられて×give (an) effect〔influence〕としてしまう間違いが多い。

⑤ **prevent them from staying** ▶「S のせいで A は〜できなくなる」は〈S prevent A from *doing*〉で表す。「S は A が〜することを妨げる」が直訳。目的語の them（＝ elementary school students）を補わないと正しい英文にならない。

モデル英文 06

I **agree with the opinion** that elementary school students should not use smartphones freely. They are still not old enough to use smartphones in a proper way, and they can easily **get addicted to** their smartphones. For example, **they might develop bad habits** of playing mobile games or watching social media to excess. This addiction will **have a bad effect on** their development. Using smartphones too much means playing outside less often, which could **prevent them from staying** healthy. (79 words)

登下校時の安全確認や緊急連絡用のツールとして、小学生にスマートフォンを持たせる親が増えていますが、このような用途以外には「小学生にスマートフォンを自由に使わせるべきではない」という意見があります。あなたはこの意見に賛成か反対か、80 語程度の英語で述べなさい。

💡 発想　日本語で下書きを作成する

> | 見解 | 「小学生にスマホを自由に使わせるべきではない」に賛成 |
>
> ↓
>
> | 理由 | 適切に使えない、スマホ中毒になる |
> | 具体例 | 携帯ゲームのやり過ぎ、SNS の見過ぎ |
>
> ↓
>
> | 結果 | 子供の成長に悪影響 |
> | 具体例 | 外で遊ぶ回数減少 → 健康維持の妨げ |

✏️ 表現　日本語の下書きをもとに英語で意見を書く

（ヒント 1）　次の日本語を英語に直そう。

私は、小学生がスマートフォンを自由に使うべきではないという意見に賛成だ。彼らはまだスマートフォンを適切に使えるほど大人ではなく、容易にスマートフォン中毒になることもある。たとえば、携帯ゲームをやり過ぎたり、SNS を見過ぎたりする悪い習慣を身につけてしまうかもしれない。このような依存状態は、成長に悪い影響を与える。スマートフォンの使い過ぎは、外で遊ぶ回数が減ることを意味し、そのせいで健康を維持することができなくなるかもしれない。

ヒント2 **ヒント1** の日本語を参考に、次の英文の下線部に適切な表現を入れよう。

_____(8語)_____ students should not use smartphones freely. They are still not old enough to use smartphones in a proper way, and _____(6語)_____ their smartphones. For example, _____(7語)_____ _____ mobile games or watching social media to excess. This addiction will _____(7語)_____ . Using smartphones too much means playing outside less often, _____(7語)_____ .

✔ **確認** 書いた英文を確認する

□ ～という意見に賛成する ▶ agree with the opinion that SV
□ A 中毒〔依存症〕になる ▶ get〔become〕addicted to A
□ ～。たとえば… ▶ SV ～. For example, SV ....
□ ～する習慣 ▶ a habit of *doing*
□ A に影響を与える ▶ have an effect〔influence〕on A
□ S のせいでA は～できなくなる ▶ S prevent A from *doing*
□ 健康を維持する ▶ stay healthy

✔ **最後に確認**

□ 名詞：特定か不特定か／単数か複数か
□ 動詞：時制は適切か／助動詞は適切か／語法は適切か
□ つながり：文と文のつながりは適切か／数の一致は適切か

モデル英文 06

<u>**I agree with the opinion that elementary school**</u> students should not use smartphones freely. They are still not old enough to use smartphones in a proper way, and <u>**they can easily get addicted to**</u> their smartphones. For example, <u>**they might develop bad habits of playing**</u> mobile games or watching social media to excess. This addiction will <u>**have a bad effect on their development**</u>. Using smartphones too much means playing outside less often, <u>**which could prevent them from staying healthy**</u>.　　　(79 words)

Round 1 | 理解 | 定着 | 発信 | **手順と構成を理解する**

多くの高校生がスマートフォンを持っていますが、授業中はもちろん、校内での使用を禁止している高校もあります。高校生が学校でスマートフォンを使うことは許可されるべきだと思いますか。あなたの意見を 80 語程度の英語で述べなさい。

💡 発想 | 日本語で下書きを作成する ▶▶ くわしくは → p.92

要素 | **必要な要素を考える**

・（許可されるべき ?）許可されるべき

・（なぜ ?）スマホ = 便利な勉強道具

・（なぜそう言える ?）スマホで簡単にネットにアクセス → 情報検索

・（どんな時に使える ?）わからないことや関心をもったことがある時

・（そうすると ?）先生に質問しなくても効果的な勉強が可能

配置 | **考えた要素を適切に並べ替えながらメモを作成する**

見解 | 高校生は学校でのスマホ使用を許可されるべき
↓
理由 | スマホ = 便利な勉強道具
　　　具体例 | わからないことや関心をもったことがある時
　　　　　　　→ スマホで簡単にネットにアクセス → 情報検索
↓
結果 | 先生に質問しなくても効果的な勉強が可能

展開 | **メモを文章のかたちにする**

見解 | ① 高校生は学校でスマートフォンを使うことを許可されるべきだ。

理由 | ② スマートフォンは、とても便利な勉強道具になり得る。

　　具体例 | ③ 教科書でわからないことや、授業で勉強した内容に強い関心がある場合、

　　　　　　④ スマートフォンで簡単にインターネットにアクセスし、必要な情報を検索することができる。

結果 | ⑤ 常に先生に助けを求めなくても、より効果的に勉強することができるのだ。

英訳　展開 で決めた内容を英語にする

① 高校生は学校でスマートフォンを使うことを許可されるべきだ。
▶ High school students should be allowed to their own smartphones at school.

② スマートフォンは、とても便利な勉強道具になり得る。
▶ Smartphones can be a very useful study tool.

③ 教科書でわからないことや、授業で勉強した内容に強い関心がある場合、
▶ if there is something they do not understand in their textbooks, or if they have a strong interest in the content they have studied in class,

④ スマートフォンで簡単にインターネットにアクセスし、必要な情報を検索することができる。
▶ they can easily access the Internet with their smartphones and search for the information they need.

⑤ 常に先生に助けを求めなくても、より効果的に勉強することができるのだ。
▶ They can study more effectively without having to ask their teachers for help all the time.

完成　文のつながりを意識して英文をまとめる

モデル英文 07　次のページの解説を読み、構成を理解した上で暗唱しよう。

High school students should be allowed to use their own smartphones at school. Smartphones can be a very useful study tool. **For example**, if there is something they do not understand in their textbooks, or if they have a strong interest in the content they have studied in class, they can easily access the Internet with their smartphones and search for the information they need. **In this way**, they can study more effectively without having to ask their teachers for help all the time.

(84 words)

高校生は学校でスマートフォンを使うことを許可されるべきだ。スマートフォンは、とても便利な勉強道具になり得る。たとえば、教科書でわからないことや、授業で勉強した内容に強い関心がある場合、スマートフォンで簡単にインターネットにアクセスし、必要な情報を検索することができる。このように、常に先生に助けを求めなくても、より効果的に勉強することができるのだ。

発想　日本語で下書きを作成する

　この問題では、「高校生が学校でスマートフォンを使うことは許可されるべきか」について意見を述べることを求められています。「賛成か反対かを述べなさい」という指示はありませんが、実際は賛否を問われているので、Topic 06 と同じように、**最初に賛成か反対かを表明し、その理由を具体的に述べていく**ことになります。ここでは対象が「高校生」になっていることを意識しましょう。自分の学校でのことを思い浮かべながら考えれば、具体例も思いつきやすいでしょう。

要素　必要な要素を考える

　ここでは、「**高校生は学校でのスマホ使用を許可されるべき**」の立場で考えてみましょう。その理由を説明するためには、スマホを学校で使うことでどのようなよいことがあるかを示す必要があります。学校は基本的に勉強をする場なので、「**スマホ＝便利な勉強道具**」ということを示すとよさそうです。さらに、便利な勉強道具であることを説明するために、「**スマホで簡単にネットにアクセス**」して「**情報検索**」ができることを挙げておきましょう。それができるなら、「**わからないことや関心をもったことがある時**」に簡単に調べることができて、「**先生に質問しなくても効果的な勉強が可能**」になるので、学校でスマホを使う理由になりそうです。

配置　考えた要素を適切に並べ替えながらメモを作成する

　まず、〈トピックセンテンス〉で「**高校生は学校でのスマホ使用を許可されるべき**」という〈見解〉を述べます。続けて「**スマホ＝便利な勉強道具**」という〈理由〉を示すと、〈意見 → 理由〉という論理展開になります。次に、便利な勉強道具であることを示すために、「**わからないことや関心をもったことがある時**」に「**スマホで簡単にネットにアクセス → 情報検索**」ができるという〈具体例〉を示すと、〈概略 → 詳細〉という論理展開になり、読み手が理解しやすくなります。最後に、その〈結果〉として、「**先生に質問しなくても効果的な勉強が可能**」であることを示せば、〈原因 → 結果〉という論理展開で文をまとめることができ、読み手に〈見解〉が伝わりやすい、説得力のある文になるでしょう。

表現　表現のポイント

① 高校生は学校でスマートフォンを使うことを許可されるべきだ。

High school students should be allowed to use their own smartphones at school.

　問題文の英文を平叙文に変えてそのまま用いていることに注目。このように、問題文の英文を答案に使うことができることを覚えておこう。

表現　　□ **A が〜するのを許可する** ▶ allow A to *do*

② スマートフォンは、とても便利な勉強道具になり得る。

Smartphones can be a very useful study tool.

🖉 ここでは「（絶対ではないが）（こう使えば）スマホは便利なこともある」というニュアンスを〈可能性〉を表す助動詞 can を用いて表している。Smartphones **are** a very useful study tool.（スマホは便利な勉強道具だ）と断定的に言ってもよい。

③ たとえば、教科書でわからないことや、授業で勉強した内容に強い関心がある場合、

For example, if there is something they do not understand in their textbooks, or if they have a strong interest in the content they have studied in class,

🖉 前文に対して、その具体例を文のかたちで追加する時は〈SV 〜. For example, SV ....〉を用いる。ここでは、For example と SV の間に2つの〈if SV〉が入ったかたちになっている。

🖉 「もし〜ならば」という可能性があることを表す時には〈if SV 〜〉を用いる。十分に可能性がある内容を表しているので、〈仮定法〉ではなく〈直説法〉を用いることに注意。

表現 □ A に興味がある ▶ have an interest in A

④ スマートフォンで簡単にインターネットにアクセスし、必要な情報を検索することができる。

they can easily access the Internet with their smartphones and search for the information they need.

表現 □ インターネットにアクセスする ▶ access the Internet
　　 □ A（もの）を（見つけようと）探す ▶ search for A
　　　　 □ A（場所）を探す ▶ search A

⑤ このように、常に先生に助けを求めなくても、より効果的に勉強することができるのだ。

In this way, they can study more effectively without having to ask their teachers for help all the time.

🖉 それまでに述べた内容を一般化してまとめる時は〈In this way, SV〉を用いることができる。in this way は接続詞ではなく副詞句。直後にコンマを入れるのがふつう。

🖉 「〜しなくても」は、ここでは〈without having to do〉で表している。have to do（〜しなければならない）の否定形 don't have to do は「〜する必要はない、〜しなくてもよい」という〈不必要〉の意味になることに注意。ここでは、前置詞の without が否定の意味を表している。

表現 □ A（人）に助けを求める ▶ ask A for help
　　 □ いつでも、四六時中、ひっきりなしに ▶ all the time

理解 **定着** 発信　**手順を確認しながら例文を覚える**

多くの高校生がスマートフォンを持っていますが、授業中はもちろん、校内での使用を禁止している高校もあります。高校生が学校でスマートフォンを使うことは許可されるべきだと思いますか。あなたの意見を 80 語程度の英語で述べなさい。

💡 **発想**　日本語で下書きを作成する

> 見解　高校生は学校でのスマホ使用を許可されるべき
> ↓
> 理由　スマホ = 便利な勉強道具
> 　　具体例　わからないことや関心をもったことがある時
> 　　　　　　→　スマホで簡単にネットにアクセス → 情報検索
> ↓
> 結果　先生に質問しなくても効果的な勉強が可能

✏️ **表現**　日本語の下書きをもとに英語で意見を書く

① 高校生は学校でスマートフォンを使うことを許可されるべきだ。

High school students should ＿＿＿＿＿（4語）＿＿＿＿＿ their own smartphones at school.

② スマートフォンは、とても便利な勉強道具になり得る。

＿＿＿＿＿（3語）＿＿＿＿＿ a very useful study tool.

③ たとえば、教科書でわからないことや、授業で勉強した内容に強い関心がある場合、

For example, if there is something they do not understand in their textbooks, or if they ＿＿＿＿（4語）＿＿＿＿ in the content they have studied in class,

④ スマートフォンで簡単にインターネットにアクセスし、必要な情報を検索することができる。

they can easily access the Internet with their smartphones and ＿＿＿＿（4語）＿＿＿＿ ＿＿＿＿ they need.

⑤ このように、常に先生に助けを求めなくても、より効果的に勉強することができるのだ。

In this way, they can study more effectively without having to ＿＿＿＿（5語）＿＿＿＿ ＿＿＿＿ all the time.

次の英文の下線部を正しい表現に直そう。

High school students should ① <u>allow to use</u> their own smartphones at school. ② <u>Their smartphones can be</u> a very useful study tool. For example, if there is something they do not understand in their textbooks, or if they ③ <u>are strong interest</u> in the content they have studied in class, they can easily access the Internet with their smartphones and ④ <u>search the information</u> they need. In this way, they can study more effectively without having to ⑤ <u>ask help for their teachers</u> all the time.

7

正解 ｜ 注意すべきポイント

① **be allowed to use** ▶ 「A が〜するのを許可する」は〈allow A to *do*〉で表す。ここでは、A を主語にした受動態になっていることに注意。

② **Smartphones can be** ▶ ここで言う「スマホ」は、「高校生が学校で用いる特定のスマホ」ではなく「一般的なスマホ」を指しているので、〈総称〉を表す無冠詞の複数形にする。

③ **have a strong interest** ▶ 「A に興味がある」は〈have an interest in A〉か〈be interested in A〉で表す。

④ **search for the information** ▶ 「A (もの)を(見つけようと)探す」は〈search for A〉で表す。search A だと「A (場所)を探す」という意味になる。

⑤ **ask their teachers for help** ▶ 「A (人)に助けを求める」は〈ask A for help〉で表す。

モデル英文 07

　　High school students should **be allowed to use** their own smartphones at school. **Smartphones can be** a very useful study tool. For example, if there is something they do not understand in their textbooks, or if they **have a strong interest** in the content they have studied in class, they can easily access the Internet with their smartphones and **search for the information** they need. In this way, they can study more effectively without having to **ask their teachers for help** all the time.

(84 words)

理解 〉定着 〉発信 **覚えた例文を再現する**

多くの高校生がスマートフォンを持っていますが、授業中はもちろん、校内での使用を禁止している高校もあります。高校生が学校でスマートフォンを使うことは許可されるべきだと思いますか。あなたの意見を 80 語程度の英語で述べなさい。

💡 **発想** 日本語で下書きを作成する

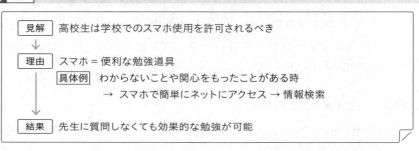

📝 **表現** 日本語の下書きをもとに英語で意見を書く

（**ヒント1**） 次の日本語を英語に直そう。

高校生は学校でスマートフォンを使うことを許可されるべきだ。スマートフォンは、とても便利な勉強道具になり得る。たとえば、教科書でわからないことや、授業で勉強した内容に強い関心がある場合、スマートフォンで簡単にインターネットにアクセスし、必要な情報を検索することができる。このように、常に先生に助けを求めなくても、より効果的に勉強することができるのだ。

ヒント2 **ヒント1** の日本語を参考に、次の英文の下線部に適切な表現を入れよう。

High school students ＿＿＿＿＿＿＿ (8語) ＿＿＿＿＿＿＿ at school. ＿＿＿＿ (6語) ＿＿＿＿

＿＿＿＿＿＿＿ study tool. For example, if there is something they do not

understand in their textbooks, or if they ＿＿＿＿ (7語) ＿＿＿＿ they

have studied in class, they can easily access the Internet with their

smartphones and ＿＿＿＿ (6語) ＿＿＿＿ . In this way, they can study

more effectively ＿＿＿＿ (8語) ＿＿＿＿ all the time.

✓ **確認** 書いた英文を確認する

- □ A が～するのを許可する ▶ **allow A to** *do*
- □ ～になり得る ▶ **can be ～**
- □ A に興味がある ▶ **have an interest in A**
- □ A（もの）を（見つけようと）探す ▶ **search for A**
- □ ～しなくても ▶ **without having to** *do*
- □ A（人）に助けを求める ▶ **ask A for help**

✓ **最後に確認**

- □ 名詞：特定か不特定か／単数か複数か
- □ 動詞：時制は適切か／助動詞は適切か／語法は適切か
- □ つながり：文と文のつながりは適切か／数の一致は適切か

モデル英文 07

    High school students **should be allowed to use their own smartphones** at
school. **Smartphones can be a very useful** study tool. For example, if there
is something they do not understand in their textbooks, or if they **have a**
strong interest in the content they have studied in class, they can easily
access the Internet with their smartphones and **search for the information**
they need. In this way, they can study more effectively **without having to**
ask their teachers for help all the time.   (84 words)

Round 1｜**理解**　定着〉発信　**手順と構成を理解する**

中学校や高校での部活動の在り方についてはさまざまな意見がありますが、もしすべての部活動を廃止する計画があるとしたら、あなたはその計画に賛成ですか、それとも反対ですか。80 語程度の英語で答えなさい。

💡 **発想**　日本語で下書きを作成する　　　　　　▶▶ くわしくは → p.100

要素　必要な要素を考える

・(賛成か反対か?) 反対
・(なぜ?) 部活動は有意義な経験を提供する
・(ほかには?) 部活動から達成感を得られる
・(どんな経験?) 勝つために他の部員と協力 → 社会性が身につく
・(どんな達成感?) 目標のために練習 → 誇りと自信を得られる

配置　考えた要素を適切に並べ替えながらメモを作成する

見解	部活動の廃止に反対

↓

理由①	部活動は有意義な経験を提供する
具体例	勝つために他の部員と協力 → 社会性が身につく

↓

理由②	部活動から達成感を得られる
具体例	目標のために練習 → 誇りと自信を得られる

展開　メモを文章のかたちにする

見解	① すべての部活動を廃止する計画には賛成しない。
理由①	② 部活動は生徒に有意義な経験を提供する。
具体例	③ 試合に勝つために、他の部員とコミュニケーションをとり、協力しなければならないのがふつうである。
	④ このようにして身につけた社会性は、将来に役に立つことになる。
理由②	⑤ 部活動を通して、生徒は達成感を得ることもできる。
具体例	⑥ 目標達成のために一生懸命練習をすることで、自分のしたことに誇りを持ち、自信を持つことができるのだ。

【英訳】　【展開】で決めた内容を英語にする

① すべての部活動を廃止する計画には賛成しない。
▶ I don't agree with the plan to end all club activities.

② 部活動は生徒に有意義な経験を提供する。
▶ Club activities provide students with meaningful experiences.

③ 試合に勝つために、他の部員とコミュニケーションをとり、協力しなければならないのがふつうである。
▶ Students usually have to communicate and cooperate with other members to win a game.

④ このようにして身につけた社会性は、将来に役に立つことになる。
▶ These social skills will be useful to them in the future.

⑤ 部活動を通して、生徒は達成感を得ることもできる。
▶ Through club activities students can develop a sense of achievement.

⑥ 目標達成のために一生懸命練習をすることで、自分のしたことに誇りを持ち、自信を持つことができるのだ。
▶ Practicing hard to achieve goals will make them proud of what they have done and help them gain self-confidence.

【完成】　文のつながりを意識して英文をまとめる

【モデル英文 08】　次のページの解説を読み、構成を理解した上で暗唱しよう。

　　I don't agree with the plan to end all club activities **because** club activities provide students with meaningful experiences.　**For example**, students usually have to communicate and cooperate with other members to win a game.　**These social skills** will be useful to them in the future.　**Moreover**, through club activities students can develop a sense of achievement. Practicing hard to achieve goals will make them proud of what they have done and help them gain self-confidence.

(76 words)

部活動は生徒に有意義な経験を提供するので、すべての部活動を廃止する計画には賛成しない。たとえば、試合に勝つために、他の部員とコミュニケーションをとり、協力しなければならないのがふつうである。このようにして身につけた社会性は、将来に役に立つことになる。さらに、部活動を通して、生徒は達成感を得ることもできる。目標達成のために一生懸命練習をすることで、自分のしたことに誇りを持ち、自信を持つことができるのだ。

💡 発想　日本語で下書きを作成する

　この問題では、「すべての部活動を廃止する計画に賛成か反対か」を求められています。Topic 06-07 と同じく賛否を問われているので、最初に賛成か反対かを表明し、その理由を具体的に述べていくことになります。ここではテーマが「部活」なので、自分の体験をもとに説明してもよいですし、先輩などの話や一般論をもとに説明してもよいでしょう。

要素　必要な要素を考える

　ここでは、「部活動の廃止に反対」の立場で考えてみます。その理由を説明するためには、部活がいかに意義深いかを示す必要があります。たとえば、部活動はさまざまな**「有意義な経験を提供する」**場であり、**「達成感を得られる」**場であることが、部活動の意義として挙げられるでしょう。次に、なぜそれらが意義深いかについて考えます。部活動で得られる「有意義な経験」といえば、**「勝つために他の部員と協力」**する経験であり、それを通じて身につけた**「社会性」**は、大人になってからも役立ちます。また、**「目標のために練習」**を続けることで**「誇りと自信を得られる」**ことは、「達成感を得られる」例としてよさそうです。

配置　考えた要素を適切に並べ替えながらメモを作成する

　まず、〈トピックセンテンス〉で「部活動の廃止に反対」という〈見解〉を述べます。次に、1つめの〈理由〉として「部活動は生徒に有意義な経験を提供する」ことを示し、その〈具体例〉として「勝つために他の部員と協力」した結果、「社会性が身につく」ということを挙げると、〈概略 → 詳細〉という論理展開になり、読み手が理解しやすくなります。続いて2つめの〈理由〉として「部活動を通して達成感を得られる」ことを示し、その〈具体例〉として**「目標のために練習」**した結果、「誇りと自信を得られる」ということを挙げると、2つの〈理由〉によって〈見解〉が伝わりやすい文になります。2つの理由が**「他者**との良好な関係を構築」と**「自分**の精神的な成長」という〈対比〉になっていることにも注目しましょう。他者を含む〈社会的な視点〉と、自分だけの〈個人的な視点〉という〈対比〉は、読み手が理解しやすい効果的な〈対比〉なので、積極的に使いましょう。

✏️ 表現　表現のポイント

① すべての部活動を廃止する計画には賛成しない

I don't agree with the plan to end all club activities

　✏️「～する（という）計画」は〈plan to *do*〉で表す。× plan of *doing* は避ける。

表現　□ A（人・意見・考えなど）に賛成する ▶ agree with A

② 部活動は生徒に有意義な経験を提供するからだ。

because club activities provide students with meaningful experiences.

    ✎ 「〜だからだ」という〈理由〉を表す時は〈because SV〉を用いる。この文のように、トピックセ
    ンテンスの従属節として〈理由〉を表す文を続けてもよい。

    表現　　□ A（人）に B（もの）を与える ▶ provide A with B / provide B for〔to〕A

③ たとえば、試合に勝つために、他の部員とコミュニケーションをとり、協力しなければならないの
   がふつうである。

For example, students usually have to communicate and cooperate with other
members to win a game.

    ✎ 前文の具体例を文のかたちで追加する時は〈SV 〜. For example, SV ....〉を用いる。

    ✎ 「例外もあるが、ふつうは」というニュアンスを出したい時は、usually で表す。

    表現　　□ A（人）と意思疎通をする ▶ communicate with A
             □ A（人）と協力する ▶ cooperate with A

④ このようにして身につけた社会性は、将来に役に立つことになる。

These social skills will be useful to them in the future.

    ✎ 〈these＋複数名詞〉は、前文の内容を受けて、前文とのつながりを明確にする便利な表現。

    表現　　□ A（人）に役立つ ▶ be useful to A

⑤ さらに、部活動を通して、生徒は達成感を得ることもできる。

Moreover, through club activities students can develop a sense of
achievement.

    ✎ 前文に対して、「さらに」と新たな情報を文のかたちで追加する時は〈SV 〜. Moreover, SV
    ....〉を用いる。moreover は副詞。直後にコンマが必要。

    表現　　□ 達成感 ▶ a sense of achievement

⑥ 目標達成のために一生懸命練習をすることで、自分のしたことに誇りを持ち、自信を持つことが
   できるのだ。

Practicing hard to achieve goals will make them proud of what they have done
and help them gain self-confidence.

    ✎ 〈S make A C（形容詞）〉は、「S は A を C にする → S が原因で（結果として）A は C（の状
    態）になる」という〈因果関係〉を表す表現。ここでは主語に動名詞を用いている。

    表現　　□ A を誇りに思う ▶ (be) proud of A
             □ A が〜するのを助ける ▶ help A *do*

8

中学校や高校での部活動の在り方についてはさまざまな意見がありますが、もしすべての部活動を廃止する計画があるとしたら、あなたはその計画に賛成ですか、それとも反対ですか。80 語程度の英語で答えなさい。

💡 発想　日本語で下書きを作成する

> 見解　部活動の廃止に反対
> ↓
> 理由①　部活動は有意義な経験を提供する
> 　　　具体例　勝つために他の部員と協力 → 社会性が身につく
> ↓
> 理由②　部活動から達成感を得られる
> 　　　具体例　目標のために練習 → 誇りと自信を得られる

✏ 表現　日本語の下書きをもとに英語で意見を書く

① すべての部活動を廃止する計画には賛成しない

I don't agree with ＿＿＿＿＿(4語)＿＿＿＿＿ all club activities

② 部活動は生徒に有意義な経験を提供するからだ。

because club activities ＿＿＿(3語)＿＿＿ meaningful experiences.

③ たとえば、試合に勝つために、他の部員とコミュニケーションをとり、協力しなければならないのがふつうである。

For example, students usually have to ＿＿＿＿(4語)＿＿＿＿ other members to win a game.

④ このようにして身につけた社会性は、将来に役に立つことになる。

These social skills ＿＿＿(4語)＿＿＿ them in the future.

⑤ さらに、部活動を通して、生徒は達成感を得ることもできる。

Moreover, through club activities students can develop ＿＿＿＿(4語)＿＿＿＿ .

⑥ 目標達成のために一生懸命練習をすることで、自分のしたことに誇りを持ち、自信を持つことができるのだ。

Practicing hard to achieve goals will ＿＿＿(4語)＿＿＿ what they have done and help them gain self-confidence.

次の英文の下線部を正しい表現に直そう。

I don't agree with ① <u>the plan of ending</u> all club activities because club activities ② <u>provide students</u> meaningful experiences. For example, students usually have to ③ <u>communicate and cooperate</u> other members to win a game. These social skills ④ <u>are useful of</u> them in the future. Moreover, through club activities students can develop ⑤ <u>an achievement sense</u>. Practicing hard to achieve goals will ⑥ <u>make them pride of</u> what they have done and help them gain self-confidence.

正解　注意すべきポイント

8

① **the plan to end** ▶「～する(という)計画」は〈plan to *do*〉で表す。

② **provide students with** ▶「A(人)にB(もの)を与える」は〈provide A with B / provide B for〔to〕A〉で表す。ここでは後に meaningful experiences という「もの」が来ているので、〈provide A with B〉を用いる。

③ **communicate and cooperate with** ▶「A(人)と意思疎通をする」は〈communicate with A〉、「A(人)と協力する」は〈cooperate with A〉で表す。

④ **will be useful to** ▶「A(人)に役立つ」は〈be useful to A〉で表す。ここでは後に in the future とあるので、未来を表す will be にする。

⑤ **a sense of achievement** ▶「達成感」は〈a sense of achievement〉で表す。

⑥ **make them proud of** ▶「Aを誇りに思う」は〈(be) proud of A〉で表す。proud は形容詞、pride は名詞。ここでは〈S make A C(形容詞)〉(S は A を C にする)のかたちになっている。

モデル英文 08

I don't agree with **the plan to end** all club activities because club activities **provide students with** meaningful experiences. For example, students usually have to **communicate and cooperate with** other members to win a game. These social skills **will be useful to** them in the future. Moreover, through club activities students can develop **a sense of achievement**. Practicing hard to achieve goals will **make them proud of** what they have done and help them gain self-confidence.

(76 words)

理解 〉定着 〉**発信** 　**覚えた例文を再現する**

中学校や高校での部活動の在り方についてはさまざまな意見がありますが、もしすべての部活動を廃止する計画があるとしたら、あなたはその計画に賛成ですか、それとも反対ですか。80 語程度の英語で答えなさい。

💡 **発想**　日本語で下書きを作成する

> 見解 ┃ 部活動の廃止に反対
>   ↓
> 理由① ┃ 部活動は有意義な経験を提供する
>   　　　具体例 ┃ 勝つために他の部員と協力 → 社会性が身につく
>   ↓
> 理由② ┃ 部活動から達成感を得られる
>   　　　具体例 ┃ 目標のために練習 → 誇りと自信を得られる

✎ **表現**　日本語の下書きをもとに英語で意見を書く

ヒント 1　次の日本語を英語に直そう。

部活動は生徒に有意義な経験を提供するので、すべての部活動を廃止する計画には賛成しない。たとえば、試合に勝つために、他の部員とコミュニケーションをとり、協力しなければならないのがふつうである。このようにして身につけた社会性は、将来に役に立つことになる。さらに、部活動を通して、生徒は達成感を得ることもできる。目標達成のために一生懸命練習をすることで、自分のしたことに誇りを持ち、自信を持つことができるのだ。

ヒント2 **ヒント1** の日本語を参考に、次の英文の下線部に適切な表現を入れよう。

I don't _____(6語)_____ all club activities because club activities
_____(5語)_____ . For example, students usually have to _____
_____(6語)_____ to win a game. These social skills _____(8語)_____
_____ . Moreover, through club activities students _____(6語)_____
_____ . Practicing hard to achieve goals will _____(8語)_____ and
help them gain self-confidence.

✔ **確認**　書いた英文を確認する

□ A (人・意見・考えなど) に賛成する ▶ **agree with A**
□ ～する(という) 計画 ▶ **plan to *do***
□ A (人) に B (もの) を与える ▶ **provide A with B / provide B for〔to〕A**
□ A (人) と意思疎通をする ▶ **communicate with A**
□ A (人) と協力する ▶ **cooperate with A**
□ A (人) に役立つ ▶ **be useful to A**
□ 達成感 ▶ **a sense of achievement**
□ S は A を C にする ▶ **S make A C (形容詞)**
□ A を誇りに思う ▶ **(be) proud of A**

✔ **最後に確認**

□ 名詞：特定か不特定か／単数か複数か
□ 動詞：時制は適切か／助動詞は適切か／語法は適切か
□ つながり：文と文のつながりは適切か／数の一致は適切か

モデル英文 08

　　I don't **agree with the plan to end** all club activities because club
activities **provide students with meaningful experiences**. For example,
students usually have to **communicate and cooperate with other members**
to win a game. These social skills **will be useful to them in the future**.
Moreover, through club activities students **can develop a sense of
achievement**. Practicing hard to achieve goals will **make them proud of
what they have done** and help them gain self-confidence.　　(76 words)

□ 06　小学生のスマートフォン使用の是非

　ほとんどの答案が賛成の立場から書かれていました。その根拠としては、「成長期の子供の脳や視力に悪影響を与える」「友だちや家族と過ごす時間が奪われることで社会性を身につけることができなくなる」「体を動かす時間が奪われて身体の発達に悪影響を与える」などが挙げられていました。この問題では、「小学生」という対象を意識して、その年齢の子供に特有の根拠を思いつくかがポイントになります。それが「子供の心身はまだ成長中である」という**生物学的な事実**です。成人に比べて心身が未発達な子供のほうが、スマホ中毒の影響を受けやすいという内容は、**多くの人が賛同する常識的な内容**といえます。どんな年齢にもあてはまる一般的な内容を述べても、この問題の条件に十分に答えたことにはなりません。

□ 07　高校生のスマートフォン使用の是非

　賛成の立場から書かれた答案と、反対の立場から書かれた答案は、ほぼ同数でした。一方で、「高校生」という条件を無視して、どの年齢にもあてはまる一般的な内容を根拠に挙げる答案や、「高校での使用」という条件を無視して、学校以外でのスマホの使用に議論の範囲を広げてしまう答案が多くみられました。たとえば、「非常事態が起きた時にスマホが必要」という根拠を挙げる答案がありましたが、これは高校生以外にもあてはまりますし、学校内での使用が禁止されている場合でも、そのような事態が起きれば使用は許可されるので、今回の問題の条件に対する根拠としては不適切だといえます。条件を無視した答案は、内容が一貫していても減点の対象になるので注意しましょう。

□ 08　部活動廃止の是非

　ほとんどの答案が反対の立場から書かれていました。その根拠としては、「部活動は教育カリキュラムの重要な一部」「部活動でしか学べないことがある」「部活動をしたい生徒もいるので全面禁止はやりすぎ」などが挙げられていました。一方、賛成の立場で書かれた答案では、根拠が適切ではなく、説得力に欠けるものが目立ちました。たとえば、「学校の勉強と部活動を両立するのは困難」という根拠は、個人差が非常に大きく、学校全体で部活動を廃止する理由にはならないので、根拠としては不適切です。このような、一般化が難しい、**個人差の大きい内容を根拠に用いるのは避ける**ようにしましょう。

実践編　第3章

問題の原因を究明し、解決策を提示する

　この章では、「ある問題が生じた原因やその解決策」について意見を述べる問題を扱います。このような〈問題解決型〉の問題は、次の手順で考えるようにします。

① 問題の指摘：「～という問題が存在している」「～の問題が起こる可能性がある」
② 原因の究明：「～が問題を引き起こした」「～が問題の背景にある（と考えられる）」
③ 解決策の提示：「～すれば問題は解決する（と考えられる）」

　①については、問題文に書かれていることが多いので、それに従って書けば問題ありません。得点に差がつくのは、②と③です。社会通念や一般常識から大きく外れないように注意しながら、読み手が理解しやすい答案をめざしましょう。

✔ 確認　**問題情報**

□ 09　**食品廃棄問題**
　「食品廃棄の問題に対する対策」を説明する問題です。〈①問題の指摘 → ②原因の究明 → ③解決策の提示〉の手順に従って答案を書くことになりますが、「あなたの考えを自身の体験に基づく例を挙げながら」という条件があることに注意しましょう。自分の個人的な体験を述べて、それを読み手に納得してもらえるように一般化するという流れで書くことになります。

□ 10　**地域社会問題**
　「空き家が地域社会に引き起こす問題」に対して、どんな解決法が考えられるかを説明する問題です。「食品廃棄」と違い、空き家問題について「自身の体験」で語れる高校生は多くないでしょう。このような問題では、個人の体験や立場でなく、問題に直面している人や社会の立場になって考えることが大切です。この問題を通じて、ニュースなどから得た知識をもとに、他者の立場から考える練習をしましょう。

□ 11　**悩み相談に対する回答**
　悩み相談に対する回答を書く問題です。この問題のように、「特定の人が抱えている悩みに対する助言」をするのも、〈問題解決型〉の一種といえます。したがって、〈①問題の指摘 → ②原因の究明 → ③解決策の提示〉の手順に従って答案を書けば問題ありません。ただし、特定の相手への助言なので、「語り口」にも配慮しましょう。悩みに寄り添い、気持ちを楽にするような言葉遣いで、実効性のある助言ができれば完璧です。相談者の悩みを理解しつつ、あなたの助言を納得してもらえるよう、相手の気持ちに配慮し、言い方を工夫して説明するようにしましょう。

　社会問題の原因と解決策について書くには、その社会問題に関する知識が必要不可欠となります。その問題について何も知らず、空想だけで書いてしまっては、読み手が納得できる内容にすることはできません。以下に大学入試で出題された問題を挙げておいたので、それぞれについてどれだけ知っているかを確かめ、もし知らないテーマがあれば、ネットや書物を使って基本的な情報を確認しておきましょう。あわせて、アドバイスをする問題についても、大学入試でどのようなテーマが出題されているかを確認しておきましょう。

✔ 大学入試で出題されたテーマ

社会問題
- ☐ ツーリズムの抱える問題点とその解決法
- ☐ 少子高齢化の問題を解決するには
- ☐ ラッシュアワーの満員電車を解消するには
- ☐ 気候変動の悪化を防ぐためには
- ☐ 行き過ぎたグローバル化を防ぐには
- ☐ いじめ問題を解決するにはどうすればよいか
- ☐ 医師と患者のコミュニケーション不足を解消するにはどうすればよいか
- ☐ 日本で女性がキャリアと子どもの両方を持つことの困難さとその解決法
- ☐ 植物種・動物種の減少を防ぐために大学生が日常的にできること
- ☐ マスメディアが若者行動に与える悪影響とその解決法

アドバイス
- ☐ 新入生に対する高校生活をうまく送るためのアドバイス
- ☐ 初めての海外旅行で留意すべきこと
- ☐ 高校生の抱える問題とその克服法
- ☐ 日本を旅行する外国人へ危険性・リスクを最小化するためのアドバイス
- ☐ 先延ばしの慢性的な習慣を持っている人へのアドバイス
- ☐ 落ち込んでいる友人へのアドバイス

Round 1 理解 定着 発信 **手順と構成を理解する**

食品廃棄 (food waste) は日本のみならず、世界中で深刻な問題になっています。この問題に対して、私たちは日常生活の中でどのような対策を行えると思いますか。あなたの考えを、具体的な体験に基づいて 80 語程度の英語で述べなさい。

💡 **発想** 日本語で下書きを作成する　　　　　　　　　▶▶ くわしくは → p.112

要素 必要な要素を考える

・(食品廃棄に関する体験は…) コンビニのバイトで、賞味期限切れのものを廃棄
・(できることは?) 生活困窮者に寄付 → 廃棄を減らせる
・(それ以外では?) 食品を買い過ぎない + 外食時の食べ残しを持ち帰る
・(そうすると?) 廃棄が減少
・(これらを受けて、私の考えは…) 廃棄量を減らすあらゆる対策が必要

配置 考えた要素を適切に並べ替えながらメモを作成する

> 見解 廃棄量を減らすあらゆる対策が必要
> ↓
> 体験① 対策 (個人) 食品を買い過ぎない + 外食時の食べ残しを持ち帰る
> 　　　 結果 廃棄が減少した
> ↓
> 体験② 体験 (組織) コンビニのバイトで、賞味期限切れのものを廃棄した
> 　　　 対策 生活困窮者に寄付 → 廃棄を減らせる

展開 メモを文章のかたちにする

見解 ① 食品廃棄はとても深刻な問題なので、それを減らすためにあらゆることを行うべきだ。

体験① 対策 ② 私はいつも食べ切れない量の食品を買わないよう気をつけており、また、外食する時には、残った料理は持ち帰るようにしている。

　　　 結果 ③ この習慣のおかげで、捨てる食品の量を減らすことができている。

体験② 体験 ④ コンビニでバイトをしていた時、賞味期限切れの商品を捨てなければならなかった。

　　　 結果 ⑤ そのような商品を生活に困っている人々に寄付することで、食品廃棄を減らすことができるにちがいない。

英訳　展開 で決めた内容を英語にする

① 食品廃棄はとても深刻な問題なので、それを減らすためにあらゆることを行うべきだ。
▶ Food waste is such a serious problem that we should do everything to reduce it.

② 私はいつも食べ切れない量の食品を買わないよう気をつけており、また、外食する時には、残った料理は持ち帰るようにしている。
▶ I am always careful not to buy more food than I can eat, and when I eat out, I try to take leftover food home.

③ この習慣のおかげで、捨てる食品の量を減らすことができている。
▶ This practice has reduced the amount of food I throw away.

④ コンビニでバイトをしていた時、賞味期限切れの商品を捨てなければならなかった。
▶ When I was working part-time at a convenience store, I had to throw away products that were past their expiration date.

⑤ そのような商品を生活に困っている人々に寄付することで、食品廃棄を減らすことができるにちがいない。
▶ I'm sure donating such products to people in need will reduce food waste.

完成　文のつながりを意識して英文をまとめる

モデル英文 09　次のページの解説を読み、構成を理解した上で暗唱しよう。

Food waste is such a serious problem that we should do everything to reduce it. **First**, I am always careful not to buy more food than I can eat, and when I eat out, I try to take leftover food home. **This practice** has reduced the amount of food I throw away. **Second**, when I was working part-time at a convenience store, I had to throw away products that were past their expiration date. I'm sure donating **such products** to people in need will reduce food waste.

(87 words)

食品廃棄はとても深刻な問題なので、それを減らすためにあらゆることを行うべきだ。まず、私はいつも食べ切れない量の食品を買わないよう気をつけており、また、外食する時には、残った料理は持ち帰るようにしている。この習慣のおかげで、捨てる食品の量を減らすことができている。次に、コンビニでバイトをしていた時、賞味期限切れの商品を捨てなければならなかった。そのような商品を生活に困っている人々に寄付することで、食品廃棄を減らすことができるにちがいない。

発想　日本語で下書きを作成する

　この問題では、「食品廃棄の問題に対してどのような対策が考えられるか」を「自身の体験に基づく例を挙げながら」答えることが求められています。このような問題では、トピックセンテンスで「食品廃棄は深刻な問題 → 食品廃棄を減らす必要性あり」のように対策の必要性を簡潔に述べてから、サポーティングセンテンスで〈自分の体験＋対策〉を具体的に盛り込めば、2つの条件をクリアしたことになります。

要素　必要な要素を考える

　まずは食品廃棄削減につながりそうな体験はないか、考えてみましょう。たとえば、「**コンビニのバイトで、賞味期限切れのものを廃棄**」したことは、食品廃棄の具体例としてわかりやすいですね。廃棄している商品を「**生活困窮者に寄付**」すれば、確実に「**廃棄を減らせる**」ことになります。ほかに日常的にできることとして、「**食品を買い過ぎない**」ことや「**外食時の食べ残しを持ち帰る**」ことを心がければ、「**廃棄が減少**」するでしょう。このような「**廃棄量を減らすあらゆる対策が必要**」だとまとめれば、体験に基づく対策としてまとまった文が書けそうです。

配置　考えた要素を適切に並べ替えながらメモを作成する

　まず、〈トピックセンテンス〉で「**廃棄量を減らすあらゆる対策が必要**」という〈見解〉を述べます。「あらゆる対策」と述べてから、具体的な対策を示すことで、〈概略 → 詳細〉という論理展開になり、読み手が理解しやすくなります。次に、具体的な〈体験〉とそれに基づいた〈対策〉を示します。まずはすでに実行している対策として、「**食品を買い過ぎない**」「**外食時の食べ残しを持ち帰る**」を挙げます。これは、〈体験〉＝〈対策〉になっているので、その〈結果〉として「**廃棄が減少した**」と述べると、有効な対策として印象づけることができます。続いて2つめの〈体験〉として、「**コンビニのバイトで、賞味期限切れのものを廃棄した**」を挙げます。この廃棄を解消するための〈対策〉として、「**生活困窮者に寄付すれば、廃棄を減らせる**」ことを挙げると、2つの〈体験〉と〈対策〉が、〈現在までの体験〉と〈過去の体験〉、〈実施中の対策〉と〈これから行う対策〉、さらには〈個人が取り組む対策〉と〈組織が取り組む対策〉という〈対比〉の関係を用いた説明になり、説得力のある文になります。

表現　表現のポイント

① 食品廃棄はとても深刻な問題なので、それを減らすためにあらゆることを行うべきだ。

Food waste is such a serious problem that we should do everything to reduce it.

　🖉「とても～なので…する（ほどだ）」という〈強調＋結果（程度）〉は、〈**such**＋形容詞＋名詞＋**that SV**〉で表せる。〈形容詞＋名詞〉の程度を具体的に説明することができる便利な表現。

② まず、私はいつも食べ切れない量の食品を買わないよう気をつけており、また、外食する時には、
残った料理は持ち帰るようにしている。

First, I am always careful not to buy more food than I can eat, and when I eat
out, I try to take leftover food home.

✎ 意見や具体例などを文のかたちで2つ以上列挙する時は、文頭に **First(ly)**、**Second(ly)** …
Last(ly) を入れると、意見や具体例の始まりがわかりやすくなる。

✎ 「S が食べ切れない量の食品」は、「S が食べることができるよりも多くの食品」と言い換えて考
えて、more food than S can eat とする。「食べ切れない」という日本語に引きずられて×S
cannot eat とする間違いが多い。

| 表現 | □ **〜する〔〜しない〕ように気をつける** ▶ be careful to *do*〔not to *do*〕 |
| □ **食べ残しを家に持ち帰る** ▶ take leftover food(s)(leftovers) home |

③ この習慣のおかげで、捨てる食品の量を減らすことができている。

This practice has reduced the amount of food I throw away.

✎ ②の内容を This practice（この習慣）で受けることで結束性が生まれている。〈this＋名詞〉
は、前文の内容を受けて、前文とのつながりを明確にする便利な表現。

✎ すでにしていることの結果なので、〈現在完了〉を用いていることに注目。

| 表現 | □ **A（不要なもの）を捨てる** ▶ throw A away / throw away A |

④ 次に、コンビニでバイトをしていた時、賞味期限切れの商品を捨てなければならなかった。

Second, when I was working part-time at a convenience store, I had to throw
away products that were past their expiration date.

✎ 「…していた時〜した」は〈When S was(were) *doing* ..., S did 〜.〉で表す。過去進行形
で〈過去の場面〉を導入して、過去形で〈過去の出来事〉を述べている。

| 表現 | □ **バイトをする** ▶ work part-time / do a part-time job |
| □ **A の賞味期限が切れている** ▶ be past A's expiration date |

⑤ そのような商品を生活に困っている人々に寄付することで、食品廃棄を減らすことができるにち
がいない。

I'm sure donating such products to people in need will reduce food waste.

✎ 〈such＋名詞〉は、前述の具体的な名詞を一般化して、「そのような〜」と言う時に用いる。ま
とめとなるコメントを述べる時に使える表現。

✎ 「（寄付すれば）食品廃棄は減るだろう」という〈可能性〉の話なので、助動詞 will を用いている
ことに注目。

| 表現 | □ **生活に困っている人々** ▶ people in need |
| 注 お金や食べ物がなく、援助が必要なほど生活に困っている人をさす。 |

食品廃棄 (food waste) は日本のみならず、世界中で深刻な問題になっています。この問題に対して、私たちは日常生活の中でどのような対策を行えると思いますか。あなたの考えを、具体的な体験に基づいて 80 語程度の英語で述べなさい。

💡発想　日本語で下書きを作成する

見解　廃棄量を減らす対策が必要
↓
体験①　対策　（個人）食品を買い過ぎない＋外食時の食べ残しを持ち帰る
　　　　結果　廃棄が減少した
↓
体験②　体験　（組織）コンビニのバイトで、賞味期限切れのものを廃棄した
　　　　対策　生活困窮者に寄付 → 廃棄を減らせる

✐表現　日本語の下書きをもとに英語で意見を書く

① 食品廃棄はとても深刻な問題なので、それを減らすためにあらゆることを行うべきだ。

Food waste is ＿＿＿(4語)＿＿＿ that we should do everything to reduce it.

② まず、私はいつも食べ切れない量の食品を買わないよう気をつけており、また、外食する時には、残った料理は持ち帰るようにしている。

First, I am always ＿＿＿(4語)＿＿＿ more food than I can eat, and when I eat out, I try to take leftover food home.

③ この習慣のおかげで、捨てる食品の量を減らすことができている。

This practice has reduced the amount of food ＿＿＿(3語)＿＿＿ .

④ 次に、コンビニでバイトをしていた時、賞味期限切れの商品を捨てなければならなかった。

Second, when ＿＿＿(4語)＿＿＿ at a convenience store, I had to throw away products that were past their expiration date.

⑤ そのような商品を生活に困っている人々に寄付することで、食品廃棄を減らすことができるにちがいない。

I'm sure donating ＿＿＿(4語)＿＿＿ in need will reduce food waste.

次の英文の下線部を正しい表現に直そう。

Food waste is ① <u>a such serious problem</u> that we should do everything to reduce it. First, I am always ② <u>careful in order not to buy</u> more food than I can eat, and when I eat out, I try to take leftover food home. This practice has reduced the amount of food ③ <u>I throw</u>. Second, when ④ <u>I was working a part-time job</u> at a convenience store, I had to throw away products that were past their expiration date. I'm sure donating ⑤ <u>such the products</u> to people in need will reduce food waste.

正解 | **注意すべきポイント**

① **such a serious problem** ▶「とても〜ので…する(ほどだ)」という〈強調＋結果(程度)〉は、〈such＋形容詞＋名詞＋that SV〉で表す。a/an は such の後に付ける。

② **careful not to buy** ▶「〜しないように気をつける」は〈be careful not to *do*〉で表す。× be careful <u>in order not to</u> *do* という言い方はできない。

③ **I throw away** ▶「A(不要なもの)を捨てる」は〈throw A away / throw away A〉で表す。

④ **I was working part-time** ▶「バイトをする」は〈work part-time / do a part-time job〉で表す。両者を混同しないよう注意。

⑤ **such products** ▶〈such＋名詞〉は〈such a＋可算名詞(単数形)〉〈such＋可算名詞(複数形)〉〈such＋不可算名詞〉の3つの形で使われる。×〈such the＋名詞〉という言い方はできない。
　例 そのような本 ▶ such **a** book (可算名詞の単数形) / such book**s** (可算名詞の複数形)
　そのような情報 ▶ such information (不可算名詞)

モデル英文 09

Food waste is **such a serious problem** that we should do everything to reduce it. First, I am always **careful not to buy** more food than I can eat, and when I eat out, I try to take leftover food home. This practice has reduced the amount of food **I throw away**. Second, when **I was working part-time** at a convenience store, I had to throw away products that were past their expiration date. I'm sure donating **such products to people** in need will reduce food waste. (87 words)

理解 〉定着 〉 **発信** **覚えた例文を再現する**

食品廃棄 (food waste) は日本のみならず、世界中で深刻な問題になっています。この問題に対して、私たちは日常生活の中でどのような対策を行えると思いますか。あなたの考えを、具体的な体験に基づいて 80 語程度の英語で述べなさい。

💡 **発想** 日本語で下書きを作成する

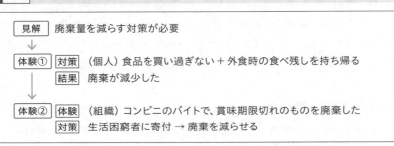

見解　廃棄量を減らす対策が必要
↓
体験① 対策 （個人）食品を買い過ぎない＋外食時の食べ残しを持ち帰る
　　　 結果 廃棄が減少した
↓
体験② 体験 （組織）コンビニのバイトで、賞味期限切れのものを廃棄した
　　　 対策 生活困窮者に寄付 → 廃棄を減らせる

✐ **表現** 日本語の下書きをもとに英語で意見を書く

（**ヒント1**）次の日本語を英語に直そう。

食品廃棄はとても深刻な問題なので、それを減らすためにあらゆることを行うべきだ。まず、私はいつも食べ切れない量の食品を買わないよう気をつけており、また、外食する時には、残った料理は持ち帰るようにしている。この習慣のおかげで、捨てる食品の量を減らすことができている。次に、コンビニでバイトをしていた時、賞味期限切れの商品を捨てなければならなかった。そのような商品を生活に困っている人々に寄付することで、食品廃棄を減らすことができるにちがいない。

ヒント2 **ヒント1** の日本語を参考に、次の英文の下線部に適切な表現を入れよう。

_____(7語)_____ that we should do everything to reduce it. First,
_____(7語)_____ more food than I can eat, and when I eat out, I
try to take leftover food home. This practice has reduced ____(7語)____
_____ . Second, when I _____(7語)_____ , I had to throw
away products that were past their expiration date. I'm sure ____(7語)____
_____ will reduce food waste.

✔ **確認** | 書いた英文を確認する

- □ とても〜ので…する(ほどだ) ▶ **such＋形容詞＋名詞＋that SV**
- □ 〜しないように気をつける ▶ **be careful not to** *do*
- □ A (不要なもの) を捨てる ▶ **throw A away / throw away A**
- □ …していた時〜した ▶ **When S was〔were〕** *doing* **..., S** *did* **〜.**
- □ バイトをする ▶ **work part-time / do a part-time job**
- □ そのような〈名詞〉 ▶ **such＋名詞**
- □ 生活に困っている人々 ▶ **people in need**

✔ **最後に確認**

- □ 名詞：特定か不特定か／単数か複数か
- □ 動詞：時制は適切か／助動詞は適切か／語法は適切か
- □ つながり：文と文のつながりは適切か／数の一致は適切か

モデル英文 09

Food waste is such a serious problem that we should do everything to reduce it. First, **I am always careful not to buy** more food than I can eat, and when I eat out, I try to take leftover food home. This practice has reduced **the amount of food I throw away**. Second, when I **was working part-time at a convenience store**, I had to throw away products that were past their expiration date. I'm sure **donating such products to people in need** will reduce food waste.

(87 words)

Round 1　理解　定着　発信　　**手順と構成を理解する**

空き家（vacant house）の増加は、日本が抱える社会問題の1つになっています。空き家が地域社会に引き起こす問題にはどのようなものがあり、その解決法にはどのようなものがあるか、あなたの考えを80語程度の英語で答えなさい。

💡**発想**　日本語で下書きを作成する　　　　　　　　　▶▶ くわしくは → p.120

要素　　必要な要素を考える

- （空き家の問題は？）誰も手入れをしない → 構造的に弱くなる
- （その結果は？）台風や地震が起きると、近所が危険
- （それ以外には？）雑草が生い茂り、景観を損ね、周囲の家の価値を下げる
- （だから…）空き家は地域社会に問題を引き起こす
- （解決法は…）自治体が買い取り、改修して、適正な価格で売却

配置　　考えた要素を適切に並べ替えながらメモを作成する

見解	空き家は地域社会に問題を引き起こす
↓	
理由	誰も手入れをしない → 構造的に弱くなる
	→ 台風や地震が起きると、近所が危険
	→ 雑草が生い茂り、景観を損ね、周囲の家の価値を下げる
↓	
解決法	自治体が買い取り、改修して、適正な価格で売却

展開　　メモを文章のかたちにする

見解　① 空き家は、地域社会に問題を引き起こす。

理由　② 空き家は誰も手入れをしないので、構造的に弱くなる。

　　　　③ 台風や地震に襲われると、簡単に倒壊してしまい、近所の人が非常に危険な目に遭うかもしれない。

　　　　④ 空き家の周りに雑草が生え、地域の景観を損ねて、周囲の家の価値を下げることもある。

解決法　⑤ これらの問題を解決するために、自治体が空き家を買い取り、改修した上で、適正な価格で売却すべきだ。

英訳　**展開** で決めた内容を英語にする

① 空き家は、地域社会に問題を引き起こす。

▶ Vacant houses cause problems to the local community.

② 空き家は誰も手入れをしないので、構造的に弱くなる。

▶ Since nobody takes care of vacant houses, they will become structurally weak.

③ 台風や地震に襲われると、簡単に倒壊してしまい、近所の人が非常に危険な目に遭うかもしれない。

▶ When a typhoon or earthquake hits, they will easily collapse, and people nearby may be in great danger.

④ 空き家の周りには雑草が生え、地域の景観を損ねて、周囲の家の価値を下げることもある。

▶ Weeds grow around vacant houses, which can spoil the community landscape and lower the value of surrounding homes.

⑤ これらの問題を解決するために、自治体が空き家を買い取り、改修した上で、適正な価格で売却すべきだ。

▶ To solve these problems, local governments should buy vacant houses, renovate them, and then sell them at a reasonable price.

10

完成　文のつながりを意識して英文をまとめる

モデル英文 10　次のページの解説を読み、構成を理解した上で暗唱しよう。

　　Vacant houses cause problems to the local community. Since nobody takes care of vacant houses, they will become structurally weak. **As a result**, when a typhoon or earthquake hits, they will easily collapse, and people nearby may be in great danger. **In addition**, weeds grow around vacant houses**, which** can spoil the community landscape and lower the value of surrounding homes. To solve **these problems**, local governments should buy vacant houses, renovate them, and then sell them at a reasonable price. (81 words)

空き家は、地域社会に問題を引き起こす。空き家は誰も手入れをしないので、構造的に弱くなる。その結果、台風や地震に襲われると、簡単に倒壊してしまい、近所の人が非常に危険な目に遭うかもしれない。また、空き家の周りには雑草が生え、地域の景観を損ねて、周囲の家の価値を下げることもある。これらの問題を解決するために、自治体が空き家を買い取り、改修した上で、適正な価格で売却すべきだ。

発想　日本語で下書きを作成する

　この問題では、「空き家が地域社会に引き起こす問題」と「その問題を解決するための方法」を答えることが求められており、〈問題 → 解決策〉という流れで書くことになりますが、どのような視点で書くかがポイントです。空き家問題を「自身の体験」で語れる高校生は多くないでしょう。そこで、「地域社会」というキーワードに注目します。地域社会に住む人にとって、空き家がどのような存在なのか、住む人の立場から考えるようにしましょう。

要素　必要な要素を考える

　今にも崩れそうな空き家を見たことはありませんか。空き家は、「**誰も手入れをしないので、構造的に弱くなる**」のです。構造的に弱くなると、「**台風や地震が起きる**」とすぐに崩れてしまい、「**近所が危険にさらされる**」恐れがあります。これは大問題ですね。さらに、手入れがされないと、空き家のまわりに「**雑草が生い茂る**」ことになり、その結果、「**景観を損ね、周囲の家の価値を下げる**」可能性があります。このように、「**空き家は地域社会に問題を引き起こす**」のですが、この問題を解決するためには、空き家を手入れしていく必要があります。個人で対応するのは難しいので、「**自治体が買い取り、改修**」するとよさそうです。そして、「**適正な価格で売却する**」と、住人が家を手入れしていくことになり、空き家問題が解消されそうです。

配置　考えた要素を適切に並べ替えながらメモを作成する

　まず、〈トピックセンテンス〉で「**空き家は地域社会に問題を引き起こす**」という〈見解〉を述べてから、具体的な問題を示すと、「問題がある」→「その具体的な内容」という〈概略 → 詳細〉という論理展開になります。次に、問題が起こる原因として、「**誰も手入れをしないので、構造的に弱くなる**」ことを示します。その結果として、「**台風や地震が起きると、近所が危険にさらされる**」という〈個人〉〈近所の人〉の問題、さらに「**雑草が生い茂り、景観を損ね、周囲の家の価値を下げる**」という〈社会〉の問題を挙げると、〈原因 → 結果〉という論理展開に加えて、〈個人〉と〈社会〉という〈対比〉の関係を用いた説明になり、説得力のある文になります。最後に「**自治体が買い取り、改修して、適正な価格で売却する**」という解法を示せば、〈問題 → 解決策〉という論理展開になり、条件を満たすことができます。

表現　表現のポイント

① 空き家は、地域社会に問題を引き起こす。

Vacant houses cause problems to the local community.

　　特定の空き家ではなく「（一般に）空き家」と言っているので、〈無冠詞＋複数形〉の Vacant houses を用いている。可算名詞の一般論を述べる時は〈無冠詞＋複数形〉を用いる。

表現　□ **空き家** ▶ **vacant house**　　注 empty〔abandoned〕house とも言う。

② 空き家は誰も手入れをしないので、構造的に弱くなる。

Since nobody takes care of vacant houses, they will become structurally weak.

🖋 「(ご承知のとおり)〜なので」という、読み手がすでに知っている(と書き手がみなしている)ことを理由として述べる時は、接続詞の **since** を用いる。この since は文頭で用いるのが一般的。

表現　□ **A の手入れをする** ▶ take care of A / look after A

③ その結果、台風や地震に襲われると、簡単に倒壊してしまい、近所の人が非常に危険な目に遭うかもしれない。

As a result, when a typhoon or earthquake hits, they will easily collapse, and people nearby may be in great danger.

🖋 前文の内容を受けて、「その結果…」という時は〈SV 〜. As a result, SV ....〉を用いる。as a result は副詞句。直後にコンマが必要。

🖋 「危険を招く可能性がある」という内容なので、〈可能性〉を表す助動詞 may を用いている。

表現　□ **(建造物が突然)崩れ落ちる、倒壊〔崩壊〕する** ▶ collapse / fall down
　　　□ **S は危険な状態にある、危機に直面している** ▶ S be in danger

10

④ また、空き家の周りには雑草が生え、地域の景観を損ねて、周囲の家の価値を下げることもある。

In addition, weeds grow around vacant houses, which can spoil the community landscape and lower the value of surrounding homes.

🖋 前文に対して、「その上…」と新たな情報を文のかたちで追加する時は〈SV 〜. In addition, SV ....〉を用いる。in addition は副詞句。直後にコンマが必要。

🖋 非制限用法の関係代名詞 which は、前文の内容(の一部)を先行詞にすることができる。ここでは、前文の内容が原因で、can spoil 以下のことが起こるという〈因果関係〉を示している。

🖋 「地域の景観を損ねて、周囲の家の価値を下げる可能性がある」という内容なので、〈可能性〉を表す助動詞 can を用いている。

⑤ これらの問題を解決するために、自治体が空き家を買い取り、改修した上で、適正な価格で売却すべきだ。

To solve these problems, local governments should buy vacant houses, renovate them, and then sell them at a reasonable price.

🖋 〈these＋複数名詞〉は、前文の内容を受けて、前文とのつながりを明確にする便利な表現。

表現　□ **問題を解決する** ▶ solve a problem
　　　□ **A(建物など)を改修する、リフォームする** ▶ renovate A
　　　□ **〜の値段〔価格〕で** ▶ at a 〜 price　注 「〜」には high(高い)、low(安い)、reasonable / affordable (手頃な) などの形容詞が入る。

空き家（vacant house）の増加は、日本が抱える社会問題の1つになっています。空き家が地域社会に引き起こす問題にはどのようなものがあり、その解決法にはどのようなものがあるか、あなたの考えを80語程度の英語で答えなさい。

💡 **発想**　日本語で下書きを作成する

見解	空き家は地域社会に問題を引き起こす

↓

理由	誰も手入れをしない → 構造的に弱くなる

→ 台風や地震が起きると、近所が危険

→ 雑草が生い茂り、景観を損ね、周囲の家の価値を下げる

↓

解決法	自治体が買い取り、改修して、適正な価格で売却

✎ **表現**　日本語の下書きをもとに英語で意見を書く

① 空き家は、地域社会に問題を引き起こす。

_____(4語)_____ to the local community.

② 空き家は誰も手入れをしないので、構造的に弱くなる。

Since _____(4語)_____ vacant houses, they will become structurally weak.

③ その結果、台風や地震に襲われると、簡単に倒壊してしまい、近所の人が非常に危険な目に遭うかもしれない。

As a result, when a typhoon or earthquake hits, they will easily collapse, and people nearby may _____(4語)_____ .

④ また、空き家の周りには雑草が生え、地域の景観を損ねて、周囲の家の価値を下げることもある。

In addition, weeds grow around vacant houses, _____(3語)_____ the community landscape and lower the value of surrounding homes.

⑤ これらの問題を解決するために、自治体が空き家を買い取り、改修した上で、適正な価格で売却すべきだ。

To _____(3語)_____ , local governments should buy vacant houses, renovate them, and then sell them at a reasonable price.

次の英文の下線部を正しい表現に直そう。

① <u>Vacant house</u> cause problems to the local community. Since ② <u>nobody take</u> <u>care</u> vacant houses, they will become structurally weak. As a result, when a typhoon or earthquake hits, they will easily collapse, and people nearby may ③ <u>be very dangerous</u>. In addition, weeds grow around vacant houses ④ <u>which</u> <u>can spoil</u> the community landscape and lower the value of surrounding homes. To ⑤ <u>answer this problem</u>, local governments should buy vacant houses, renovate them, and then sell them at a reasonable price.

正解　注意すべきポイント

① **Vacant houses** ▶「（一般に）空き家」という意味は〈無冠詞＋複数形〉で表す。

② **nobody takes care of** ▶「A の手入れをする」は〈take care of A〉で表す。nobody は三人称単数扱いなので、述語動詞の take に−s を付ける。

③ **be in great danger** ▶「S は危険な状態にある」は〈S be in danger〉で表す。people nearby may be dangerous は、「近所の人は危険な存在かもしれない」という意味。

④ **, which can spoil** ▶ この which の先行詞は前文の内容なので、非制限用法にする。

⑤ **solve these problems** ▶「問題を解決する」は〈solve a problem〉で表す。answer a question（質問に答える）と混同して× answer a problem とする間違いが多い。また、問題は 2 つ挙げられているので、this problem ではなく these problems とする。

モデル英文 10

<u>Vacant houses cause problems</u> to the local community. Since **<u>nobody</u>** **<u>takes care of</u>** vacant houses, they will become structurally weak. As a result, when a typhoon or earthquake hits, they will easily collapse, and people nearby may **<u>be in great danger</u>**. In addition, weeds grow around vacant houses, **<u>which can spoil</u>** the community landscape and lower the value of surrounding homes. To **<u>solve these problems</u>**, local governments should buy vacant houses, renovate them, and then sell them at a reasonable price.

(81 words)

空き家（vacant house）の増加は、日本が抱える社会問題の1つになっています。空き家が地域社会に引き起こす問題にはどのようなものがあり、その解決法にはどのようなものがあるか、あなたの考えを80語程度の英語で答えなさい。

発想　日本語で下書きを作成する

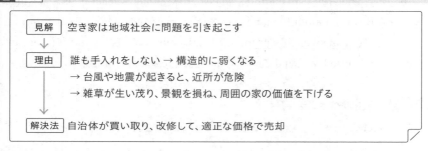

見解	空き家は地域社会に問題を引き起こす

↓

理由　誰も手入れをしない → 構造的に弱くなる
　　　　→ 台風や地震が起きると、近所が危険
　　　　→ 雑草が生い茂り、景観を損ね、周囲の家の価値を下げる

↓

解決法　自治体が買い取り、改修して、適正な価格で売却

表現　日本語の下書きをもとに英語で意見を書く

ヒント1 次の日本語を英語に直そう。

空き家は、地域社会に問題を引き起こす。空き家は誰も手入れをしないので、構造的に弱くなる。その結果、台風や地震に襲われると、簡単に倒壊してしまい、近所の人が非常に危険な目に遭うかもしれない。また、空き家の周りには雑草が生え、地域の景観を損ねて、周囲の家の価値を下げることもある。これらの問題を解決するために、自治体が空き家を買い取り、改修した上で、適正な価格で売却すべきだ。

ヒント2 ヒント1 の日本語を参考に、次の英文の下線部に適切な表現を入れよう。

_____ (5語) _____ the local community. _____ (7語) _____

_____ , they will become structurally weak. As a result, when a typhoon or

earthquake hits, they will easily collapse, and _____ (7語) _____ .

In addition, weeds grow around vacant houses, _____ (6語) _____

and lower the value of surrounding homes. _____ (4語) _____ ,

local governments should buy vacant houses, renovate them, and then sell

them at a reasonable price.

✔ 確認 　**書いた英文を確認する**

☐ 空き家 ▶ vacant house

☐（ご承知のとおり）〜なので ▶ since

☐ Aの手入れをする ▶ take care of A / look after A

☐ Sは危険な状態にある、危機に直面している ▶ S be in danger

☐ 非制限用法の関係代名詞 ▶ , which

☐ 問題を解決する ▶ solve a problem

10

✔ 最後に確認

☐ 名詞：特定か不特定か／単数か複数か

☐ 動詞：時制は適切か／助動詞は適切か／語法は適切か

☐ つながり：文と文のつながりは適切か／数の一致は適切か

モデル英文 10

　Vacant houses cause problems to the local community. **Since nobody takes care of vacant houses**, they will become structurally weak. As a result, when a typhoon or earthquake hits, they will easily collapse, and **people nearby may be in great danger**. In addition, weeds grow around vacant houses, **which can spoil the community landscape** and lower the value of surrounding homes. **To solve these problems**, local governments should buy vacant houses, renovate them, and then sell them at a reasonable price.

(81 words)

Round 1 | 理解 定着 発信 　手順と構成を理解する

教師をしているあなたに、友人から次の悩み相談のメールが届きました。あなたならどのような助言をしますか。80 語程度の英語で書きなさい。(本文のみ。あいさつ文などは不要)

(相談文は → 別冊 p.22)

発想 日本語で下書きを作成する ▶▶ くわしくは → p.128

要素 必要な要素を考える

・(助言としては…) まずは高校をやめたい理由を聞くべき
・(一般論としては…) 人生での成功には教育が大切
・(しかし実際は…) 自分の人生に満足するほうがもっと大切
・(相談者の子供の場合…) 学校では学べない「やりたいこと」を見つけた可能性あり
・(なぜなら…) 10 代の若者は将来を真剣に考え始める
・(「やりたいこと」を見つけたとしたら…) 子供の意思を尊重して応援すべき

配置 考えた要素を適切に並べ替えながらメモを作成する

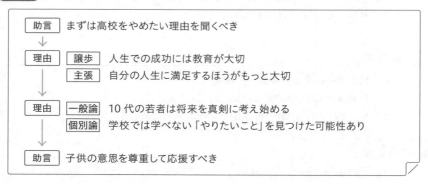

助言		まずは高校をやめたい理由を聞くべき
理由	譲歩	人生での成功には教育が大切
	主張	自分の人生に満足するほうがもっと大切
理由	一般論	10 代の若者は将来を真剣に考え始める
	個別論	学校では学べない「やりたいこと」を見つけた可能性あり
助言		子供の意思を尊重して応援すべき

展開 メモを文章のかたちにする

助言		① あなたはお嬢さんに高校をやめたい理由を聞いてみるべきです。
理由	譲歩	② 人生で成功するためには、よい教育を受けることはとても大切です。
	主張	③ お嬢さんが自分の人生に満足することのほうがはるかに大切です。
理由	一般論	④ 10 代の若者は、自分の将来について真剣に考え始めるものです。
	個別論	⑤ お嬢さんは、本当にやりたいけど学校では学べないことを見つけたのかもしれません。
助言		⑥ 彼女の意思を尊重し、応援してあげてください。

英訳　　展開　で決めた内容を英語にする

① あなたはお嬢さんに高校をやめたい理由を聞いてみるべきです。

▶ You should ask your daughter why she wants to quit high school.

② 人生で成功するためには、よい教育を受けることはとても大切です。

▶ A good education is very important to succeed in life.

③ お嬢さんが自分の人生に満足することのほうがはるかに大切です。

▶ It is much more important for her to be satisfied with her life.

④ 10代の若者は、自分の将来について真剣に考え始めるものです。

▶ Teenagers begin to think seriously about their own future.

⑤ お嬢さんは、本当にやりたいけど学校では学べないことを見つけたのかもしれません。

▶ Your daughter may have found something that she really wants to do but that cannot be learned in school.

⑥ 彼女の意思を尊重し、応援してあげてください。

▶ You should respect her will and support her.

11

完成　　文のつながりを意識して英文をまとめる

モデル英文 11　次のページの解説を読み、構成を理解した上で暗唱しよう。

First of all, you should ask your daughter why she wants to quit high school. **It is true that** a good education is very important to succeed in life, **but** it is much more important for her to be satisfied with her life. **Generally speaking**, teenagers begin to think seriously about their own future. Your daughter may have found something that she really wants to do but that cannot be learned in school. **If so**, you should respect her will and support her.

(83 words)

まず、あなたはお嬢さんに高校をやめたい理由を聞いてみるべきです。確かに人生で成功するためには、よい教育を受けることはとても大切ですが、それよりもお嬢さんが自分の人生に満足することのほうがはるかに大切です。一般的に、10代の若者は、自分の将来について真剣に考え始めるものです。お嬢さんは、本当にやりたいけど学校では学べないことを見つけたのかもしれません。もしそうであれば、彼女の意思を尊重し、応援してあげてください。

発想　日本語で下書きを作成する

　この問題では、相談内容を読んで助言をすることを求められているので、相談内容を理解したうえで、「〜したほうでいいですよ」と助言することになります。ただし、**あなたの助言を相談者に納得してもらうには、「言い方」を工夫することが大切です。**あなたの言い方１つで相談者の受け止め方は大きく変わります。相談者の気持ちを配慮して言葉を選ぶようにしましょう。

要素　必要な要素を考える

　この相談では「娘は高校をやめたいと言っている」ことがポイントです。相談者は学歴を重視しているので、高校をやめたいと考えている娘の将来を親として心配するのも当然です。そんな相談者に対して、**「まずは高校をやめたい理由を聞くべき」**と助言することにしましょう。相談者は**「人生での成功には教育が大切」**と考えているので、それを認めつつも、**「自分の人生に満足するほうがもっと大切」**ということを伝えます。子供の幸せを願わない親はいません。学歴重視を世間一般の価値観として認めたうえで、学歴よりも娘の個人としての幸福を重視すべきという言葉は、きっと相談者の胸に響くはずです。そのうえで、娘が学校をやめたいと言い出した理由を考えると、**「学校では学べない『やりたいこと』を見つけた」**からかもしれません。一般的に**「10 代の若者は将来を真剣に考え始める」**ので、娘の発言は、自分の将来を真剣に考えた結果という可能性があります。娘が本当にやりたいことを見つけたのなら、親として歓迎すべきで、それが学校では学べないことなら、高校をやめる正当な理由になります。そこで、もしやりたいことがあるなら、**「子供の意思を尊重して応援すべき」**と助言するとよさそうです。

配置　考えた要素を適切に並べ替えながらメモを作成する

　最初に**「まずは高校をやめたい理由を聞くべき」**という〈助言〉を述べます。次に、その〈理由〉として**「人生での成功には教育が大切」**と相談者の考えを認めたうえで、**「自分の人生に満足するほうがもっと大切」**だと説明すると、〈譲歩 → 主張〉の論理展開になり、あなたの助言が伝わりやすくなります。次に、相談者の娘がなぜ高校をやめたいのかについて考えていきます。一般的に**「10 代の若者は将来を真剣に考え始める」**が、相談者の娘も、将来を考えた結果、**「学校では学べない『やりたいこと』を見つけた」**かもしれないと述べると、〈一般 → 個別〉の流れに加え、〈原因 → 結果〉という論理展開にもなります。それを受けて、**「子供の意思を尊重して応援すべき」**という助言で締めくくると、相談内容に対して説得力のある回答になりそうです。

表現　表現のポイント

① まず、あなたはお嬢さんに高校をやめたい理由を聞いてみるべきです。

First of all, you should ask your daughter why she wants to quit high school.

✏ **First of all** ((他の何よりも先に) まず) は最優先の内容を述べる時に用いる表現。

✏ 「～したほうがよい」という助言をする時は **should** を用いるのが一般的。had better は「そうしないとまずいことになる」という脅迫的なニュアンスを持つので、使わないほうがよい。

表現　□ **A (人) になぜ～か (の理由を) 尋ねる** ▶ ask A＋why 節
　　　□ **学校をやめる、退学する** ▶ quit school　注 冠詞を付けないことに注意。

② 確かに人生で成功するためには、よい教育を受けることはとても大切ですが、

It is true that a good education is very important to succeed in life,

✏ 「確かに～だが…」は〈**It is true that SV ～, but SV ....**〉で表す。「～」の内容を事実だと認めたうえで、but 以下の内容を際立たせる〈譲歩 → 主張〉の論理展開を表す表現。

③ それよりもお嬢さんが自分の人生に満足することのほうがはるかに大切です。

but it is much more important for her to be satisfied with her life.

✏ ② very important (とても大切) → ③ much more important ((それよりも) はるかに大切) の表現を用いて、③の but 以下のほうに主張に力点があることを表している。

表現　□ **(比較級の差を強調して) はるかに～** ▶ much＋比較級
　　　□ **A に満足する** ▶ be satisfied with A

④ 一般的に、10 代の若者は、自分の将来について真剣に考え始めるものです。

Generally speaking, teenagers begin to think seriously about their own future.

✏ **Generally speaking** (一般的に (言えば)) は、一般論を述べる時に用いる表現。④で娘を含む 10 代の若者に関する一般論を述べてから、⑤で娘個人の話に移るという論理展開。

表現　□ **A について考える** ▶ think about A　注 副詞はふつう think と about の間に入れる。

⑤ お嬢さんは、本当にやりたいけど学校では学べないことを見つけたのかもしれません。

Your daughter may have found something that she really wants to do but that cannot be learned in school.

✏ 先行詞の something に対して、2 つの関係詞節 (that she really wants to do と that cannot be learned in school) が but で並列されていることに注目。

表現　□ **(現在から見てみると過去に) ～したかもしれない** ▶ may〔might〕have *done*

⑥ もしそうであれば、彼女の意思を尊重し、応援してあげてください。

If so, you should respect her will and support her.

✏ **if so** (もしそうなら) は、前文の内容を条件節にする時に用いる表現。

表現　□ **A の意思** ▶ A's will

11

教師をしているあなたに、友人から次の悩み相談のメールが届きました。あなたならどのような助言をしますか。80語程度の英語で書きなさい。(本文のみ。あいさつ文などは不要)

(相談文は → 別冊 p.22)

💡 発想 日本語で下書きを作成する

┌───┐
│ 助言 ┃ まずは高校をやめたい理由を聞くべき │
│   ↓ │
│ 理由 ┃ 譲歩 ┃ 人生での成功には教育が大切 │
│   ┃ 主張 ┃ 自分の人生に満足するほうがもっと大切 │
│   ↓ │
│ 理由 ┃ 一般論 ┃ 10代の若者は将来を真剣に考え始める │
│   ┃ 個別論 ┃ 学校では学べない「やりたいこと」を見つけた可能性あり │
│   ↓ │
│ 助言 ┃ 子供の意思を尊重して応援すべき │
└───┘

✏️ 表現 日本語の下書きをもとに英語で意見を書く

① まず、あなたはお嬢さんに高校をやめたい理由を聞いてみるべきです。

First of all, you should ask your daughter ＿＿＿＿＿＿(3語)＿＿＿＿＿＿ to quit high school.

② 確かに人生で成功するためには、よい教育を受けることはとても大切ですが、

＿＿＿＿＿(4語)＿＿＿＿＿ a good education is very important to succeed in life,

③ それよりもお嬢さんが自分の人生に満足することのほうがはるかに大切です。

but it is ＿＿＿＿(3語)＿＿＿＿ for her to be satisfied with her life.

④ 一般的に、10代の若者は、自分の将来について真剣に考え始めるものです。

Generally speaking, teenagers begin to ＿＿＿＿＿(3語)＿＿＿＿＿ their own future.

⑤ お嬢さんは、本当にやりたいけど学校では学べないことを見つけたのかもしれません。

Your daughter ＿＿＿＿(4語)＿＿＿＿ that she really wants to do but that cannot be learned in school.

⑥ もしそうであれば、彼女の意思を尊重し、応援してあげてください。

If so, ＿＿＿＿(3語)＿＿＿＿ her will and support her.

次の英文の下線部を正しい表現に直そう。

First of all, you should ask your daughter ① <u>why does she want</u> to quit high school. ② <u>This is true that</u> a good education is very important to succeed in life, but it is ③ <u>very more important</u> for her to be satisfied with her life. Generally speaking, teenagers begin to ④ <u>think seriously</u> their own future. Your daughter ⑤ <u>might find something</u> that she really wants to do but that cannot be learned in school. If so, ⑥ <u>you had better respect</u> her will and support her.

正解 **注意すべきポイント**

① **why she wants** ▶ ask の目的語になっていることに注目。疑問文を文の一部として組み込む時は、疑問詞の後の語順を平叙文と同じ〈主語＋動詞〉にした間接疑問のかたちにする。

② **It is true that** ▶ 「確かに～だが…」は〈It is true that SV ～ , but SV ....〉で表す。

③ **much more important** ▶ 比較級の差を強調する時は〈much＋比較級〉で表す。

④ **think seriously about** ▶ 「A について考える」は〈think about A〉で表す。この think は自動詞なので、think A とはいえない。

⑤ **may have found something** ▶ 「～したかもしれない」という「(現在から見た) 過去の可能性に対する推量」は〈may〔might〕 have *done*〉で表す。may〔might〕 *do* は「(今は／これから)～するかもしれない」という意味。might は may の過去形だが、意味は may とほぼ同じで「現在や未来の可能性に対する推量」を表すことに注意。

⑥ **you should respect** ▶ 「～したほうがよい」という助言は should で表す。had better は「そうしないとまずいことになる」という脅迫的なニュアンスを持つので、ここでは使わないほうがよい。

モデル英文 11

First of all, you should ask your daughter **<u>why she wants</u>** to quit high school. **<u>It is true that</u>** a good education is very important to succeed in life, but it is **<u>much more important</u>** for her to be satisfied with her life. Generally speaking, teenagers begin to **<u>think seriously about</u>** their own future. Your daughter **<u>may have found something</u>** that she really wants to do but that cannot be learned in school. If so, **<u>you should respect</u>** her will and support her.

(83 words)

教師をしているあなたに、友人から次の悩み相談のメールが届きました。あなたならどのような助言をしますか。80 語程度の英語で書きなさい。(本文のみ。あいさつ文などは不要)

(相談文は → 別冊 p.22)

💡 **発想**　日本語で下書きを作成する

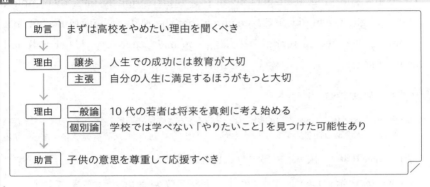

✏️ **表現**　日本語の下書きをもとに英語で意見を書く

（**ヒント 1**）次の日本語を英語に直そう。

まず、あなたはお嬢さんに高校をやめたい理由を聞いてみるべきです。確かに人生で成功するためには、よい教育を受けることはとても大切ですが、それよりもお嬢さんが自分の人生に満足することのほうがはるかに大切です。一般的に、10 代の若者は、自分の将来について真剣に考え始めるものです。お嬢さんは、本当にやりたいけど学校では学べないことを見つけたのかもしれません。もしそうであれば、彼女の意思を尊重し、応援してあげてください。

ヒント2 **ヒント1** の日本語を参考に、次の英文の下線部に適切な表現を入れよう。

First of all, you should ask your daughter _____ (7語) .

_____ (7語) is very important to succeed in life, but _____

_____ (7語) to be satisfied with her life. Generally speaking,

teenagers begin to _____ (6語) . _____ (6語)

that she really wants to do but that cannot be learned in school. If so,

_____ (5語) and support her.

✔ **確認**　書いた英文を確認する

□ A（人）になぜ〜か（の理由を）尋ねる ▶ ask A＋why 節
□ 学校をやめる、退学する ▶ quit school
□ 確かに〜だが… ▶ It is true that SV 〜, but SV ....
□ A が〜することは大切だ ▶ It is important for A to *do*
□ （比較級の差を強調して）はるかに〜 ▶ much＋比較級
□ A について考える ▶ think about A
□ 〜したかもしれない ▶ may〔might〕have *done*
□ 〜したほうがよい ▶ should
□ A の意思 ▶ A's will

✔ **最後に確認**

□ 名詞：特定か不特定か／単数か複数か
□ 動詞：時制は適切か／助動詞は適切か／語法は適切か
□ つながり：文と文のつながりは適切か／数の一致は適切か

モデル英文 11

First of all, you should ask your daughter **why she wants to quit high school**. **It is true that a good education** is very important to succeed in life, but **it is much more important for her** to be satisfied with her life. Generally speaking, teenagers begin to **think seriously about their own future**. **Your daughter may have found something** that she really wants to do but that cannot be learned in school. If so, **you should respect her will** and support her.

(83 words)

□ 09　食品廃棄問題

　消費者の視点から、「必要以上に食品を買う → 賞味期限内に消費できない → 賞味期限が過ぎるとゴミとして捨ててしまう」という原因を挙げ、その対策として「必要以上に買わない」とまとめる答案が多く見られました。一方で、販売者の視点から、「消費者は品切れを嫌う → 店は在庫を抱えすぎる → 売れ残るとゴミとして廃棄してしまう」という原因を挙げ、その対策として「余剰在庫を減らす」とする答案も見られました。

□ 10　地域社会問題

　問題点としては、「野生動物が住み着く → 伝染病を媒介する恐れ」「手入れをしない → 簡単に倒壊する → 地震や洪水などで地域住民がけがをする」「手入れをしない空き家が増える → 景観を損なう → 住みたい人が減る → その地域の不動産価値が下がる」などが挙げられていました。一方、解決策としては、「公的機関が地域住民の利用できるスペースとして有効活用する」「地方自治体が買い取り、修理・改築して若い世代に安く貸し出す」「もっと容易に取り壊しや売買ができるように法律を変える」などが挙げられていました。

□ 11　悩み相談に対する回答

　相手が罪悪感を抱くような指摘をしたり、相手の心に響かない正論を振りかざしたり、相手の悩みと無関係な助言をする答案も見られましたが、そのような論理や理屈だけに偏った内容にしてはいけません。相手は悩みを抱えているのですから、相手に寄り添い、気持ちを楽にするような助言を心がけることが大切です。「〜したらどうでしょうか」のように具体的な提案をしたり、「もし〜すれば、…となるかもしれません」のように希望や期待を持たせるようなことを伝えたりするようにしましょう。

実践編　第**4**章

感想・好み・価値観などをくわしく説明する

　この章では、個人的な好みや感動的な思い出、こだわりの信条、主観的な感想などを述べる問題を扱います。このような問題では、**読み手の共感を引き出す**ことが最大の目標となります。「私にも似たようなことがあった」「その気持ちはよくわかる」「実に興味深い」「思わず涙が出そうだ」などのコメントを読み手からもらえるような答案をめざしましょう。

✔確認　問題情報

□ 12　人生で最も感動した風景
　「人生で最も印象に残っている風景」を説明する問題です。何に感動するかは人によって違いますが、読み手に自分の感動を共感してもらうには、**読み手の五感に訴えかける**ような説明をすることが求められます。そのためには、論理や理屈に加えて、イメージや感性を最大限に利用することが大切です。**色や形、匂い、手触りなどのイメージが、読み手の頭の中に生き生きと浮かぶような描写**を心がけましょう。

□ 13　失敗から得た教訓
　「目標達成に失敗した経験とそこから得た教訓」を述べる問題です。このような問題では、単に個人的な経験を紹介するだけにとどまらず、**経験から学んだ教訓や意義を、一般的な言葉でまとめる**ことで、読み手に共感できる内容にすることが大切です。「こんなことがあった。つらかった」のような感想文レベルの内容では合格点は取れません。「〜という教訓を学んだ」「〜という意義がある」という考察を加えて初めて、合格点を狙える答案になります。

□ 14　アパートの選択
　「自分が暮らしたいアパート」を選ぶ問題です。この問題のように、2つのものを比較して選択する問題では、「2つのものの特徴を確認」→「それぞれの特徴を比べ、書きやすいものを選ぶ」という手順で書く内容を決めていくことになります。**違いが明確な特徴を選び、〈対比〉の関係を用いながら説明する**と、読み手が納得できる答案にすることができるでしょう。

□ 15　宝くじで100億円当たったら
　「宝くじで当たった100億円の使い道」を述べる問題です。このような問題では、単に使い道を述べるのではなく、「〜が長年の夢だったから」「〜という事情があるから」のように、**経緯・背景に関する説明**があると、読み手が共感できる文になります。使い道についての思いをていねいに説明して、読み手が共感できるような答案をめざしましょう。

□ 16　幸せな人生を送るために最も重要なこと

　課題文を読んで、「幸せな人生を送るために最も重要なこと」と「そう考える理由」を説明する問題です。課題文がついているのは、そのテーマに関する知識がなくても、課題文を読むことで、それをもとに答案の内容を決めることができるようにするためです。視点を変えてみると、課題文の内容に沿った答案のほうが、大学の先生にとって採点しやすいともいえます。このような問題では、無理に独自の内容を考えるよりも、課題文の意見に「乗っかる」ほうが賢明といえるでしょう。

✓ **確認**　**入試情報**

　過去に入試問題で出題されたテーマを挙げておきます。それぞれについて、自分の意見を言えるか、試しに「日本語メモ」を作ってみましょう。少しでも考えたことがあれば、実際に出題された時にすんなりと取り組むことができるでしょう。

✓ **大学入試で出題されたテーマ**

感動タイプ

□ 最も印象的な授業　　　　　　　　□ 最も親切にされた体験
□ 最も影響を受けた人　　　　　　　□ 最も影響を受けた本や映画
□ 自分自身を誇りに感じた出来事　　□ 世の中は不公平だと感じた経験

教訓タイプ

□ 旅から学んだこと　　　　　　　　□ 幼い頃に親しんだ話の影響
□ 決断したことの影響　　　　　　　□ 何かに情熱を注いでいる人の影響
□ 職場体験、ボランティア活動、アルバイトから学んだこと

選択タイプ

□ 芸術（絵画・音楽・芝居など）の中でどれが一番好き？
□ スポーツは見るのとやるのとどちらが好き？
□ アウトドア派？　インドア派？
□ 海外旅行と国内旅行のどちらがよい？

仮定タイプ

□ 他人の心が読めたら？
□ 人類の生活をよりよくするために世界を変える力を与えられたら何を変えたい？
□ 動物が言葉を話すことができたらどんな野生動物と何を話したい？

Round 1 ┃ 理解 〉定着 〉発信　　　**手順と構成を理解する**

人生で最も印象に残っている風景は何ですか。そして、その理由は何ですか。80 語程度の英語で述べなさい。

💡 **発想**　日本語で下書きを作成する　　　　　　　　　▶▶ くわしくは → p.140

要素　必要な要素を考える

・（最も印象に残っている風景は…）北海道の広大な雪景色
・（理由は？）初めての雪景色に言葉を失うほど感動
・（なぜ感動？）出身は沖縄 → 雪が降らないので、見たことがなかった
・（いつ見た？）小学生の時の家族旅行で北海道に行った時

配置　考えた要素を適切に並べ替えながらメモを作成する

> 見解　人生で最も印象に残っている風景＝北海道の広大な雪景色
> ↓
> 理由　前提　出身は沖縄 → 雪が降らないので、見たことがなかった
> 　　　結果　小学生の時の家族旅行で北海道へ
> 　　　　　　→ 初めての雪景色に言葉を失うほど感動
> ↓
> まとめ　沖縄とはまったく違う風景を今でも覚えている

展開　メモを文章のかたちにする

見解　① 私の人生で最も印象に残っている風景は、北海道で初めて見た広大な雪景色です。

理由　前提　② 私は、雪が降らない沖縄で生まれ育ちました。

　　　　　　→ ③ 小学生の時に家族旅行で北海道を訪れるまで、雪を見たことがありませんでした。

　　　結果　④ 初めて雪景色を見たとき、とても感動して言葉を失いました。

まとめ　⑤ 地元とはまったく違うその風景を今でも鮮明に覚えています。

英訳　展開 で決めた内容を英語にする

① 私の人生で最も印象に残っている風景は、北海道で初めて見た広大な雪景色です。
▶ The most impressive scenery in my life is the vast snow scene I first saw in Hokkaido.

② 私は、雪が降らない沖縄で生まれ育ちました。
▶ I was born and raised in Okinawa, where it never snows.

③ 小学生の時に家族旅行で北海道を訪れるまで、雪を見たことがありませんでした。
▶ I had never seen snow until I visited Hokkaido on a family trip when I was in elementary school.

④ 初めて雪景色を見たとき、とても感動して言葉を失いました。
▶ When I saw the snow scene for the first time, I was so impressed that I was at a loss for words.

⑤ 地元とはまったく違うその風景を今でも鮮明に覚えています。
▶ I still vividly remember the scenery, which was completely different from that of my hometown.

完成　文のつながりを意識して英文をまとめる

12

モデル英文 12　次のページの解説を読み、構成を理解した上で暗唱しよう。

The most impressive scenery in my life is the vast snow scene I first saw in Hokkaido. I was born and raised in Okinawa, where it never snows. **So** I had never seen snow until I visited Hokkaido on a family trip when I was in elementary school. When I saw **the snow scene** for the first time, I was so impressed that I was at a loss for words. I still vividly remember the scenery, **which** was completely different from that of my hometown. (85 words)

私の人生で最も印象に残っている風景は、北海道で初めて見た広大な雪景色です。私は、雪が降らない沖縄で生まれ育ちました。なので、小学生の時に家族旅行で北海道を訪れるまで、雪を見たことがありませんでした。初めて雪景色を見たとき、とても感動して言葉を失いました。地元とはまったく違うその風景を今でも鮮明に覚えています。

日本語で下書きを作成する

　この問題では、「人生で最も印象に残っている風景」と「その理由」について説明することが求められています。このような問題では、書くべきことは思いつきやすいですが、思いついたことを気ままに書いてはいけません。書く内容を1つにしぼり込み、内容の一貫性を意識して、テーマや条件から逸脱しないように注意しましょう。

要素　　**必要な要素を考える**

　まずは何について書くかを決めましょう。ここでは、「**北海道の広大な雪景色**」について紹介することにします。書く風景を決めたら、なぜその風景が最も印象に残っているか、その理由を挙げましょう。ここでは、「**初めての雪景色に言葉を失うほど感動**」したからという理由を挙げています。でも、なぜそれほど感動したのでしょうか。「**出身は沖縄**」で、「**雪が降らないので、見たことがなかった**」ということを伝えれば、読み手も納得できるでしょう。それがいつのことだったのかを説明することも必要です。「**小学生の時の家族旅行で北海道に行った時**」という要素を挙げておきましょう。北海道といえば、雪景色以外にも「函館の夜景」「富良野のラベンダー畑」「オホーツク海の流氷」など、さまざまな絶景スポットがありますが、それらを思いつくままに挙げるのは避けるべきです。問われているのは「最も印象に残っている風景」なので、内容が散漫にならないよう、1か所にしぼって考えるようにしましょう。

配置　　**考えた要素を適切に並べ替えながらメモを作成する**

　まず、〈トピックセンテンス〉で「人生で最も印象に残っている風景＝北海道の広大な雪景色」という〈見解〉を述べます。次に、なぜ雪景色が最も印象に残っているのか、その〈理由〉を述べていきます。まず、前提として「**出身は沖縄**」で、「**雪が降らないので、見たことがなかった**」ということを伝えます。そのため、「**小学生の時の家族旅行で北海道へ**」行った時に、「**初めての雪景色に言葉を失うほど感動**」したと述べれば、「沖縄」と「北海道」という地理的・気候的にまったく異なる地域を〈対比〉しながら説明することになり、読み手にとってイメージがしやすく、説得力のある文になります。最後に、「**沖縄とはまったく違う風景を今でも覚えている**」とまとめると、いかに印象的だったかを強調でき、〈トピックセンテンス〉の「人生で最も印象に残っている」という内容との一貫性も生まれ、読み手が納得しやすい文になります。

✏️表現　　**表現のポイント**

① 私の人生で最も印象に残っている風景は、北海道で初めて見た広大な雪景色です。

The most impressive scenery in my life is the vast snow scene I first saw in Hokkaido.

　🖋 問題文は「人生で最も印象に残っている風景は何ですか」なので、「人生で最も印象に残っている風景は～である」というトピックセンテンスにしよう。

□ 初めて（〜する）▶ first

注 この意味の first は、〈否定文を作る時の not の位置〉に入れる。

② 私は、雪が降らない沖縄で生まれ育ちました。

I was born and raised in Okinawa, where it never snows.

✐ 固有名詞が先行詞の場合、関係詞節の前にコンマを打つ〈非制限用法〉を用いるのが原則。固
有名詞は１つしか存在しないので、コンマで切って補足情報を加えていると理解すればよい。

表現 □ **A（場所）で生まれ育つ** ▶ be born and raised in A

③ なので、小学生の時に家族旅行で北海道を訪れるまで、雪を見たことがありませんでした。

So I had never seen snow until I visited Hokkaido on a family trip when I was
in elementary school.

✐ 「雪を見たことがなかった」は「北海道を訪れた」という過去の時点までの〈経験〉を表してい
るので、had never seen という〈過去完了〉を用いている。

④ 初めて雪景色を見たとき、とても感動して言葉を失いました。

When I saw the snow scene for the first time, I was so impressed that I was at
a loss for words.

✐「とても〜ので…する（ほどだ）」という〈強調＋結果（程度）〉は、〈so＋形容詞＋that SV〉で
表す。形容詞の程度を具体的に説明することができる便利な表現。ただ単に「感動した」と書く
よりも、「感動して涙を流すほどだった」や「感動してガッツポーズが出るくらいだった」などと
書くほうが、より鮮明で生き生きとしたイメージを読み手に伝えることができる。

表現 □ **（驚きなどで）言葉を失う、絶句する** ▶ be at a loss for words

⑤ 地元とはまったく違うその風景を今でも鮮明に覚えています。

I still vividly remember the scenery, which was completely different from that
of my hometown.

✐ still は「まだ、なお、今でも、依然として」という〈継続〉する状況を表す。この意味の still は、〈否
定文を作る時の not の位置〉に入れる。

✐ the scenery は「人生で最も印象に残っている北海道の雪景色」のこと。固有名詞が先行詞の
場合と同様に、関係代名詞の非制限用法で補足情報を加えている。

✐ that of my hometown の that は the scenery を受けている。the scenery of Hokkaido（北
海道の風景）と the scenery of my hometown（故郷の風景）を比べていることに注意。

表現 □ **A とは違う、異なる** ▶ be different from A

12

人生で最も印象に残っている風景は何ですか。そして、その理由は何ですか。80 語程度の英語で述べなさい。

💡 **発想**　日本語で下書きを作成する

> 見解　　人生で最も印象に残っている風景＝北海道の広大な雪景色
> ↓
> 理由　前提　出身は沖縄 → 雪が降らないので、見たことがなかった
> 　　　結果　小学生の時の家族旅行で北海道へ
> 　　　　　　→ 初めての雪景色に言葉を失うほど感動
> ↓
> まとめ　沖縄とはまったく違う風景を今でも覚えている

✎ **表現**　日本語の下書きをもとに英語で意見を書く

① 私の人生で最も印象に残っている風景は、北海道で<u>初めて見た</u>広大な雪景色です。
　The most impressive scene in my life is the vast snow scene ＿＿＿＿＿ (3語)
　＿＿＿＿ in Hokkaido.

② 私は、雪が降らない沖縄で<u>生まれ育ちました</u>。
　I ＿＿＿＿ (4語) ＿＿＿ in Okinawa, where it never snows.

③ なので、小学生の時に家族旅行で北海道を訪れるまで、<u>雪を見たことがありませんでした</u>。
　So I ＿＿＿＿ (3語) ＿＿＿ snow until I visited Hokkaido on a family trip when I was in elementary school.

④ 初めて雪景色を見たとき、<u>とても感動して言葉を失いました</u>。
　When I saw the snow scene for the first time, I was ＿＿＿＿ (3語) ＿＿＿ I was at a loss for words.

⑤ <u>地元とはまったく違う</u>その風景を今でも鮮明に覚えています。
　I still vividly remember the scenery, which was completely ＿＿＿＿ (4語)
　＿＿＿＿ my hometown.

次の英文の下線部を正しい表現に直そう。

The most impressive scenery in my life is the vast snow scene ① I saw first in Hokkaido. I ② was born and risen in Okinawa, where it never snows. So I ③ never saw snow until I visited Hokkaido on a family trip when I was in elementary school. When I saw the snow scene for the first time, I was ④ such impressed that I was at a loss for words. I still vividly remember the scenery, which was completely ⑤ different from my hometown.

正解　注意すべきポイント

① **I first saw** ▶ 「初めて(〜する)」の意味の first は、〈否定文を作る時の not の位置〉に入れる。

② **was born and raised** ▶ 「A (場所) で生まれ育つ」は〈be born and raised in A〉で表す。raise は他動詞で「〜を育てる」という意味がある。rise と混同する間違いが多い。

③ **had never seen** ▶ 「北海道を訪れた」という過去の一時点までの〈経験〉を表しているので、過去完了にする。

④ **so impressed that** ▶ 「とても〜ので…する(ほどだ)」という〈強調＋結果(程度)〉は、〈so＋形容詞＋that SV〉で表す。形容詞の程度を具体的に説明する表現。〈such＋形容詞＋名詞＋that SV〉は〈形容詞＋名詞〉の程度を具体的に説明する表現。

⑤ **different from that of** ▶ ここでは the scenery of Hokkaido (北海道の風景) と the scenery of my hometown (地元の風景) を比べているので、from の後は that (= the scenery) of my hometown とする。比較対象をそろえることに注意しよう。

モデル英文 12

The most impressive scenery in my life is the vast snow scene **I first saw** in Hokkaido. I **was born and raised** in Okinawa, where it never snows. So I **had never seen** snow until I visited Hokkaido on a family trip when I was in elementary school. When I saw the snow scene for the first time, I was **so impressed that** I was at a loss for words. I still vividly remember the scenery, which was completely **different from that of** my hometown.

(85 words)

理解 定着 **発信** 覚えた例文を再現する

人生で最も印象に残っている風景は何ですか。そして、その理由は何ですか。80 語程度の英語で述べなさい。

💡 **発想** 日本語で下書きを作成する

見解 人生で最も印象に残っている風景＝北海道の広大な雪景色
↓
理由 前提 出身は沖縄 → 雪が降らないので、見たことがなかった
結果 小学生の時の家族旅行で北海道へ
→ 初めての雪景色に言葉を失うほど感動
↓
まとめ 沖縄とはまったく違う風景を今でも覚えている

✏️ **表現** 日本語の下書きをもとに英語で意見を書く

（**ヒント1**）次の日本語を英語に直そう。

私の人生で最も印象に残っている風景は、北海道で初めて見た広大な雪景色です。私は、雪が降らない沖縄で生まれ育ちました。なので、小学生の時に家族旅行で北海道を訪れるまで、雪を見たことがありませんでした。初めて雪景色を見たとき、とても感動して言葉を失いました。地元とはまったく違うその風景を今でも鮮明に覚えています。

ヒント2 ヒント1 の日本語を参考に、次の英文の下線部に適切な表現を入れよう。

The most impressive scenery in my life is the vast snow scene _____(5語)_____

_____. _____(6語)_____ Okinawa, where it never snows.

So _____(6語)_____ I visited Hokkaido on a family trip when I

was in elementary school. When I saw the snow scene for the first time, I

was _____(8語)_____ for words. I still vividly remember the

scenery, which was completely _____(6語)_____ .

✔ 確認 書いた英文を確認する

☐ 初めて(〜する) ▶ first

☐ A (場所) で生まれ育つ ▶ be born and raised in A

☐ (過去のある時までに) 〜したことがなかった ▶ had never *done* (until …)

☐ とても〜ので…する(ほどだ) ▶ so＋形容詞＋that SV

☐ (驚きなどで) 言葉を失う、絶句する ▶ be at a loss for words

☐ A とは違う、異なる ▶ be different from A

✔ 最後に確認

☐ 名詞：特定か不特定か／単数か複数か

☐ 動詞：時制は適切か／助動詞は適切か／語法は適切か

☐ つながり：文と文のつながりは適切か／数の一致は適切か

12

モデル英文 12

　The most impressive scenery in my life is the vast snow scene **I first saw in Hokkaido**. **I was born and raised in** Okinawa, where it never snows. So **I had never seen snow until** I visited Hokkaido on a family trip when I was in elementary school. When I saw the snow scene for the first time, I was **so impressed that I was at a loss** for words. I still vividly remember the scenery, which was completely **different from that of my hometown**.

(85 words)

Round 1 ｜ 理解 ｜ 定着 ｜ 発信   **手順と構成を理解する**

これまでの人生の中で、目標を達成できなかった経験はありますか。その経験について、そこから得た教訓も含めて 80 語程度の英語で説明しなさい。

💡**発想** 日本語で下書きを作成する   ▶▶ くわしくは → p.148

要素   必要な要素を考える

・（失敗した経験は…）第一志望の高校に入れなかった

・（そこから得た教訓は？）早めに目標設定 → 十分に準備

・（なぜそう思う？）中学の部活引退後、入試合格のためがんばった

　　　　　　　　　　　→ 受験勉強を始めるのが遅すぎた

・（早く始めていたら…）目標達成の可能性が高まる

配置   考えた要素を適切に並べ替えながらメモを作成する

┌───┐
│ │経験│ 中学の部活引退後、入試合格のためにがんばった │
│　　　　 → 第一志望の高校に入れなかった │
│　　↓ │
│ │理由│ 受験勉強を始めるのが遅すぎた │
│　　↓ │
│ │教訓│ 早めに目標設定 → 十分に準備 → 目標達成の可能性が高まる │
└───┘

展開   メモを文章のかたちにする

│経験│ ① 中学の時、7 月にサッカー部を引退した後、私は入試合格のために一生
　　　　懸命がんばりました。

　　→ ② あらゆる努力にもかかわらず、第一志望の高校に入れなかったのです。

│理由│ ③ 私はなぜ失敗したのかを考えました。

　　④ 試験の準備を始めるのが遅すぎたことに気づきました。

│教訓│ ⑤ 目標を立てるのが早ければ早いほど、十分な準備ができ、その目標を達成
　　　　できる可能性が高くなるということを学びました。

英訳　**展開** で決めた内容を英語にする

① 中学の時、7月にサッカー部を引退した後、私は入試合格のために一生懸命がんばりました。

▶ When I was in junior high school, after retiring from the soccer club in July, I worked hard to pass the entrance exam.

② あらゆる努力にもかかわらず、第一志望の高校に入れなかったのです。

▶ Despite all my efforts, I couldn't enter the high school of my first choice.

③ 私はなぜ失敗したのかを考えました。

▶ I thought about why I had failed.

④ 試験の準備を始めるのが遅すぎたことに気づきました。

▶ I realized that I had started preparing for the exam too late.

⑤ 目標を立てるのが早ければ早いほど、十分な準備ができ、その目標を達成できる可能性が高くなるということを学びました。

▶ I learned that the earlier we set a goal, the more adequately we can prepare and the more likely we are to achieve it.

完成　文のつながりを意識して英文をまとめる

モデル英文 13　次のページの解説を読み、構成を理解した上で暗唱しよう。

13

　　When I was in junior high school, after retiring from the soccer club in July, I worked hard to pass the entrance exam.　**But** despite all my efforts, I couldn't enter the high school of my first choice.　I thought about why I had failed.　**Then** I realized that I had started preparing for the exam too late.　**From this experience** I learned that the earlier we set a goal, the more adequately we can prepare and the more likely we are to achieve it.

(85 words)

中学生の時、7月にサッカー部を引退した後、私は入試合格のために一生懸命がんばりました。しかし、あらゆる努力にもかかわらず、第一志望の高校に入れなかったのです。私はなぜ失敗したのかを考えました。そして、試験の準備を始めるのが遅すぎたことに気づきました。この経験から、目標を立てるのが早ければ早いほど、十分な準備ができ、その目標を達成できる可能性が高くなるということを学びました。

発想　日本語で下書きを作成する

　この問題では、「目標達成に失敗した経験」と「その経験から得た教訓」について述べることが求められています。このような問題では、読み手が共感できる、一般性の高い「教訓」を示すことができるかがポイントとなります。「経験」については、個人的なものなので、自由に書いてもかまいません。しかし、そこから得られる「教訓」については、その内容とともに、「経験」からその「教訓」が導かれる過程が読み手にとって納得のできるものにする必要があります。平凡な内容でもかまいません。読み手が共感できる、一般性の高い教訓を示すようにしましょう。

要素　必要な要素を考える

　まずは「目標達成に失敗した経験」を決めましょう。ここでは、**「第一志望の高校に入れなかった」**ことにします。そこから得られる教訓としては、**「早めに目標設定」**して、**「十分に準備」**することが大切というのがよさそうです。そのように考えるためには、「目標設定が遅かった」「十分に準備できなかった」という体験が必要ですね。**「中学の部活引退後、入試合格のためにがんばった」**が、**「受験勉強を始めるのが遅すぎた」**いうことを挙げると、部活を引退する前からがんばっていれば、十分に準備ができて、**「目標達成の可能性が高まる」**といえるので、教訓につながりそうです。

配置　考えた要素を適切に並べ替えながらメモを作成する

　「目標達成に失敗した経験」は、「〜という目標があったが、その目標は達成できなかった」のように、過去の出来事を起きた順番どおりに書くのが自然です（時制はすべて過去）。したがって、まず**「中学の部活引退後、入試合格のためにがんばった」**と述べて、それにもかかわらず**「第一志望の高校に入れなかった」**と、時系列に沿って〈経験〉を紹介すると、読み手が理解しやすくなります。それを受けて、志望校に入れなかった〈理由〉を考えてみた結果、**「受験勉強を始めるのが遅すぎた」**ことに気づいたと述べると、経験を分析した結果、ある教訓が得られたという流れが明確になり、〈原因 → 結果〉という論理展開になります。最後に**「早めに目標設定」**して、**「十分に準備」**すれば**「目標達成の可能性が高まる」**という〈教訓〉をまとめると、「目標達成に失敗した経験」と「その経験から得た教訓」という2つの条件を読み手の納得できるかたちで示すことができます。

表現　表現のポイント

① 中学の時、7月にサッカー部を引退した後、私は入試合格のために一生懸命がんばりました。

When I was in junior high school, after retiring from the soccer club in July, I worked hard to pass the entrance exam.

　経験やエピソードを述べる時には、まず「いつ・どこで」という背景情報を示すために、〈when I was in A〉（私がA（小学生・中学生など）だった頃）という表現がよく用いられる。

表現   □ **〜した後に** ▶ after *doing*
    □ **A を引退する** ▶ retire from A
    □ **〜するためにがんばる** ▶ work hard to *do*

② しかし、あらゆる努力にもかかわらず、第一志望の高校に入れなかったのです。

But despite all my efforts, I couldn't enter the high school of my first choice.

🖊 「A にもかかわらず〜」という〈譲歩 → 主張〉の論理展開は、〈**Despite A, SV**〉で表すことができる。

表現   □ **第一志望の A（学校）** ▶ A of one's first choice
    注 A is one's first choice.（A（学校名）が〜の第一志望だ）という言い方もある。

③ 私はなぜ失敗したのかを考えました。

I thought about why I had failed.

🖊 「なぜ失敗したのか」は why I had failed という間接疑問になっていることに注目。

表現   □ **A について考える** ▶ think about A

④ そして、試験の準備を始めるのが遅すぎたことに気づきました。

Then I realized that I had started preparing for the exam too late.

🖊 then には「その時」（= at that time）という意味のほかに、順序を表して「次に、それから、その後で」という意味もある。ここでは、「受験勉強をがんばった→不合格だった→（不合格の後で）理由を考えてみた → そして気づいた」という順序を then で示している。

表現   □ **試験の準備をする、受験勉強をする** ▶ prepare for the exam

⑤ この経験から、目標を立てるのが早ければ早いほど、十分な準備ができ、その目標を達成できる可能性が高くなるということを学びました。

From this experience I learned that the earlier we set a goal, the more adequately we can prepare and the more likely we are to achieve it.

🖊 前文の内容を this experience（この経験）で受けることで、前文との結束性が生まれる。

表現   □ **…すればするほど（ますます）〜** ▶ The＋比較級 …, the＋比較級 〜.
    □ **〜する可能性が高い、〜しそうである** ▶ be likely to *do*
    注 ここでは、we are likely to *do* の形容詞 likely が文頭に移動した結果、likely の前後の are と to が続くかたちになり、are to という語順になっていることに注目。

     we <u>are</u> <u>likely</u> <u>to</u> achieve it

     <u>the more likely</u> we <u>are to</u> achieve it

これまでの人生の中で、目標を達成できなかった経験はありますか。その経験について、そこから得た教訓も含めて80語程度の英語で説明しなさい。

💡 発想　日本語で下書きを作成する

> 経験　中学の部活引退後、入試合格のためにがんばった
> 　　　→ 第一志望の高校に入れなかった
> ↓
> 理由　受験勉強を始めるのが遅すぎた
> ↓
> 教訓　早めに目標設定 → 十分に準備 → 目標達成の可能性が高まる

✏️ 表現　日本語の下書きをもとに英語で意見を書く

① 中学の時、7月にサッカー部を引退した後、私は入試合格のために一生懸命がんばりました。

When I was in junior high school, ＿＿＿＿＿(3語)＿＿＿＿＿ the soccer club in July, I worked hard to pass the entrance exam.

② しかし、あらゆる努力にもかかわらず、第一志望の高校に入れなかったのです。

But ＿＿＿＿＿(4語)＿＿＿＿＿, I couldn't enter the high school of my first choice.

③ 私はなぜ失敗したのかを考えました。

I thought about ＿＿＿＿＿(4語)＿＿＿＿＿.

④ そして、試験の準備を始めるのが遅すぎたことに気づきました。

Then I realized that I had started ＿＿＿＿＿(4語)＿＿＿＿＿ too late.

⑤ この経験から、目標を立てるのが早ければ早いほど、十分な準備ができ、その目標を達成できる可能性が高くなるということを学びました。

From this experience I learned that the earlier we set a goal, the more adequately we can prepare and ＿＿＿＿＿(5語)＿＿＿＿＿ to achieve it.

次の英文の下線部を正しい表現に直そう。

When I was in junior high school, ① <u>after retire</u> the soccer club in July, I worked hard to pass the entrance exam. But ② <u>despite of all my efforts</u>, I couldn't enter the high school of my first choice. I thought about ③ <u>why had I failed</u>. Then I realized that I had started ④ <u>preparing the exam</u> too late. From this experience I learned that the earlier we set a goal, the more adequately we can prepare and ⑤ <u>the more we are likely</u> to achieve it.

正解 注意すべきポイント

① **after retiring from** ▶「～した後に」は〈after *doing*〉で表す。前置詞 after の後には動名詞が続く。after は接続詞としても使えるので、after I retired from としてもよい。「A を引退する」は〈retire from A〉で表す。

② **despite all my efforts** ▶「A にもかかわらず～」という〈譲歩 → 主張〉の論理展開は、〈Despite A, SV〉で表す。同意表現の in spite of A（A にもかかわらず）と混同して of を付けないよう注意。

③ **why I had failed** ▶ about の目的語になっているので、間接疑問のかたちにする。

④ **preparing for the exam** ▶「試験の準備をする」は〈prepare for the exam〉で表す。

⑤ **the more likely we are** ▶「…すればするほど(ますます)～」は〈The＋比較級 ..., the＋比較級 ～.〉で表す。ここでは、we are likely to *do* の形容詞 likely が文頭に移動した結果、likely の前後の are と to が続くかたちになり、are to という語順になっている。

13

モデル英文 13

    When I was in junior high school, **after retiring from** the soccer club in July, I worked hard to pass the entrance exam. But **despite all my efforts**, I couldn't enter the high school of my first choice. I thought about **why I had failed**. Then I realized that I had started **preparing for the exam** too late. From this experience I learned that the earlier we set a goal, the more adequately we can prepare and **the more likely we are** to achieve it.

(85 words)

これまでの人生の中で、目標を達成できなかった経験はありますか。その経験について、そこから得た教訓も含めて80語程度の英語で説明しなさい。

💡 発想 日本語で下書きを作成する

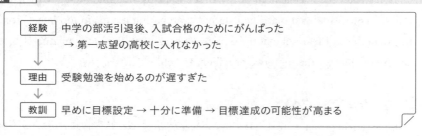

経験 中学の部活引退後、入試合格のためにがんばった
   → 第一志望の高校に入れなかった

理由 受験勉強を始めるのが遅すぎた

教訓 早めに目標設定 → 十分に準備 → 目標達成の可能性が高まる

✏️ 表現 日本語の下書きをもとに英語で意見を書く

ヒント1 次の日本語を英語に直そう。

中学校の時、7月にサッカー部を引退した後、私は入試合格のために一生懸命がんばりました。しかし、あらゆる努力にもかかわらず、第一志望の高校に入れなかったのです。私はなぜ失敗したのかを考えました。そして、試験の準備を始めるのが遅すぎたことに気づきました。この経験から、目標を立てるのが早ければ早いほど、十分な準備ができ、その目標を達成できる可能性が高くなるということを学びました。

ヒント2 ヒント1 の日本語を参考に、次の英文の下線部に適切な表現を入れよう。

When I was in junior high school, ＿＿＿＿＿＿(6語)＿＿＿＿＿＿ in July, I worked hard to pass the entrance exam. But ＿＿＿＿(7語)＿＿＿＿ the high school of my first choice. I ＿＿＿＿(6語)＿＿＿＿ . Then I realized that ＿＿＿＿(7語)＿＿＿＿ too late. From this experience I learned that the earlier we set a goal, the more adequately we can prepare and ＿＿＿(8語)＿＿＿ .

✔ 確認 書いた英文を確認する

- □ 〜した後に ▶ after *doing*
- □ A を引退する ▶ retire from A
- □ A にもかかわらず〜 ▶ Despite A, SV
- □ A について考える ▶ think about A
- □ なぜ失敗したのか ▶ why I had failed
- □ 試験の準備をする、受験勉強をする ▶ prepare for the exam
- □ …すればするほど(ますます)〜 ▶ The ＋比較級 ..., the ＋比較級 〜.
- □ 〜する可能性が高い、〜しそうである ▶ be likely to *do*

13

✔ 最後に確認

- □ 名詞：特定か不特定か／単数か複数か
- □ 動詞：時制は適切か／助動詞は適切か／語法は適切か
- □ つながり：文と文のつながりは適切か／数の一致は適切か

モデル英文 13

　　When I was in junior high school, **after retiring from the soccer club** in July, I worked hard to pass the entrance exam. But **despite all my efforts, I couldn't enter** the high school of my first choice. I **thought about why I had failed**. Then I realized that **I had started preparing for the exam** too late. From this experience I learned that the earlier we set a goal, the more adequately we can prepare and **the more likely we are to achieve it**.

(85 words)

Round 1 | 理解 〉定着 〉発信   **手順と構成を理解する**

あなたは4月の大学入学に備えて、住む部屋を探しています。不動産会社から次の2つの物件を紹介されましたが、あなたならどちらを選びますか。その理由を 80 語程度の英語で答えなさい。

（部屋の情報は → 別冊 p.28）

💡 **発想**　日本語で下書きを作成する　　　　　　　　▶▶ くわしくは → p.156

要素　**必要な要素を考える**

- （選ぶ際の条件は…）家賃が安い
- （なぜその条件 ?）節約したお金で好きなことができる
- （具体的には ?）読書や旅行など
- （そうすると…）視野が広がる → 有意義
- （では、どちらを選ぶ ?）狭いが家賃が安いアパート2

配置　**考えた要素を適切に並べ替えながらメモを作成する**

> | 見解 | アパート2を選ぶ |
>
> ↓
>
> | 理由 | アパート1よりもずっと安い
> > | 難点 | 部屋が狭い → 気にしない
> > | 利点 | お金を節約できる → そのお金で好きなことができる
> > > | 具体例 | 読書や旅行など
>
> ↓
>
> | まとめ | 読書や旅行を通じて視野が広がる → 有意義

展開　**メモを文章のかたちにする**

| 見解 |　① 私はアパート2を選びます。

| 理由 |　② アパート1よりずっと費用がかかりません。

　　| 難点 |　③ アパート2はアパート1より狭いですが、私は気にしません。

　　| 利点 |　④ お金を節約することのほうが私にとって重要なのです。

　　　　| 具体例 |　⑤ 貯めたお金で、大学生の間に読書や旅行など、好きなことができます。

| まとめ |　⑥ 広い部屋に住むよりも、読書や旅行を通じて視野を広げるほうが有意義だと思います。

英訳 **展開** で決めた内容を英語にする

① 私はアパート 2 を選びます
▶ I would choose apartment 2

② アパート 1 よりずっと費用がかかりません。
▶ It costs much less than apartment 1.

③ アパート 2 はアパート 1 より狭いですが、私は気にしません。
▶ Apartment 2 is smaller than apartment 1, but I don't care about that.

④ お金を節約することのほうが私にとって重要なのです。
▶ It is more important for me to save money.

⑤ 貯めたお金で、大学生の間に読書や旅行など、好きなことができます。
▶ With the money I save, I will be able to do the things I like while in college, such as reading or traveling.

⑥ 広い部屋に住むよりも、読書や旅行を通じて視野を広げるほうが有意義だと思います。
▶ I believe it is more meaningful to broaden my horizons through reading and traveling than to live in a large room.

完成 文のつながりを意識して英文をまとめる

モデル英文 14 次のページの解説を読み、構成を理解した上で暗唱しよう。

14

I would choose apartment 2 **because** it costs much less than apartment 1. Apartment 2 is smaller than apartment 1, but I don't care about that. It is **more important** for me to save money. **With the money I save**, I will be able to do the things I like while in college, such as reading or traveling. I believe it is more meaningful to broaden my horizons through reading and traveling than to live in a large room.

(79 words)

私はアパート 2 を選びますが、それはアパート 1 よりずっと費用がかからない<u>から</u>です。アパート 2 はアパート 1 より狭いですが、私は気にしません。お金を節約すること<u>のほうが</u>私にとって<u>重要</u>なのです。<u>貯めたお金で</u>、大学生の間に読書や旅行など、好きなことができます。広い部屋に住むよりも、読書や旅行を通じて視野を広げるほうが有意義だと思います。

　この問題では、「2つのアパートのうち、どちらを選ぶか」について理由を説明することが求められています。このような問題では、2つのものを比較して、どの点に注目して説明するかを考えることがポイントになります。**違いが明確な点を選び、〈対比〉の関係を用いながら説明する**と、読み手が納得できる文にすることができるでしょう。

要素　必要な要素を考える

　まずはアパートを選ぶ基準を決めましょう。ここでは、「**家賃が安い**」ことを基準にして考えます。なぜその基準で選ぶことにしたのか、その理由も必要です。家賃が安いと、その分お金が浮きますね。「**節約したお金で好きなことができる**」ことは、大きなメリットになりそうです。「**読書や旅行**」など、具体的にやりたいことも挙げておくと、読み手がイメージしやすくなります。それらを通じて「**視野が広がる**」ので「**有意義**」だということも触れておくと、家賃の安さを基準にする意義がより明確になりそうです。そのような基準で選べば、「**家賃が安いアパート2**」を選ぶことになります。アパート1よりも「**狭い**」ですが、それは気にならないことも理由として挙げておいたほうがよいでしょう。

配置　考えた要素を適切に並べ替えながらメモを作成する

　まず、〈トピックセンテンス〉で「**アパート2を選ぶ**」という〈見解〉を述べます。次に、その〈理由〉として「**アパート1よりもずっと安い**」を挙げると、〈見解 → 理由〉という論理展開になります。続けて、〈理由〉について具体的に説明していきましょう。まず、「**部屋が狭い**」が「**気にしない**」ことを述べ、それに続けて「**お金を節約できる**」ことのほうが重要だと述べると、「家賃の安さ」と「部屋の広さ」を〈対比〉したうえで、〈譲歩 → 主張〉の論理展開になり、安さの優先度が高いことが伝わります。さらに、「**節約したお金で好きなことができる**」と述べ、その具体例として「**読書や旅行**」を挙げると、〈概略 → 詳細〉という論理展開になり、読み手がメリットをイメージしやすくなります。最後に、広い部屋に住むよりも「**読書や旅行を通じて視野を広げるほうが有意義**」とまとめると、見解とその理由を違う角度から印象づけることができ、読み手が納得しやすい文にすることができるでしょう。

① 私はアパート2を選びます

I would choose apartment 2

　🖋「もし私が選ぶなら」というニュアンスは、助動詞 would で表す。I will choose だと「今、私は選ぶ（ことに決めた）」、I choose だと「常に私は選ぶ（習性がある）」という意味になる。

② それはアパート1よりずっと費用がかからないからです。

because it costs much less than apartment 1.

🖉 比較級の差を強調して「はるかに〜、ずっと〜」という時は〈much＋比較級〉で表す。ここでは、costs less → costs much less というかたちになっている。

| 表現 | □ A（費用）がかかる ▶ cost A |

③ アパート 2 はアパート 1 より狭いですが、私は気にしません。

Apartment 2 is smaller than apartment 1, but I don't care about that.

🖉「（部屋が）狭い」は「面積が小さい」ということなので、small で表す。narrow は「幅が狭い」という意味なので、ここでは使えない。

| 表現 | □ A を気にする、A に関心がある ▶ care about A | 注 ふつう否定文・疑問文で用いる。 |

④ お金を節約することのほうが私にとって重要なのです。

It is more important for me to save money.

🖉 この文は③に対する理由となっている。

| 表現 | □ お金を節約する ▶ save money |

⑤ 貯めたお金で、大学生の間に読書や旅行など、好きなことができます。

With the money I save, I will be able to do the things I like while in college, such as reading or traveling.

🖉 前文の save money（お金を節約する）を the money I save（私が節約するお金）で受けることで、前文とのつながりが明確になっている。

🖉 while in college は、while I am in college の I am が省略されたかたち。when、while、if、unless などで始まる副詞節の主語の代名詞が、主節の主語と同じ場合は、副詞節の〈代名詞＋be 動詞〉は省略することができる。

| 表現 | □ （たとえば）B のような〔などの／といった〕A ▶ A (,) such as B |
| 注 名詞 A の具体例を名詞 B で述べる場合に用いる。 |

14

⑥ 広い部屋に住むよりも、読書や旅行を通じて視野を広げるほうが有意義だと思います。

I believe it is more meaningful to broaden my horizons through reading and traveling than to live in a large room.

🖉「〜だと思う」を〈I believe (that) SV〉で表すと、〈I think (that) SV〉を用いるよりも強く思っていることを表すことができる。

🖉「（部屋が）広い」は「面積が大きい」ということなので、large で表す。wide は「幅が広い」という意味なので、ここでは使えない。

| 表現 | □ 視野を広げる、視野が広がる ▶ broaden one's horizons |
| 注 horizons は必ず複数形。 |

あなたは４月の大学入学に備えて、住む部屋を探しています。不動産会社から次の２つの物件を紹介されましたが、あなたならどちらを選びますか。その理由を 80 語程度の英語で答えなさい。　　　　　　　　　　　　　　（部屋の情報は → 別冊 p.28）

💡 発想　日本語で下書きを作成する

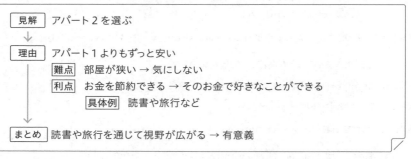

```
見解 │ アパート２を選ぶ
   ↓
理由 │ アパート１よりもずっと安い
     │ 難点  部屋が狭い → 気にしない
     │ 利点  お金を節約できる → そのお金で好きなことができる
     │      具体例  読書や旅行など
   ↓
まとめ │ 読書や旅行を通じて視野が広がる → 有意義
```

✐ 表現　日本語の下書きをもとに英語で意見を書く

① 私はアパート２を選びます

　　　　　（3語）　　　　　 apartment 2

② それはアパート１よりずっと費用がかからないからです。

because it 　　　（3語）　　　 than apartment 1.

③ アパート２はアパート１より狭いですが、私は気にしません。

Apartment 2 　　　　（3語）　　　　 apartment 1, but I don't care about that.

④ お金を節約することのほうが私にとって重要なのです。

It is more important for me 　　　（3語）　　　 .

⑤ 貯めたお金で、大学生の間に読書や旅行など、好きなことができます。

With the money I save, I will be able to do the things I like while in college,

　　　（5語）　　　 .

⑥ 広い部屋に住むよりも、読書や旅行を通じて視野を広げるほうが有意義だと思います。

I believe it is more meaningful to 　　　（3語）　　　 through reading and traveling than to live in a large room.

次の英文の下線部を正しい表現に直そう。

_① I choose apartment 2 because it _② takes much less than apartment 1. Apartment 2 is _③ narrower than apartment 1, but I don't care about that. It is more important for me to _④ save a money. With the money I save, I will be able to do the things I like while in college, _⑤ as reading or traveling. I believe it is more meaningful to _⑥ broaden my horizon through reading and traveling than to live in a large room.

正解　注意すべきポイント

① **I would choose** ▶「もし私が選ぶなら」というニュアンスは、助動詞 would で表す。I choose だと「常に私は選ぶ（習性がある）」という意味になってしまう。

② **costs much less** ▶「A（費用）がかかる」は〈cost A〉で表す。take A（A（時間）がかかる）と混同しないよう注意。原級：cost little（コストが少ない）→ 比較級：cost less（〜よりコストが少ない）→ 比較級の差の強調：cost much less（〜よりはるかにコストが少ない）という変形で理解しよう。

③ **smaller than** ▶「部屋が狭い」は「面積が小さい」ということなので、small で表す。small の比較級は smaller。more small とする間違いが多い。

④ **save money** ▶「お金を節約する」は〈save money〉で表す。money は不可算名詞なので、× a money とは言えない。

⑤ **such as reading or traveling** ▶「（たとえば）B のような〔などの / といった〕A」は〈A (,) such as B〉で表す。such as は前置詞なので、A、B には名詞や動名詞が入る。

⑥ **broaden my horizons** ▶「視野を広げる」は〈broaden one's horizons〉で表す。horizons は必ず複数形。

14

モデル英文 14

　　I would choose apartment 2 because it **costs much less** than apartment 1. Apartment 2 **is smaller than** apartment 1, but I don't care about that. It is more important for me **to save money**. With the money I save, I will be able to do the things I like while in college, **such as reading or traveling**. I believe it is more meaningful to **broaden my horizons** through reading and traveling than to live in a large room.

(79 words)

あなたは4月の大学入学に備えて、住む部屋を探しています。不動産会社から次の2つの物件を紹介されましたが、あなたならどちらを選びますか。その理由を80語程度の英語で答えなさい。 （部屋の情報は → 別冊 p.28）

💡 発想　日本語で下書きを作成する

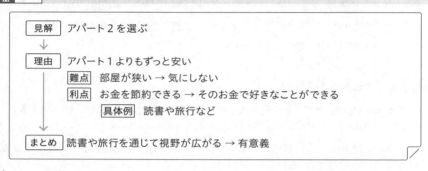

見解　アパート2を選ぶ
↓
理由　アパート1よりもずっと安い
　　　難点　部屋が狭い → 気にしない
　　　利点　お金を節約できる → そのお金で好きなことができる
　　　　　　具体例　読書や旅行など
↓
まとめ　読書や旅行を通じて視野が広がる → 有意義

✐ 表現　日本語の下書きをもとに英語で意見を書く

ヒント1　次の日本語を英語に直そう。

私はアパート2を選びますが、それはアパート1よりずっと費用がかからないからです。アパート2はアパート1より狭いですが、私は気にしません。お金を節約することのほうが私にとって重要なのです。貯めたお金で、大学生の間に読書や旅行など、好きなことができます。広い部屋に住むよりも、読書や旅行を通じて視野を広げるほうが有意義だと思います。

_____(5語)_____ because _____(5語)_____ apartment

1. Apartment 2 is smaller than apartment 1, but _____(5語)_____ .

It is _____(7語)_____ . With the money I save, I will be able to do

the things I like while in college, _____(5語)_____ . I believe it is

_____(6語)_____ through reading and traveling than to live in a

large room.

✔ **確認** 書いた英文を確認する

☐ ～するだろう ▶ would
☐ A（費用）がかかる ▶ cost A
☐ （比較級の差を強調して）はるかに～、ずっと～ ▶ much ＋比較級
☐ A を気にする、A に関心がある ▶ care about A
☐ お金を節約する ▶ save money
☐ （たとえば）B のような〔などの／といった〕A ▶ A(,) such as B
☐ 視野を広げる、視野が広がる ▶ broaden one's horizons

✔ **最後に確認**

☐ 名詞：特定か不特定か／単数か複数か
☐ 動詞：時制は適切か／助動詞は適切か／語法は適切か
☐ つながり：文と文のつながりは適切か／数の一致は適切か

14

モデル英文 14

　I would choose apartment 2 because **it costs much less than** apartment 1.
Apartment 2 is smaller than apartment 1, but **I don't care about that**. It is
more important for me to save money. With the money I save, I will be
able to do the things I like while in college, **such as reading or traveling**. I
believe it is **more meaningful to broaden my horizons** through reading and
traveling than to live in a large room.

(79 words)

Topic **15**　宝くじで 100 億円当たったら

Round 1　理解　定着　発信　　　　**手順と構成を理解する**

もし宝くじで 100 億円当たったら、あなたはそのお金をどのように使いますか。80 語程度の英語で答えなさい。

💡 **発想**　日本語で下書きを作成する　　　　　　　▶▶ くわしくは → p.164

要素　　必要な要素を考える

・(使い道は…) 宇宙旅行に行きたい

・(なぜ宇宙旅行?) 宇宙から地球を見てみたい

・(なぜそう思う?) 宇宙飛行士になって宇宙から地球を見るのが子供の頃の夢

・(現実は?) 宇宙飛行士になるのは大変 → 断念

・(今では?) 大金さえ払えば、ふつうの人でも宇宙に行ける

配置　　考えた要素を適切に並べ替えながらメモを作成する

> 見解 宝くじで 100 億円当たったら、宇宙旅行に行きたい
> ↓
> 理由 宇宙から地球を見てみたい
> 　　理想 宇宙飛行士になって宇宙から地球を見るのが子供の頃の夢
> 　　現実 宇宙飛行士になるのは大変 → 断念
> 　　　↓ 状況の変化
> 　　　大金さえ払えば、ふつうの人でも宇宙に行ける
>
> まとめ 宝くじで当てたお金で、宇宙から地球を見てみたい

展開　　メモを文章のかたちにする

見解　① もし宝くじで 100 億円当たったら、宇宙旅行に使うだろう。

理由　理想　② 子供の頃、私の夢は宇宙飛行士になって宇宙から地球を見ることだった。

　　　現実　③ 宇宙飛行士になるには非常に厳しい訓練が必要なので、その夢は断念した。

　　　　　④ 今では状況が変わり、大金さえ払えば、ふつうの人でも宇宙に行ける。

まとめ　⑤ そのような人々と同じように、私も宝くじで当てたお金で宇宙から地球を見てみたい。

英訳　　展開　で決めた内容を英語にする

① もし宝くじで 100 億円当たったら、宇宙旅行に使うだろう。
▶ If I won ten billion yen in the lottery, I would spend it traveling to space.

② 子供の頃、私の夢は宇宙飛行士になって宇宙から地球を見ることだった。
▶ As a child, my dream was to become an astronaut and look at the earth from space.

③ 宇宙飛行士になるには非常に厳しい訓練が必要なので、その夢は断念した。
▶ I gave up the dream because becoming an astronaut required extremely tough training.

④ 今では状況が変わり、大金さえ払えば、ふつうの人でも宇宙に行ける。
▶ Now things have changed, and ordinary people can travel to space if only they pay a lot of money.

⑤ そのような人々と同じように、私も宝くじで当てたお金で宇宙から地球を見てみたい。
▶ Like those people, I would also like to take a look at the earth from space with the lottery money.

完成　　文のつながりを意識して英文をまとめる

モデル英文 15　　次のページの解説を読み、構成を理解した上で暗唱しよう。

If I won ten billion yen in the lottery, I would spend it traveling to space. As a child, my dream was to become an astronaut and look at the earth from space. **However**, I gave up the dream because becoming an astronaut required extremely tough training. **Now** things have changed, and ordinary people can travel to space if only they pay a lot of money. **So**, like those people, I would also like to take a look at the earth from space with the lottery money.

(87 words)

もし宝くじで100億円当たったら、宇宙旅行に使うだろう。子供の頃、私の夢は宇宙飛行士になって宇宙から地球を見ることだった。しかし、宇宙飛行士になるには非常に厳しい訓練が必要なので、その夢は断念した。今では状況が変わり、大金さえ払えば、ふつうの人でも宇宙に行ける。だから、そのような人々と同じように、私も宝くじで当てたお金で宇宙から地球を見てみたい。

15

発想　日本語で下書きを作成する

　この問題では、「宝くじで 100 億円当たったら何に使うか」を説明することが求められています。「100 億円」と聞いてもピンとこないでしょうし、そもそも 100 億円が当たる宝くじも日本にはありません（外国にはあるそうです。すごいですね！）。そのような規模の大きい額を使うには、それにふさわしい規模のことをする必要があります。このように、条件をしっかりと確認して、そのスケールにふさわしい内容を考えることが大切です。

要素　必要な要素を考える

　まず 100 億円を何に使うかを考えます。ここでは、「**宇宙旅行**」にしましょう。宇宙旅行なら、かなりの費用がかかりそうなので、100 億円の使い道としてふさわしそうです。次に、宇宙旅行に行きたい理由として「**宇宙から地球を見てみたい**」を挙げてみましょう。ここに、「**宇宙飛行士になって宇宙から地球を見るのが子供の頃の夢**」だったと加えると、宇宙旅行に行きたい理由として説得力がありそうです。ただ、「それなら宇宙旅行ではなく、宇宙飛行士になればよかったのに」と言われてしまいそうです。そこで、「**宇宙飛行士になるのは大変**」なので「**断念**」したと述べると、宇宙飛行士になれなかった代わりに宇宙旅行に行きたいという気持ちが伝わります。さらに、今では宇宙飛行士でなくても「**大金さえ払えば、ふつうの人でも宇宙に行ける**」ようになったという〈状況の変化〉を述べると、それなら宝くじで当てたお金で宇宙旅行ができ、宇宙から地球を見ることができる（＝断念した夢の実現）と話がつながることになります。

配置　考えた要素を適切に並べ替えながらメモを作成する

　まず、〈トピックセンテンス〉で「**宝くじで 100 億円当たったら、宇宙旅行に行きたい**」という〈見解〉を述べます。次に、その〈理由〉として「**宇宙飛行士になって宇宙から地球を見るのが子供の頃の夢**」を挙げると、〈見解 → 理由〉という論理展開になります。続けて、「**宇宙飛行士になるのは大変**」なので「**断念**」したという現実を述べると、「理想と現実」という〈対比〉の関係になり、宇宙に行くことが簡単ではないことが伝わります。ところが、今では「**大金さえ払えば、ふつうの人でも宇宙に行ける**」という、過去とは異なる現在の状況を述べると、宝くじの当選金というお金さえあれば宇宙旅行の夢は実現可能であることを示すことができます。最後に「**宝くじで当てたお金で、宇宙から地球を見てみたい**」とまとめると、〈トピックセンテンス〉で述べた〈見解〉を改めて確認することができ、読み手が納得しやすい文になるでしょう。

表現　表現のポイント

① もし宝くじで 100 億円当たったら、宇宙旅行に使うだろう。

If I won ten billion yen in the lottery, I would spend it traveling to space.

🖋「宝くじで100億円当たったら」は実現の可能性が低い仮の話なので、〈仮定法過去〉(If S *did* ～ , S would〔could / might〕*do*....) を用いて表す。

② 子供の頃、私の夢は宇宙飛行士になって宇宙から地球を見ることだった。

As a child, my dream was to become an astronaut and look at the earth from space.

🖋 as a boy〔girl/child/student〕のように、前置詞 as の目的語に「少年」「少女」「子供」「学生」などの〈成長期に当たる身分を表す名詞〉を用いると、「～だった時 (= when S was ～)」という意味を表すことができる。

🖋「子供の頃の夢」は過去の実話なので、過去形を用いて表す。

③ しかし、宇宙飛行士になるには非常に厳しい訓練が必要なので、その夢は断念した。

However, I gave up the dream because becoming an astronaut required extremely tough training.

🖋 ②の内容に対して〈逆接〉でつなげるために however (しかし)を用いている。however は副詞。後にコンマを付けることに注意。

🖋「断念した」のは過去の実話なので、過去形を用いて表す。

表現 □ A をあきらめる、断念する ▶ give up A / give A up

④ 今では状況が変わり、大金さえ払えば、ふつうの人でも宇宙に行ける。

Now things have changed, and ordinary people can travel to space if only they pay a lot of money.

🖋 文頭の Now (今では) は、As a child (子供の頃) から始まる②③の過去の状況との〈対比〉を表していることに注目。

🖋「大金さえ払えば、ふつうの人でも宇宙に行ける」は可能性がある話なので、〈直説法〉を用いている。主節の can と if 節の pay に注目 (could / paid なら仮定法過去)。

⑤ だから、そのような人々と同じように、私も宝くじで当てたお金で宇宙から地球を見てみたい。

So, like those people, I would also like to take a look at the earth from space with the lottery money.

🖋「宝くじで当てたお金で宇宙から地球を見てみたい」は実現の可能性が低い仮の話なので、①と同様に〈仮定法過去〉を用いて表す。

🖋「宝くじで当てたお金」の with the lottery money は、①の「宝くじで当てた100億円」をさしているので、the を付けていることに注意。

表現 □ A を見る ▶ take a look at A

もし宝くじで 100 億円当たったら、あなたはそのお金をどのように使いますか。80 語程度の英語で答えなさい。

💡 発想　日本語で下書きを作成する

見解　宝くじで 100 億円当たったら、宇宙旅行に行きたい
↓
理由　宇宙から地球を見てみたい
　　　理想　宇宙飛行士になって宇宙から地球を見るのが子供の頃の夢
　　　現実　宇宙飛行士になるのは大変 → 断念
　　　↓　状況の変化
　　　大金さえ払えば、ふつうの人でも宇宙に行ける

まとめ　宝くじで当てたお金で、宇宙から地球を見てみたい

✏️ 表現　日本語の下書きをもとに英語で意見を書く

① もし宝くじで 100 億円当たったら、宇宙旅行に使うだろう。

If I won ten billion yen in the lottery, I ＿＿＿＿(4語)＿＿＿＿ to space.

② 子供の頃、私の夢は宇宙飛行士になって宇宙から地球を見ることだった。

＿＿＿＿(3語)＿＿＿＿, my dream was to become an astronaut and look at the earth from space.

③ しかし、宇宙飛行士になるには非常に厳しい訓練が必要なので、その夢は断念した。

However, I ＿＿＿＿(4語)＿＿＿＿ because becoming an astronaut required extremely tough training.

④ 今では状況が変わり、大金さえ払えば、ふつうの人でも宇宙に行ける。

Now things have changed, and ordinary people can travel to space ＿＿＿＿(4語)＿＿＿＿ a lot of money.

⑤ だから、そのような人々と同じように、私も宝くじで当てたお金で宇宙から地球を見てみたい。

So, like those people, I ＿＿＿＿(5語)＿＿＿＿ a look at the earth from space with the lottery money.

次の英文の下線部を正しい表現に直そう。

If I won ten billion yen in the lottery, I ① will spend it traveling to space. ② In a child, my dream was to become an astronaut and look at the earth from space. However, I ③ gave up a dream because becoming an astronaut required extremely tough training. Now things have changed, and ordinary people can travel to space ④ if only they paid a lot of money. So, like those people, I ⑤ also like to take a look at the earth from space with the lottery money.

正解 注意すべきポイント

① **would spend it traveling** ▶ 「宝くじで100億円当たる」は実現の可能性が低い仮の話なので、〈仮定法過去〉を用いて表す。

② **As a child** ▶ 前置詞 as の目的語に「少年」「少女」「子供」「学生」などの〈成長期に当たる身分を表す名詞〉を用いると、「～だった時」(= when S was ～)という意味を表す。

③ **gave up the dream** ▶ この「夢」は、前述の「宇宙飛行士になる夢」という特定の夢をさしているので、定冠詞の the を付ける。「A をあきらめる、断念する」は〈give up A〉で表す。

④ **if only they pay** ▶ 「大金さえ払えば」は実現の可能性がある〈条件〉なので、〈直説法〉を用いて表す。未来の〈条件〉を表す if 節では、述語動詞は現在形を用いるのが原則。

⑤ **would also like to take** ▶ I like to *do* は「私は～することが好きだ」という〈事実〉を述べる表現。ここでは「(宝くじで当たった100億円を使って)宇宙から地球を見てみたい」という〈仮定〉の話をしているので助動詞 would を付けて〈仮定法過去〉にする必要がある。

15

モデル英文 15

If I won ten billion yen in the lottery, I **would spend it traveling** to space. **As a child**, my dream was to become an astronaut and look at the earth from space. However, I **gave up the dream** because becoming an astronaut required extremely tough training. Now things have changed, and ordinary people can travel to space **if only they pay** a lot of money. So, like those people, I **would also like to take** a look at the earth from space with the lottery money.

(87 words)

もし宝くじで 100 億円当たったら、あなたはそのお金をどのように使いますか。80 語程度の英語で答えなさい。

💡 **発想** 日本語で下書きを作成する

> 見解 宝くじで 100 億円当たったら、宇宙旅行に行きたい
> ↓
> 理由 宇宙から地球を見てみたい
> 　　理想 宇宙飛行士になって宇宙から地球を見るのが子供の頃の夢
> 　　現実 宇宙飛行士になるのは大変 → 断念
> 　　　↓ 状況の変化
> 　　　大金さえ払えば、ふつうの人でも宇宙に行ける
> ↓
> まとめ 宝くじで当てたお金で、宇宙から地球を見てみたい

✏️ **表現** 日本語の下書きをもとに英語で意見を書く

ヒント 1 次の日本語を英語に直そう。

もし宝くじで 100 億円当たったら、宇宙旅行に使うだろう。子供の頃、私の夢は宇宙飛行士になって宇宙から地球を見ることだった。しかし、宇宙飛行士になるには非常に厳しい訓練が必要なので、その夢は断念した。今では状況が変わり、大金さえ払えば、ふつうの人でも宇宙に行ける。だから、そのような人々と同じように、私も宝くじで当てたお金で宇宙から地球を見てみたい。

ヒント2 **ヒント1** の日本語を参考に、次の英文の下線部に適切な表現を入れよう。

If I won ten billion yen in the lottery, I ___(6語)___ . ___(6語)___ to become an astronaut and look at the earth from space. However, ___(6語)___ becoming an astronaut required extremely tough training. Now things have changed, and ordinary people can travel to space ___(8語)___ . So, like those people, ___(8語)___ at the earth from space with the lottery money.

✔ **確認** 書いた英文を確認する

- □ （仮定法過去で）〜するだろう ▶ **would**
- □ 〜することにお金を使う ▶ **spend money** *doing*
- □ A に旅行する ▶ **travel to A**
- □ 子供の頃 ▶ **as a child**
- □ 〜することが夢である ▶ **One's dream is to** *do*
- □ A をあきらめる、断念する ▶ **give up A / give A up**
- □ 〜しさえすれば ▶ **if only SV**
- □ A を見る ▶ **take a look at A**

✔ **最後に確認**

- □ 名詞：特定か不特定か／単数か複数か
- □ 動詞：時制は適切か／助動詞は適切か／語法は適切か
- □ つながり：文と文のつながりは適切か／数の一致は適切か

15

モデル英文 15

If I won ten billion yen in the lottery, I **would spend it traveling to space**. **As a child, my dream was** to become an astronaut and look at the earth from space. However, **I gave up the dream because** becoming an astronaut required extremely tough training. Now things have changed, and ordinary people can travel to space **if only they pay a lot of money**. So, like those people, **I would also like to take a look** at the earth from space with the lottery money.

(87 words)

Round 1 | 理解 〉定着 〉発信 　**手順と構成を理解する**

幸せな人生を送るために最も重要なことは何だと思いますか。また、その理由は何ですか。
次の文を読んで、80 語程度の英語で答えなさい。　　　　　　　　　（課題文は → 別冊 p.32）

💡発想 日本語で下書きを作成する　　　　　　　　　　　　▶▶ くわしくは → p.172

要素 **必要な要素を考える**

・（最も重要なことは…）良好な人間関係
・（なぜ重要?）人間は一人では生きていけない社会的な生き物
・（ほかには?）身近な人々との付き合いで幸福度は決まる
・（だから?）お互いに（特に家族や友人と）交流する必要あり
・（具体的には?）お金や名声があっても、友人や家族が幸福な人生に不可欠

配置 **考えた要素を適切に並べ替えながらメモを作成する**

見解 幸せな人生を送るために最も重要な要素 ＝ 良好な人間関係
　↓
理由 | 抽象 人間は一人では生きていけない社会的な生き物
　　　↓ → お互いに(特に家族や友人と) 交流する必要あり
　　 具体 お金や名声があっても、友人や家族が幸福な人生に不可欠

まとめ 身近な人々との付き合いで幸福度は決まる

展開 **メモを文章のかたちにする**

見解 ① 幸せな人生には良好な人間関係が最も重要な要素だと思う。

理由 | 抽象 ② 私たち人間は一人では生きていけない社会的な生き物であり、
　　　　　 ③ お互いに、特に家族や友人と交流する必要があるのだ。

　　 具体 ④ どんなにお金や名声があっても、心から喜びや悲しみを分かち合え
　　　　　　る愛情あふれる友人や家族がいなければ、本当に満足できる人生
　　　　　　を送ることはできない。

まとめ ⑤ 私たちがどれだけ幸せであるかは、身近な人々とどれだけ仲よくできるか
　　　　　にかかっている。

英訳　　**展開** で決めた内容を英語にする

① 幸せな人生には良好な人間関係が最も重要な要素だと思う。
▶ I believe good relationships are the most important factor for a happy life.

② 私たち人間は一人では生きていけない社会的な生き物であり、
▶ We humans are social creatures who cannot live alone,

③ お互いに、特に家族や友人と交流する必要があるのだ。
▶ we need to interact with each other, especially with our family and friends.

④ どんなにお金や名声があっても、心から喜びや悲しみを分かち合える愛情あふれる友人や家族がいなければ、本当に満足できる人生を送ることはできない。
▶ No matter how much money or fame we have, we cannot lead a truly satisfying life without our loving friends and family, with whom we can share joys and sorrows from our hearts.

⑤ 私たちがどれだけ幸せであるかは、身近な人々とどれだけ仲よくできるかにかかっている。
▶ How happy we are depends on how well we get along with those close to us.

完成　　文のつながりを意識して英文をまとめる

モデル英文 16　次のページの解説を読み、構成を理解した上で暗唱しよう。

I believe good relationships are the most important factor for a happy life. **After all**, we humans are social creatures who cannot live alone, **and** we need to interact with each other, especially with our family and friends. No matter how much money or fame we have, we cannot lead a truly satisfying life without our loving friends and family, with whom we can share joys and sorrows from our hearts. **Thus**, how happy we are depends on how well we get along with those close to us.　　(88 words)

16

幸せな人生には良好な人間関係が最も重要な要素だと思う。結局のところ、私たち人間は一人では生きていけない社会的な生き物であり、お互いに、特に家族や友人と交流する必要があるのだ。どんなにお金や名声があっても、心から喜びや悲しみを分かち合える愛情あふれる友人や家族がいなければ、本当に満足できる人生を送ることはできない。このように、私たちがどれだけ幸せであるかは、身近な人々とどれだけ仲よくできるかにかかっている。

発想　日本語で下書きを作成する

　この問題では、課題文を読んで、「あなたが考える幸せな人生を送るために最も重要なこと」と「そう考える理由」の 2 点を説明することを求められています。このような問題では、課題文の内容に沿って答案を書くことがポイントになります。もちろん、課題文の内容とは異なる自分の意見を書いてもかまいませんが、課題文の内容を利用するほうが、〈見解〉や〈論理展開〉を 1 から考える必要がなくなり、ずっと楽に書くことができます。課題文は、「この課題文は答案作成の有効なヒントになるからぜひ使いましょう」という出題者からのメッセージだと考えるようにしましょう。

要素　必要な要素を考える

　まずは課題文の内容を確認しましょう。すると、「幸せな人生を送るために最も重要な要素は、お金や名声ではなく、良好な人間関係である」という結論になっています。したがって、**「良好な人間関係」**が最も重要なことであるという方向で答案をまとめることにしましょう。「そう考える理由」を説明する必要があるので、「良好な人間関係」が重要である理由を挙げていきます。**「人間は一人では生きていけない社会的な生き物」**であることや、**「身近な人々との付き合いで幸福度は決まる」**ことを挙げるとよさそうです。だからこそ、**「お互いに（特に家族や友人と）交流する必要」**があり、**「お金や名声があっても、友人や家族が幸福な人生に不可欠」**だと伝えると、課題文の結論に沿った説明になるでしょう。

配置　考えた要素を適切に並べ替えながらメモを作成する

　まず、〈トピックセンテンス〉で**「幸せな人生を送るために最も重要な要素＝良好な人間関係」**という〈見解〉を述べます。次に、その〈理由〉として**「人間は一人では生きていけない社会的な生き物」**を挙げると、〈見解 → 理由〉という論理展開になります。それを受けて、**「お互いに（特に家族や友人と）交流する必要あり」**と述べると、理由としてまとまりのある内容になります。さらに、課題文に「幸せな人生を送るために最も重要な要素は、お金や名声ではなく、良好な人間関係である」とあるのを流用して、**「お金や名声があっても、友人や家族が幸福な人生に不可欠」**と述べると、〈譲歩 → 主張〉の論理展開になり、「お金や名声」と「人間関係」という〈対比〉の関係も示すことができるので、人間関係が重要であることがより鮮明に読み手に伝わります。最後に**「身近な人々との付き合いで幸福度は決まる」**とまとめると、最初から最後まで話が首尾一貫している「まとまり感」がより強まることになります。

表現　表現のポイント

① 幸せな人生には良好な人間関係が最も重要な要素だと思う。

I believe good relationships are the most important factor for a happy life.

　課題文の最後に出てくる good relationships that are the most important factor for a happy life を利用すると、間違いのない確実なトピックセンテンスを書くことができる。

② 結局のところ、私たち人間は一人では生きていけない社会的な生き物であり、

After all, we humans are social creatures who cannot live alone,

✐ 前の文で述べた意見や判断に対して、その既知の理由を文のかたちで「〜。結局のところ〔ご存じのように〕…だから」と確認する時は、〈SV 〜. After all, SV ....〉で表すことができる。

③ お互いに、特に家族や友人と交流する必要があるのだ。

and we need to interact with each other, especially with our family and friends.

✐ each other は代名詞。副詞と勘違いして× interact each other としてしまう間違いが多い。

表現　□ A（人）と交流する、ふれあう ▶ interact with A

④ どんなにお金や名声があっても、心から喜びや悲しみを分かち合う愛情あふれる友人や家族がいなければ、本当に満足できる人生を送ることはできない。

No matter how much money or fame we have, we cannot lead a truly satisfying life without our loving friends and family, with whom we can share joys and sorrows from our hearts.

✐ 「どんなに〈形容詞〉でも（その程度とは関係なく）〜」という〈譲歩〉の意味は〈no matter how＋形容詞＋SV〉という副詞節を用いて表すことができる。we have much money or fame（多くのお金や名声がある）という文から、how much money or fame we have（どれほど多くのお金や名声があるか）という名詞節を作り、さらに no matter how much money or fame we have（どれほど多くのお金や名声があっても）という副詞節を作るというプロセスで理解しよう。〈much＋名詞〉はひとかたまりで考える。

表現　□ 〜の生活〔人生〕を送る ▶ lead a 〜 life 　注 「〜」には good/long/healthy/happy/full/new/simple/quiet/normal などの形容詞が入る。
　　　□ A（もの）を B（人）と分かち合う ▶ share A with B

⑤ このように、私たちがどれだけ幸せであるかは、身近な人々とどれだけ仲よくできるかにかかっている。

Thus, how happy we are depends on how well we get along with those close to us.

✐ 「したがって、このようにして」という〈結論〉の意味は副詞 thus で表せる。

✐ ③ our family and friends → ④ our loving friends and family, with whom 〜 → ⑤ those close to us という言い換えで、文と文との結束性を保っている。

表現　□ AはB次第だ〔Bにかかっている〕 ▶ A depend on B 　注 「A は B の影響を受けて、その結果が左右される」という状況で用いる。ここではhowで始まる名詞節がAとBに来ている。
　　　□ Aと仲よくする ▶ get along (well) with A

16

173

幸せな人生を送るために最も重要なことは何だと思いますか。また、その理由は何ですか。
次の文を読んで、80 語程度の英語で答えなさい。　　　　　　　（課題文は → 別冊 p.32）

💡 発想 ┃ 日本語で下書きを作成する

> ┃ 見解 ┃ 幸せな人生を送るために最も重要な要素 ＝ 良好な人間関係
> 　　↓
> ┃ 理由 ┃ ┃ 抽象 ┃ 人間は一人では生きていけない社会的な生き物
> 　　　↓ 　　　→ お互いに(特に家族や友人と) 交流する必要あり
> 　　　┃ 具体 ┃ お金や名声があっても、友人や家族が幸福な人生に不可欠
> 　　↓
> ┃ まとめ ┃ 身近な人々との付き合いで幸福度は決まる

✎ 表現 ┃ 日本語の下書きをもとに英語で意見を書く

① 幸せな人生には<u>良好な人間関係が最も重要な要素だ</u>と思う。

I believe ＿＿＿＿(3語)＿＿＿＿ the most important factor for a happy life.

② 結局のところ、<u>私たち人間は一人では生きていけない社会的な生き物</u>であり、

After all, ＿＿＿＿(2語)＿＿＿＿ are social creatures who cannot live alone,

③ <u>お互いに</u>、特に家族や友人と<u>交流する</u>必要があるのだ。

and we need to ＿＿＿＿(4語)＿＿＿＿, especially with our family and friends.

④ <u>どんなにお金や名声があっても</u>、心から喜びや悲しみを分かち合える愛情あふれる
友人や家族がいなければ、本当に満足できる人生を送ることはできない。

＿＿＿＿(5語)＿＿＿＿ or fame we have, we cannot lead a truly satisfying life
without our loving friends and family, with whom we can share joys and
sorrows from our hearts.

⑤ このように、私たちがどれだけ幸せであるかは、身近な人々と<u>どれだけ仲よくでき
るか</u>にかかっている。

Thus, how happy we are depends on ＿＿＿＿(5語)＿＿＿＿ with those close
to us.

次の英文の下線部を正しい表現に直そう。

I believe ① good relationship is the most important factor for a happy life. After all, ② we human are social creatures who cannot live alone, and we need to ③ interact each other, especially with our family and friends. ④ No matter much money or fame we have, we cannot lead a truly satisfying life without our loving friends and family, with whom we can share joys and sorrows from our hearts. Thus, how happy we are depends on ⑤ how good we get along with those close to us.

正解　注意すべきポイント

① **good relationships are** ▶ relationship（人間関係）は可算名詞なので、〈不特定・単数形〉なら a relationship、〈不特定・複数形〉なら relationships にする。ここでは「人間関係全般」をさしているので、relationships are で表す。

② **we humans** ▶ human（人間）は可算名詞なので、〈不特定・単数形〉なら a human、〈不特定・複数形〉なら humans にする。ここでは主語の we と〈同格〉の関係にあるので、humans にする。

③ **interact with each other** ▶ 「A（人）と交流する」は〈interact with A〉で表す。each other は代名詞。副詞と勘違いして×interact each other としてしまう間違いが多い。

④ **No matter how much money** ▶ 「どんなに〈形容詞〉でも（その程度とは関係なく）〜」という〈譲歩〉の意味は〈no matter how＋形容詞＋SV〉という副詞節を用いて表す。

⑤ **how well we get along** ▶ 「A と仲よくする」は〈get along well with A〉で表す。get along with という動詞句を修飾しているので、形容詞 good ではなく副詞 well を用いる。

16

モデル英文 16

I believe **good relationships are** the most important factor for a happy life. After all, **we humans** are social creatures who cannot live alone, and we need to **interact with each other**, especially with our family and friends. **No matter how much money** or fame we have, we cannot lead a truly satisfying life without our loving friends and family, with whom we can share joys and sorrows from our hearts. Thus, how happy we are depends on **how well we get along** with those close to us.

(88 words)

幸せな人生を送るために最も重要なことは何だと思いますか。また、その理由は何ですか。次の文を読んで、80 語程度の英語で答えなさい。 （課題文は → 別冊 p.32）

💡 発想 日本語で下書きを作成する

| 見解 | 幸せな人生を送るために最も重要な要素 ＝ 良好な人間関係 |

↓

理由	抽象	人間は一人では生きていけない社会的な生き物
	↓	→ お互いに(特に家族や友人と) 交流する必要あり
	具体	お金や名声があっても、友人や家族が幸福な人生に不可欠

↓

| まとめ | 身近な人々との付き合いで幸福度は決まる |

✏️ 表現 日本語の下書きをもとに英語で意見を書く

ヒント1 次の日本語を英語に直そう。

幸せな人生には良好な人間関係が最も重要な要素だと思う。結局のところ、私たち人間は一人では生きていけない社会的な生き物であり、お互いに、特に家族や友人と交流する必要があるのだ。どんなにお金や名声があっても、心から喜びや悲しみを分かち合える愛情あふれる友人や家族がいなければ、本当に満足できる人生を送ることはできない。このように、私たちがどれだけ幸せであるかは、身近な人々とどれだけ仲よくできるかにかかっている。

_____

_____

_____

_____

_____

_____(5語)_____ the most important factor for a happy life. _____

_____(7語) who cannot live alone, and we _____(6語)

_____, especially with our family and friends. _____(7語)

we have, we cannot lead a truly satisfying life without our loving friends and

family, with whom we can share joys and sorrows from our hearts. Thus,

how happy we are _____(9語)_____ close to us.

✔ 確認   書いた英文を確認する

☐ 〜だと思う ▸ I believe (that) SV
☐ 〜。結局のところ〔ご存じのように〕…だから ▸ SV 〜. After all, SV ....
☐ (一般的な)人間、人類 ▸ a human / humans
☐ A(人)と交流する ▸ interact with A
☐ お互い ▸ each other
☐ どんなに〈形容詞〉でも〜 ▸ no matter how＋形容詞＋SV
☐ AはB次第だ〔Bにかかっている〕 ▸ A depend on B
☐ Aと仲よくする ▸ get along (well) with A

✔ 最後に確認

☐ 名詞：特定か不特定か／単数か複数か
☐ 動詞：時制は適切か／助動詞は適切か／語法は適切か
☐ つながり：文と文のつながりは適切か／数の一致は適切か

モデル英文 16

I believe good relationships are the most important factor for a happy

life. **After all, we humans are social creatures** who cannot live alone, and

we **need to interact with each other**, especially with our family and friends.

No matter how much money or fame we have, we cannot lead a truly

satisfying life without our loving friends and family, with whom we can

share joys and sorrows from our hearts. Thus, how happy we are **depends**

on how well we get along with those close to us.

(88 words)

16

　感想・好み・価値観は、人によってさまざまで、答案にもさまざまな内容が書かれていました。ここでは、具体的な答案例を挙げるのではなく、答案のまとめ方を改めて確認しておくことにしましょう。

□ 12　人生で最も感動した風景

　「人生で最も感動した」風景なので、その風景の説明に加えて、「今でもたびたび思い出す」「今後も決して忘れない」など、いかに印象的だったのかということが伝わるような一言があると理想的です。

□ 13　失敗から得た教訓

　無理に人生を左右するような失敗について語ろうとする必要はありません。それよりも、「(失敗の) 経験 → 教訓」という論理構成で説明することが大切です。身近なことでもかまわないので、説明しやすく、教訓につなげることのできる失敗を選ぶようにしましょう。

□ 14　アパートの選択

　両者の違いを箇条書きのようにただ並べるだけでは、選択のポイントがあいまいで、一貫性に欠ける答案とみなされてしまいます。１つか２つの違いにしぼり込み、それを深く掘り下げて説明するほうが、読み手が納得しやすいでしょう。

□ 15　宝くじで 100 億円当たったら

　無理に「社会貢献」や「慈善活動」のような立派な内容を書く必要はありません。「貯金する」という現実的で夢のない内容でも、その事情を読み手が共感できるていねいな説明ができれば、合格点を取ることができるでしょう。

□ 16　幸せな人生を送るために最も重要なこと

　何に幸福の価値を置くかは、人によって異なるので、「まず自分の個人的な体験を述べて、それを読み手も納得してくれるように一般化する」という構成で説明することになりますが、よい体験が思い浮かばなければ、無理に独自の内容を考えるよりも、課題文の意見に「乗っかる」ほうが無難です。

実践編 第 5 章

描写する、情報を伝える

　この章では、〈表・グラフ〉や〈イラスト・写真〉について説明する問題を扱います。このような問題では、〈表・グラフ〉や〈イラスト・写真〉に含まれる情報を読み手にわかりやすく伝えることが最優先事項になります。そのためには、〈表・グラフ〉や〈イラスト・写真〉に含まれる〈視覚情報〉を〈文字情報〉に変換することが必要です。この章の問題を通じて、数字や絵を的確に言語化するためのコツを学び、読み手が〈表・グラフ〉や〈イラスト・写真〉をありありと思い浮かべられるような答案をめざしましょう。

✔ 確認　問題情報

□ 17　表の説明

　「3か国からのアメリカの大学への留学生数の変化を示した表」を説明する問題です。このような問題では、表の特徴的な要素に注目して、要素間の違いや全体的な傾向を説明することがカギになります。表を見て、「数の変化（＝増加・減少・変化なし）」を読み取り、「違い」を読み手に伝えるようにしましょう。

□ 18　グラフの説明

　「2種類のグラフが示す意味」を説明する問題です。この問題では、グラフから読み取れる傾向・法則性の説明に加え、そう考えられる理由も説明することが求められています。このような問題では、「2種類のグラフを比較する」→「類似点・相違点などの特徴を見つけ出す」→「その特徴をうまく説明できる仮説を考える」という手順で答案を作ることになりますが、最後の「仮説」を思いつけるかは、知識量に拠るところが大きいので、一般常識がないと苦労するタイプの問題といえます。

□ 19　イラストの説明

　「イラストに込められた意味」を述べる問題です。文字情報のない絵・イラスト・写真などを説明する問題は、「絵〔イラスト、写真〕の表す状況を正確に理解する」→「そのように描かれている理由をうまく説明できる仮説を考える」という手順で答案を作ることになります。このような問題では、イラストの表す状況を手がかりにして、その状況と大きく矛盾しない妥当な推論をする、つまり、「〜が〜と表現されているのは、きっと〜だからだろう」という推論をすることがカギになります。イラストの表す状況を無視した推論は減点対象になります。読み手が「確かにその解釈もあり得る」と思えるような推論を心がけましょう。「この絵の伝えたいメッセージは何なのか」「この絵にタイトルを付けるとしたらどんなタイトルが適切か」と自問自答してみるのも効果的です。なぜなら、大学入試では「メッセージ性のある絵＝視覚情報を文字情報に置き換えて理解すべき絵」が好まれて出題されているからです。

□ 20　出身地のお勧めスポットの説明

外国人観光客に対して、自分の故郷のお勧め情報を説明する問題です。相手が外国人なので、「日本固有の事物に関する知識はない」という前提で、読み手である外国人が知らない事物をいかにわかりやすく描写・説明するかがカギとなります。まったく知らない事物でも、大まかなイメージくらいは頭に浮かぶように、「食べるもの」「身につけるもの」のようにカテゴリーを説明したり、「～のようなものです」「～と似ていますが、～という違いがあります」のように相手がよく知っている事物と比べたりして、ていねいに説明するようにしましょう。

✔ 確認　入試情報

〈表・グラフ〉を説明する問題と、日本の事物を外国人に説明する問題について、過去に入試問題で出題されたテーマを挙げておきます。〈表・グラフ〉は、内容は違っても設問のポイントはそれほど変わらないので、ここで問題の傾向を確認し、基本的な解き方をおさえておきましょう。

✔ 大学入試で出題されたテーマ

〈表・グラフ〉を説明する問題
□ 若者の意識に関する国際調査　（国別の違いを描写する）
□ 女子と男子が魅力を感じる職業の種類　（類似点と相違点を述べる）
□ 佐賀と東京の人口動態の変化　（相違点を述べる）
□ 先進国と発展途上国の就学率　（経年変化の描写と理由を説明する）
□ 女性の年齢階級別労働力率の変化　（グラフからわかることと意見を述べる）
□ アルバイトをする大学生の割合の推移　（傾向説明と賛否を述べる）

日本の事物を外国人に説明する問題
□ ホームステイのために来日した外国人に、一般家庭での入浴の仕方を説明する
□ 日本語の「もったいない」という言葉を外国人に説明する
□ 日本で地震の際にやるべきことを外国人に説明する
□ ALT からの質問に対して、塾通いの理由と塾と学校の違いを説明する
□ 外国人に対して、自分の故郷を代表するお土産を説明する
□ 日本語を母語としない人に、お気に入りの日本語の本を紹介する

Round 1 | 理解 〉定着 〉発信 **手順と構成を理解する**

下の表は、アメリカの大学への留学生の入学者数の変化を示している。2001 年から 2014 年の間における、3 か国からの入学者数の異なる動向を、80 語程度の英語で簡単に述べなさい。　　　　　　　　　　　　　　　　　　（表は → 別冊 p.34）

💡 発想 | 日本語で下書きを作成する　　　　　　　　　　▶▶ くわしくは → p.184

要素 **必要な要素を考える**

・（日本の動向は…）約 60% 減少

・（中国の動向は…）飛躍的に増加

・（カナダの動向は…）ほぼ横ばい

・（特徴的なのは…）中国の留学生：2001 年 → 2014 年で約 5 倍に

配置 **考えた要素を適切に並べ替えながらメモを作成する**

説明① 日本からの留学生：約 60% 減少
　↓
説明② 中国からの留学生：飛躍的に増加
　　　→ 2001 年 → 2014 年で約 5 倍に

説明③ カナダからの留学生：ほぼ横ばい

展開 **メモを文章のかたちにする**

説明① ① 2001 年から 2014 年の間に、アメリカの大学に入学した日本からの留学生は、46,810 人から 19,064 人へと約 60% 減少した。

説明② ② 同時期に中国からの留学生は飛躍的に増加した。

　　　→ ③ 2014 年にアメリカの大学で学ぶ中国人留学生の数は、2001 年の約 5 倍だった。

説明③ ④ 同時期にカナダからの留学生の数はほぼ変わらず、3% の微増にとどまっていた。

英訳　**展開** で決めた内容を英語にする

① 2001 年から 2014 年の間に、アメリカの大学に入学した日本からの留学生は、46,810 人から 19,064 人へと約 60% 減少した。

▶ Between 2001 and 2014 the number of international students from Japan enrolled at universities in the United States decreased by about 60%, from 46,810 to 19,064.

② 同時期に中国からの留学生は飛躍的に増加した。

▶ During the same period, the number of students from China increased dramatically.

③ 2014 年にアメリカの大学で学ぶ中国人留学生の数は、2001 年の約 5 倍だった。

▶ In 2014 there were about five times as many Chinese students studying in American universities as in 2001.

④ 同時期にカナダからの留学生の数はほぼ変わらず、3% の微増にとどまっていた。

▶ During the same period, the number of students from Canada remained almost unchanged, with only a slight increase of 3%.

完成　文のつながりを意識して英文をまとめる

モデル英文 17　次のページの解説を読み、構成を理解した上で暗唱しよう。

Between 2001 and 2014 the number of international students from Japan enrolled at universities in the United States decreased by about 60%, from 46,810 to 19,064. **In contrast**, during the same period, the number of students from China increased dramatically. In 2014 there were about five times as many Chinese students studying in American universities as in 2001. **Unlike those two countries**, during the same period, the number of students from Canada remained almost unchanged, with only a slight increase of 3%.

(82 words)

17

2001 年から 2014 年の間に、アメリカの大学に入学した日本からの留学生は、46,810 人から 19,064 人へと約 60% 減少した。<u>一方</u>、同時期に中国からの留学生は飛躍的に増加した。2014 年にアメリカの大学で学ぶ中国人留学生の数は、2001 年の約 5 倍だった。<u>この 2 か国とは異なり</u>、同時期にカナダからの留学生の数はほぼ変わらず、3% の微増にとどまっていた。

💡 発想　日本語で下書きを作成する

　この問題では、表からわかることを説明すればよいので、自分の見解を示す必要はありません。**表からわかる事実を、〈概略 → 詳細〉という論理展開の原則にしたがって説明する**ようにしましょう。この問題の場合は、「大まかな動向の特徴 → 数字の詳細」という順に説明すると、読み手は理解しやすくなります。まず「増加、減少、横ばい」という最も大きな特徴を述べ、そのうえで、数字の変化をどこまで細かく説明するかは、全体的なバランスや語数制限との兼ね合いで判断することになります。

要素　必要な要素を考える

　表を見ると、日本・中国・カナダからアメリカの大学に留学した学生数とその増減率がまとめられています。「3か国からの入学者数の異なる動向」を述べることが求められているので、各国の動向を整理してみましょう。細かい数字を並べても動向を実感しにくいので、計算して、「〜％増加／減少」「約〜倍／〜分の1」「〜だけ増えた／減った」などの〈割合〉〈分数〉〈差〉などに言い換えて説明すると、読み手に伝わりやすくなります。

国名	大きな動向	細かい数字	増減の割合	分数	差
日本	減少	46,810 → 19,064	**約60％減少**	約5分の2	約3万人減少
中国	増加	63,211 → 304,040	約400％増加	**約5倍**	約24万人増加
カナダ	横ばい	26,514 → 27,240	約3％増加	約1倍	約700人増加

　まず、日本からの留学生数は2001年から2014年で「**約60％減少**」していますね。これに対して、中国からの留学生数は「**飛躍的に増加**」していることがわかります。残るカナダからの留学生数は「**ほぼ横ばい**」になっています。3か国の中では、中国からの留学生数の変化が最も大きいので、「**2001年 → 2014年で約5倍に**」なっている点を具体的に説明するとよさそうです。

配置　考えた要素を適切に並べ替えながらメモを作成する

　表を説明する問題では、各要素について順に説明していきますが、その際に、〈概略 → 詳細〉という論理展開の原則にしたがって説明するようにしましょう。ここでは、「大まかな動向の特徴 → 数字の詳細」という順で説明します。まず、表の順番にしたがって「**日本からの留学生**」について説明しましょう。日本からの留学生は、2001年から2014年で「**約60％減少**」しています。次に「**中国からの留学生**」について説明します。2001年から2014年で「**飛躍的に増加**」していると述べてから、「**2001年 → 2014年で約5倍に**」増えているという具体的な数値を示すと、〈概略 → 詳細〉の論理展開になり、わかりやすい説明になります。最後に、「**カナダからの留学生**」について説明します。他の2か国と違い、「**ほぼ横ばい**」であることを示すと、〈減少〉〈増加〉〈横ばい〉という変化の違いが〈対比〉され、3か国の動向の違いがわかりやすくなるでしょう。

① 2001 年から 2014 年の間に、アメリカの大学に入学した日本からの留学生は、46,810 人から 19,064 人へと約 60%減少した。

> Between 2001 and 2014 the number of international students from Japan enrolled at universities in the United States decreased by about 60%, from 46,810 to 19,064.

✎ 「(変化・違いを表して) A (数値など) の差で」という時は、〈**by A**〉で表す。

表現 □ **A (可算名詞の複数形) の数が減る** ▶ **The number of A decreases.**
　　　注 主語は三人称単数の the number なので、述語動詞は increase**s** / **is** increasing / **has** increased などになる。

② 一方、同時期に中国からの留学生は飛躍的に増加した。

> In contrast, during the same period, the number of students from China increased dramatically.

✎ 「その一方、それに引きかえ、対照的に」と、前の文脈と〈対比〉される内容を示す時には〈**in contrast**〉を用いる。ここでは「①日本人留学生は減少」↔「②中国人留学生は増加」という対比になっている。

表現 □ **A (可算名詞の複数形) の数が増える** ▶ **The number of A increases.**

③ 2014 年にアメリカの大学で学ぶ中国人留学生の数は、2001 年の約 5 倍だった。

> In 2014 there were about five times as many Chinese students studying in American universities as in 2001.

✎ 〈as+原級+as A〉という原級を使った比較表現で、〈原級〉の位置に〈many/much+名詞〉を用いると、「A と同じ数〔量〕の〈名詞〉」という意味になる。×〈as many as+名詞〉や×〈as much as+名詞〉とする間違いが多い。ここでは In 2014 と in 2001 を比較している。

表現 □ **A の X 倍~だ** ▶ **X times as ~ as A**　注「2 倍」の時は X times の代わりに twice を用いて twice as ~ as A というかたちで表す。

④ この 2 か国とは異なり、同時期にカナダからの留学生の数はほぼ変わらず、3%の微増にとどまっていた。

> Unlike those two countries, during the same period, the number of students from Canada remained almost unchanged, with only a slight increase of 3%.

✎ 「A とは異なり」は〈**unlike A**〉で表す。unlike A は副詞句として文頭に用いる。

✎ 〈**those+複数名詞**〉は前文との結束性を示す表現。those two countries (それらの 2 か国) は、日本と中国を指している。

表現 □ **S は変わらないままである** ▶ **S remain unchanged(the same)**

下の表は、アメリカの大学への留学生の入学者数の変化を示している。2001 年から
2014 年の間における、3 か国からの入学者数の異なる動向を、80 語程度の英語で簡単
に述べなさい。　　　　　　　　　　　　　　　　　　　　　（表は → 別冊 p.34）

💡 発想　日本語で下書きを作成する

説明① 日本からの留学生：約 60%減少
↓
説明② 中国からの留学生：飛躍的に増加
　　　 → 2001 年 → 2014 年で約 5 倍に
↓
説明③ カナダからの留学生：ほぼ横ばい

✎ 表現　日本語の下書きをもとに英語で意見を書く

① 2001 年から 2014 年の間に、アメリカの大学に入学した日本からの留学生は、
46,810 人から 19,064 人へと約 60%減少した。

Between 2001 and 2014 ＿＿＿＿＿（5語）＿＿＿＿＿ from Japan enrolled at
universities in the United States decreased by about 60%, from 46,810 to
19,064.

② 一方、同時期に中国からの留学生は飛躍的に増加した。

In contrast, during the same period, ＿＿＿＿＿（4語）＿＿＿＿＿ from China
increased dramatically.

③ 2014 年にアメリカの大学で学ぶ中国人留学生の数は、2001 年の約 5 倍だった。

In 2014 there were ＿＿＿＿＿（4語）＿＿＿＿＿ many Chinese students studying in
American universities as in 2001.

④ この 2 か国とは異なり、同時期にカナダからの留学生の数はほぼ変わらず、3%の
微増にとどまっていた。

＿＿＿＿＿（4語）＿＿＿＿＿, during the same period the number of students from
Canada remained almost unchanged, with only a slight increase of 3%.

次の英文の下線部を正しい表現に直そう。

Between 2001 and 2014 ① <u>international students</u> from Japan enrolled at universities in the United States decreased by about 60%, from 46,810 to 19,064. In contrast, during the same period, ② <u>a number of students</u> from China increased dramatically. In 2014 there were ③ <u>as about five times</u> many Chinese students studying in American universities as in 2001. ④ <u>Different from those two countries</u>, during the same period, the number of students from Canada remained almost unchanged, with only a slight increase of 3%.

正解 **注意すべきポイント**

① **the number of international students** ▶「A（可算名詞の複数形）の数が減る」は〈**The number of A decreases.**〉で表す。

② **the number of students** ▶「A（可算名詞の複数形）の数が増える」は〈**The number of A increases.**〉で表す。a number of A は「いくつかの A」「多くの A」という意味で、数量形容詞（= some / several / many）に相当する。a number of students = some〔several / many〕students となる。

③ **about five times as** ▶「A の X 倍〜だ」は〈**X times as 〜 as A**〉で表す。

④ **Unlike those two countries** ▶「A とは異なり、〜である」は〈**Unlike A, SV.**〉で表す。×〈Different from A, SV.〉という言い方はできない。different は〈S be different from A〉（S は A とは異なる）というかたちで用いる。

モデル英文 17

17

Between 2001 and 2014 **the number of international students** from Japan enrolled at universities in the United States decreased by about 60%, from 46,810 to 19,064. In contrast, during the same period, **the number of students** from China increased dramatically. In 2014 there were **about five times as** many Chinese students studying in American universities as in 2001. **Unlike those two countries**, during the same period, the number of students from Canada remained almost unchanged, with only a slight increase of 3%.

(82 words)

下の表は、アメリカの大学への留学生の入学者数の変化を示している。2001年から2014年の間における、3か国からの入学者数の異なる動向を、80語程度の英語で簡単に述べなさい。　　　　　　　　　　　　　　　　　　　　　　　（表は → 別冊 p.34）

💡 発想　日本語で下書きを作成する

説明① 日本からの留学生：約60%減少
↓
説明② 中国からの留学生：飛躍的に増加
　　　　→ 2001年 → 2014年で約5倍に
↓
説明③ カナダからの留学生：ほぼ横ばい

✏️ 表現　日本語の下書きをもとに英語で意見を書く

ヒント1 次の日本語を英語に直そう。

2001年から2014年の間に、アメリカの大学に入学した日本からの留学生は、46,810人から19,064人へと約60%減少した。一方、同時期に中国からの留学生は飛躍的に増加した。2014年にアメリカの大学で学ぶ中国人留学生の数は、2001年の約5倍だった。この2か国とは異なり、同時期にカナダからの留学生の数はほぼ変わらず、3%の微増にとどまっていた。

Between 2001 and 2014 ＿＿＿＿＿（7語）＿＿＿＿＿ enrolled at universities in the United States decreased by about 60%, from 46,810 to 19,064. In contrast, during the same period, ＿＿＿＿＿（7語）＿＿＿＿＿ dramatically. In 2014 there were ＿＿＿＿＿（7語）＿＿＿＿＿ studying in American universities as in 2001. ＿＿＿＿＿（8語）＿＿＿＿＿, the number of students from Canada remained almost unchanged, with only a slight increase of 3%.

✓ 確認　書いた英文を確認する

□ A（可算名詞の複数形）の数が減る ▶ The number of A decreases.
□ A（可算名詞の複数形）の数が増える ▶ The number of A increases.
□ A の X 倍〜だ ▶ X times as 〜 as A
□ A とは異なり、〜である ▶ Unlike A, SV.

✓ 最後に確認

□ 名詞：特定か不特定か／単数か複数か
□ 動詞：時制は適切か／助動詞は適切か／語法は適切か
□ つながり：文と文のつながりは適切か／数の一致は適切か

モデル英文 17

Between 2001 and 2014 **the number of international students from Japan** enrolled at universities in the United States decreased by about 60%, from 46,810 to 19,064. In contrast, during the same period, **the number of students from China increased** dramatically. In 2014 there were **about five times as many Chinese students** studying in American universities as in 2001. **Unlike those two countries, during the same period**, the number of students from Canada remained almost unchanged, with only a slight increase of 3%.

(82 words)

17

Round 1 | 理解 〉 定着 〉 発信 　手順と構成を理解する

下のグラフは、さまざまな国における自転車の利用状況や安全性の調査データを示したものです。折れ線グラフと棒グラフが何を示しているかを説明しなさい。そして、あなたが気づいたことについて、考えられる理由を 1 つまたは複数挙げて説明しなさい。80 語程度で書きなさい。　　　　　　　　　　　　　　　　　　　　　　　(グラフは → 別冊 p.36)

💡 発想　日本語で下書きを作成する　　　　　　　　　　▶▶ くわしくは → p.192

要素　必要な要素を考える

- (比べるポイントは…) オランダ (最長走行距離) とアメリカ (最短走行距離)
- (比べた結果は…) オランダの死亡率はアメリカの約 4 分の 1
- (そこから言えるのは…) 自転車の走行距離と死亡者数は反比例
- (考えられる理由は…) 自転車利用が多い国 → 安全な環境や設備が充実

配置　考えた要素を適切に並べ替えながらメモを作成する

> **概要**　自転車の走行距離と死亡者数は反比例
> ↓
> **具体**　オランダ(最長走行距離)とアメリカ(最短走行距離)を比較
> 　　　　 → オランダの死亡率はアメリカの約 4 分の 1
> ↓
> **理由**　自転車利用が多い国 → 安全な環境や設備が充実
> 　　　**具体例**　自転車専用レーン、自転車利用者用の道路標識

展開　メモを文章のかたちにする

概要　① このデータは、自転車に乗る距離が長いほど、交通事故での自転車利用者の死亡者数が少ないことを示している。

具体　② 自転車の走行距離が最も長いオランダと、最も短いアメリカを比較すると、
　　　　 → ③ オランダの死亡率はアメリカの約 4 分の 1 である。

理由　④ 自転車がより頻繁に利用される国では、自転車利用者にとってより安全な環境や設備が整っている

　　　具体例　⑤ たとえば、自転車専用レーンや自転車利用者用の道路標識などである。

英訳　　**展開** で決めた内容を英語にする

① このデータは、自転車に乗る距離が長いほど、交通事故での自転車利用者の死亡者数が少ないことを示している。

▶ The data shows that the longer distance a person rides a bicycle, the fewer cyclists are killed in traffic accidents.

② 自転車の走行距離が最も長いオランダと、最も短いアメリカを比較すると、

▶ If we compare the Netherlands, which has the longest bicycle travel distance, with the United States, which has the shortest,

③ オランダの死亡率はアメリカの約 4 分の 1 である。

▶ the death rate in the Netherlands is about one quarter that of the United States.

④ 自転車がより頻繁に利用される国では、自転車利用者にとってより安全な環境や設備が整っている

▶ Countries where bicycles are used more often have safer environments and facilities for cyclists,

⑤ たとえば、自転車専用レーンや自転車利用者用の道路標識などである。

▶ such as bike lanes and road signs for cyclists.

完成　　文のつながりを意識して英文をまとめる

モデル英文 18　次のページの解説を読み、構成を理解した上で暗唱しよう。

The data shows that the longer distance a person rides a bicycle, the fewer cyclists are killed in traffic accidents. **For example**, if we compare the Netherlands, which has the longest bicycle travel distance, with the United States, which has the shortest, the death rate in the Netherlands is about one quarter that of the United States. **One possible reason is that** countries where bicycles are used more often have safer environments and facilities for cyclists, **such as** bike lanes and road signs for cyclists.　　　(85 words)

18

このデータは、自転車に乗る距離が長いほど、交通事故での自転車利用者の死亡者数が少ないことを示している。たとえば、自転車の走行距離が最も長いオランダと、最も短いアメリカを比較すると、オランダの死亡率はアメリカの約 4 分の 1 である。その理由として考えられるのは、自転車がより頻繁に利用される国では、自転車専用レーンや自転車利用者用の道路標識など、自転車利用者にとってより安全な環境や設備が整っているということである。

　この問題では、「折れ線グラフと棒グラフが何を示しているか」と「考えられる理由」を説明することが求められています。グラフが示すことについては、〈概略 → 詳細〉という論理展開の原則にしたがって、〈大きな特徴 → そのくわしい説明〉の順で説明すればよいでしょう。考えられる理由については、その特徴を説明できる仮説を考える必要があります。仮説を立てるには、一定量の知識が必要なので、知識量が問われる問題ともいえます。

要素　必要な要素を考える

　まずは折れ線グラフと棒グラフが何を表しているかを確認しましょう。折れ線グラフは「1人あたりの自転車での年間走行距離」を、棒グラフは「10億キロメートルあたりの自転車走行中の死亡者数」を表しており、この2つのグラフで表されるのは「**自転車の走行距離と死亡者数**」の関係です。グラフを見て気づく最大の特徴は、「自転車の走行距離が<u>短く</u>なると、自転車事故の死亡者数は<u>増える</u>」、逆に言えば「自転車の走行距離が<u>長く</u>なると、自転車事故の死亡者数は<u>減る</u>」ということです。つまり、その関係は「**反比例**」になっているといえそうです。次に、具体的な数値を見ていきますが、このグラフでは9か国が出てくるので、80語という条件の中ですべてに触れることはできません。そのような場合は、極端に異なる2つの要素を比較するとよいでしょう。ここでは、「**オランダ（最長走行距離）とアメリカ（最短走行距離）**」を比較してみます。

国名	走行距離	死亡者数	両者を比較した割合
オランダ	最長（864km）	最小（10.7人）	走行距離：約20倍／死亡者数：約4分の1
アメリカ	最短（47km）	最多（44人）	走行距離：約20分の1／死亡者数：約4倍

　すると、「**オランダの死亡率はアメリカの約4分の1**」だということがわかります。その理由はグラフには書かれていないので、自分で考える必要があります。「**自転車利用が多い国**」では、「**安全な環境や設備が充実**」していることなどが考えられそうです。

配置　考えた要素を適切に並べ替えながらメモを作成する

　まず、グラフが示していることとして「**自転車に乗る距離が長い国**」のほうが「**自転車走行中の死亡者数が少ない**」と述べます。次に、その具体的な説明として「**オランダ（最長走行距離）とアメリカ（最短走行距離）を比較**」すると、「**オランダの死亡率はアメリカの約4分の1**」であることを示します。最後に、そのような関係になる〈理由〉を考えます。「**自転車利用が多い国**」では「**安全な環境や設備が充実**」しているから、死亡率が低いといえそうです。「安全な環境や設備」の〈具体例〉として、「**自転車専用レーン、自転車利用者用の道路標識**」などを挙げると、説得力のある文になるでしょう。

① このデータは、自転車に乗る距離が長いほど、交通事故での自転車利用者の死亡者数が少ない
ことを示している。

The data shows that the longer distance a person rides a bicycle, the fewer
cyclists are killed in traffic accidents.

✐ 「S（表・グラフ・データ）は〜ということを示している、S から〜ということがわかる」は〈S
show〔indicate〕that SV〉で表すことができる。

表現 □ …すればするほど（ますます）〜 ▶ The＋比較級 …, the＋比較級 〜.
　　　□ 自転車に乗る ▶ ride a bicycle〔bike〕

② たとえば、自転車の走行距離が最も長いオランダと、最も短いアメリカを比較すると、

For example, if we compare the Netherlands, which has the longest bicycle
travel distance, with the United States, which has the shortest,

✐ the Netherlands（オランダ）と the United States（アメリカ）は固有名詞。固有名詞が先行詞
の場合、関係詞節の前にコンマを打つ〈非制限用法〉を用いることに注意。

表現 □ A と B を比較する ▶ compare A with B

③ オランダの死亡率はアメリカの約 4 分の 1 である。

the death rate in the Netherlands is about one quarter that of the United States.

✐ 倍数表現は〈倍数＋as＋原級＋as〉で表すのが基本だが、〈倍数＋the＋名詞＋of A〉（A の
〜の〈名詞〉）という倍数表現もある。

　　例 その部屋の 2 倍の広さ ▶ twice as **large** as the room = twice the **size** of the room
　　　 あの車の半分のスピード ▶ half as **fast** as that car = half the **speed** of that car
　　　 注 large（形容詞）→ size（名詞）、fast（副詞）→ speed（名詞）の品詞変形に注目。

✐ one quarter <u>the death rate</u> of the United States（アメリカの<u>死亡率</u>の 4 分の 1）の the death
rate を that で代用して one quarter <u>that</u> of the United States となっている。

④ その理由として考えられるのは、自転車がより頻繁に利用される国では、自転車利用者にとって
より安全な環境や設備が整っているということである

One possible reason is that countries where bicycles are used more often have
safer environments and facilities for cyclists,

✐ ここでは One <u>possible</u> reason is that 〜（（可能性として）<u>考えられる</u>理由は〜（だろう））とい
う表現を用いるのが適切。The〔One〕reason is that 〜（理由は〜である）は断言的な表現な
ので、ここでは不適切。

⑤ たとえば、自転車専用レーンや自転車利用者用の道路標識などである。

such as bike lanes and road signs for cyclists.

✐ 具体例を名詞のかたちで追加する時は〈A(,) such as B〉を用いる。

18

下のグラフは、さまざまな国における自転車の利用状況や安全性の調査データを示したものです。折れ線グラフと棒グラフが何を示しているかを説明しなさい。そして、あなたが気づいたことについて、考えられる理由を 1 つまたは複数挙げて説明しなさい。80 語程度で書きなさい。　　　　　　　　　　　　　　　　　　　　　　　　　　　　（グラフは → 別冊 p.36）

💡 発想　日本語で下書きを作成する

┌───┐
│　概要　│ 自転車の走行距離と死亡者数は反比例
│　　↓
│　具体　│ オランダ（最長走行距離）とアメリカ（最短走行距離）を比較
│　　　　　→ オランダの死亡率はアメリカの約 4 分の 1
│　　↓
│　理由　│ 自転車利用が多い国 → 安全な環境や設備が充実
│　　　　　具体例　自転車専用レーン、自転車利用者用の道路標識
└───┘

✏️ 表現　日本語の下書きをもとに英語で意見を書く

① このデータは、自転車に乗る距離が長いほど、交通事故での<u>自転車利用者の死亡者数が少ない</u>ことを示している。

The data shows that the longer distance a person rides a bicycle, ＿＿＿＿＿＿＿＿＿ (5語) ＿＿＿＿＿＿＿＿＿ in traffic accidents.

② たとえば、自転車の走行距離が最も長い<u>オランダ</u>と、最も短いアメリカを<u>比較</u>すると、

For example, ＿＿＿＿＿＿ (5語) ＿＿＿＿＿＿, which has the longest bicycle travel distance, with the United States, which has the shortest,

③ オランダの死亡率はアメリカの<u>約 4 分の 1</u> である。

the death rate in the Netherlands is ＿＿＿＿＿＿ (5語) ＿＿＿＿＿＿ the United States.

④ その理由として考えられるのは、<u>自転車がより頻繁に利用される国</u>では、自転車利用者にとってより安全な環境や設備が整っているということである

One possible reason is that ＿＿＿＿＿＿ (5語) ＿＿＿＿＿＿ more often have safer environments and facilities for cyclists,

⑤ たとえば、<u>自転車専用レーンや自転車利用者用の道路標識</u>などである。

＿＿＿＿＿＿ (4語) ＿＿＿＿＿＿ and road signs for cyclists.

次の英文の下線部を正しい表現に直そう。

The data shows that the longer distance a person rides a bicycle, ① more cyclists are not killed in traffic accidents. For example, ② if we compared the Netherlands, which has the longest bicycle travel distance, with the United States, which has the shortest, the death rate in the Netherlands is ③ about one quarter of the United States. One possible reason is that ④ countries which bicycles are used more often have safer environments and facilities for cyclists, ⑤ as bike lanes and road signs for cyclists.

正解 注意すべきポイント

① **the fewer cyclists are killed** ▶「…すればするほど(ますます)～」は〈The＋比較級 …, the＋比較級 ～.〉で表す。「〈名詞〉がより多くなる」は〈the more＋名詞〉、「〈名詞〉がより少なくなる」は〈the fewer＋可算名詞〉〈the less＋不可算名詞〉で表す。

② **if we compare the Netherlands** ▶「AとBを比較する」は〈compare A with B〉で表す。この if 節は、可能性がない、あるいは低い仮定法ではなく、可能性のある直説法なので、述語動詞は現在形にする。

③ **about one quarter that of** ▶ オランダとアメリカの the death rate を比較しているので、that (＝ the death rate) of the United States とする。比較対象をそろえることに注意。

④ **countries where bicycles are used** ▶ 関係詞は節中で in countries という場所を表す副詞句のはたらきをしているので、関係代名詞ではなく関係副詞の where を用いる。in which としてもよい。

⑤ **such as bike lanes** ▶「(たとえば)B のような(などの) A」は〈A(,) such as B〉で表す。

モデル英文 18

The data shows that the longer distance a person rides a bicycle, **the fewer cyclists are killed** in traffic accidents. For example, **if we compare the Netherlands**, which has the longest bicycle travel distance, with the United States, which has the shortest, the death rate in the Netherlands is **about one quarter that of** the United States. One possible reason is that **countries where bicycles are used** more often have safer environments and facilities for cyclists, **such as bike lanes** and road signs for cyclists.　　　(85 words)

18

下のグラフは、さまざまな国における自転車の利用状況や安全性の調査データを示したものです。折れ線グラフと棒グラフが何を示しているかを説明しなさい。そして、あなたが気づいたことについて、考えられる理由を 1 つまたは複数挙げて説明しなさい。80 語程度で書きなさい。　　　　　　　　　　　　　　　　　　　　　　　（グラフは → 別冊 p.36）

💡 発想　日本語で下書きを作成する

概要	自転車の走行距離と死亡者数は反比例

↓

具体	オランダ(最長走行距離) とアメリカ(最短走行距離) を比較

　→ オランダの死亡率はアメリカの約 4 分の 1

理由	自転車利用が多い国 → 安全な環境や設備が充実

具体例	自転車専用レーン、自転車利用者用の道路標識

✎ 表現　日本語の下書きをもとに英語で意見を書く

ヒント1　次の日本語を英語に直そう。

このデータは、自転車に乗る距離が長いほど、交通事故での自転車利用者の死亡者数が少ないことを示している。たとえば、自転車の走行距離が最も長いオランダと、最も短いアメリカを比較すると、オランダの死亡率はアメリカの約 4 分の 1 である。その理由として考えられるのは、自転車がより頻繁に利用される国では、自転車専用レーンや自転車利用者用の道路標識など、自転車利用者にとってより安全な環境や設備が整っているということである。

ヒント2 **ヒント1** の日本語を参考に、次の英文の下線部に適切な表現を入れよう。

The data shows that the longer distance a person rides a bicycle, ＿＿＿＿＿＿ ＿＿＿＿＿＿(8語)＿＿＿＿＿＿ . For example, ＿＿＿＿＿(7語)＿＿＿＿＿ the longest bicycle travel distance, with the United States, which has the shortest, the death rate in the Netherlands is ＿＿＿＿＿(8語)＿＿＿＿＿ . One possible reason is that ＿＿＿＿＿(7語)＿＿＿＿＿ have safer environments and facilities for cyclists, ＿＿＿＿＿(7語)＿＿＿＿＿ for cyclists.

✔ **確認** 書いた英文を確認する

- □ …すればするほど（ますます）〜 ▶ **The＋比較級 …, the＋比較級 〜.**
- □ 事故で死亡する ▶ **be killed in an accident**
- □ A と B を比較する ▶ **compare A with B**
- □ 〜する〔〜である〕〈固有名詞〉 ▶ **固有名詞＋コンマ＋関係詞節（非制限用法）**
- □ A の〜倍の〈名詞〉 ▶ **倍数＋the＋名詞＋of A**
- □ S が〜する〈場所〉 ▶ **場所＋where SV（関係副詞）**
- □ （たとえば）B のような〔などの〕A ▶ **A (,) such as B**

✔ **最後に確認**

- □ 名詞：特定か不特定か／単数か複数か
- □ 動詞：時制は適切か／助動詞は適切か／語法は適切か
- □ つながり：文と文のつながりは適切か／数の一致は適切か

モデル英文 18

The data shows that the longer distance a person rides a bicycle, **the fewer cyclists are killed in traffic accidents**. For example, **if we compare the Netherlands, which has** the longest bicycle travel distance, with the United States, which has the shortest, the death rate in the Netherlands is **about one quarter that of the United States**. One possible reason is that **countries where bicycles are used more often** have safer environments and facilities for cyclists, **such as bike lanes and road signs** for cyclists.　　　　　(85 words)

18

Round 1　理解　定着　発信　　**手順と構成を理解する**

次の絵の意味について、あなたが考えたことを 80 語程度の英語で説明しなさい。

(絵は → 別冊 p.38)

💡 **発想**　日本語で下書きを作成する　　▶▶くわしくは → p.200

要素　**必要な要素を考える**

・(絵にあるのは…) 自然の景色をテレビで見ている少年、たくさんの自然に関する本

・(それ以外には…) 窓の外にテレビと同じ景色

・(絵から読み取れることは…) 少年は自然に興味があるようだ

・(それなのに…) 屋外で見られる景色をテレビで見ている

・(この少年がすべきなのは…) 自然に興味があるなら、屋外で景色を楽しむべき

・(この絵が伝えたいことは…) 自然を直接体験することの大切さ

配置　**考えた要素を適切に並べ替えながらメモを作成する**

> 見解　この絵の意味＝自然を直接体験することの大切さ
> ↓
> 理由　たくさんの自然に関する本 → 自然に興味がある
> ↕
> 屋外で見られる景色をテレビで見ている
> ↓
> 自然に興味があるなら、屋外で景色を楽しむべき
> → 新鮮な空気と暖かい日差しに感動する

展開　**メモを文章のかたちにする**

見解　① この絵は、自然を直接体験することが大切だということを意味していると思う。

理由　② この少年は自然に関する本をたくさん持っているので、自然に興味があるようだ。

③ 屋外で同じ景色が見られるのに、テレビでその景色を見ている。

④ もし本当に自然に興味があるのなら、テレビを見るのをやめて、窓を開けて外の景色を楽しむべきだ。

→ ⑤ 室内にいては決して体験することができない、新鮮な空気と暖かい日差しに感動するだろう。

英訳　　展開　で決めた内容を英語にする

① この絵は、自然を直接体験することが大切だということを意味していると思う。

▶ I think the picture means it is important to experience nature firsthand.

② この少年は自然に関する本をたくさん持っているので、自然に興味があるようだ。

▶ The boy seems interested in nature because he has a lot of books about the topic.

③ 屋外で同じ景色が見られるのに、テレビでその景色を見ている。

▶ He is watching a scene on TV even though he can see the same scene outside.

④ もし本当に自然に興味があるのなら、テレビを見るのをやめて、窓を開けて外の景色を楽しむべきだ。

▶ If he is really interested in nature, he should stop watching TV and open the window to enjoy the outdoor scene.

⑤ 室内にいては決して体験することができない、新鮮な空気と暖かい日差しに感動するだろう。

▶ He will be impressed by the fresh air and warm sunshine, which he can never experience while staying indoors.

完成　　文のつながりを意識して英文をまとめる

モデル英文 19　次のページの解説を読み、構成を理解した上で暗唱しよう。

I think the picture means it is important to experience nature firsthand. The boy seems interested in nature because he has a lot of books about the topic. **However**, he is watching a scene on TV even though he can see the same scene outside. If he is really interested in nature, he should stop watching TV and open the window to enjoy the outdoor scene. **Then** he will be impressed by the fresh air and warm sunshine, which he can never experience while staying indoors.

(86 words)

この絵は、自然を直接体験することが大切だということを意味していると思う。この少年は自然に関する本をたくさん持っているので、自然に興味があるようだ。しかし、屋外で同じ景色が見られるのに、テレビでその景色を見ている。もし本当に自然に興味があるのなら、テレビを見るのをやめて、窓を開けて外の景色を楽しむべきだ。そうすれば、室内にいては決して体験することができない、新鮮な空気と暖かい日差しに感動するだろう。

19

発想　日本語で下書きを作成する

　この問題では、「絵に込められた意味」を読み取り、説明することが求められています。絵の解釈は、見る人によって変わります。しかし、「この絵のこの点に注目すれば、常識的に〜と解釈するのが妥当だ」という解釈があるからこそ、入試問題として出題されているはずです。したがって、誰にも理解できないような独善的な解釈は避け、多くの人が納得できるような常識的な解釈を、これまで学んできた論理展開を使って説明するようにしましょう。

要素　必要な要素を考える

　まずは絵に描かれていることを確認しましょう。「**自然の景色をテレビで見ている少年**」が描かれていますね。少年の横のテーブルには「**たくさんの自然に関する本**」が置かれています。さらに、「**窓の外にテレビと同じ景色**」が広がっています。自然に関する本をたくさん持っていて、テレビで自然の景色を見ていることから、「**少年は自然に興味がある**」ようですが、「**屋外で見られる景色をテレビで見ている**」のは不自然ですよね。この違和感が、作者が絵に込めたメッセージを読み解くヒントになりそうです。つまり、この少年は「**自然に興味があるなら、屋外で景色を楽しむべき**」であり、その矛盾を描いているこの絵は、「**自然を直接体験することの大切さ**」を伝えようとしているのだと考えられます。

配置　考えた要素を適切に並べ替えながらメモを作成する

　まず、〈トピックセンテンス〉で「**この絵の意味＝自然を直接体験することの大切さ**」という〈見解〉を述べます。次に、なぜそのように言えるのか、その〈理由〉を述べていきます。まず、「**たくさんの自然に関する本**」があることから、少年は「**自然に興味がある**」ことを述べます。さらに、「**屋外で見られる景色をテレビで見ている**」ことを挙げると、少年の〈興味〉と〈実際の行動〉の矛盾という〈対比〉から、絵に込められたメッセージを読み解いたことを読み手に伝えることができます。さらに、少年の行動の矛盾を受けて、「**自然に興味があるなら、屋外で景色を楽しむべき**」という解決法を述べます。さらに、そうすることで「**新鮮な空気と暖かい日差しに感動する**」ことを伝えれば、まさに〈トピックセンテンス〉で述べた「**自然を直接体験する**」ことにほかならないので、最初から最後まで論旨が一貫した、説得力のある説明になります。

表現　表現のポイント

① この絵は、自然を直接体験することが大切だということを意味していると思う。

I think the picture means it is important to experience nature firsthand.

表現　□ **自然** ▶ nature　注 この意味では無冠詞で用いる。
　　　□ （A の）性質、本質 ▶ the nature (of A)

② この少年は自然に関する本をたくさん持っているので、自然に興味があるようだ。

The boy seems interested in nature because he has a lot of books about the topic.

🖉「S は C のように見える、思われる」という書き手の主観的な判断・印象は、〈S seem C〉で表せる。The boy is interested ... とすると、「少年は自然に興味がある」という事実を述べることになるが、ここでは絵に対する主観的な解釈（＝事実かどうかは不明だが自分にはそう思える）を述べているので、seems にする必要がある。

③ しかし、屋外で同じ景色が見られるのに、テレビでその景色を見ている。

However, he is watching a scene on TV even though he can see the same scene outside.

🖉 動作を描写するときは、原則として〈現在進行形〉を用いる。

🖉〈譲歩〉の意味を表す接続詞 though は、〈Though SV ..., SV ~.〉または〈SV ~(,) though SV ....〉というかたちで用いる。〈even though〉は though の強調形。

④ もし本当に自然に興味があるのなら、テレビを見るのをやめて、窓を開けて外の景色を楽しむべきだ。

If he is really interested in nature, he should stop watching TV and open the window to enjoy the outdoor scene.

表現 □ テレビを見る（視聴する）▶ watch TV

⑤ そうすれば、室内にいては決して体験することができない、新鮮な空気と暖かい日差しに感動するだろう。

Then he will be impressed by the fresh air and warm sunshine, which he can never experience while staying indoors.

🖉🖉 ④ → ⑤は〈If SV[1] → SV[2] → Then → SV[3]〉という展開になっていることに注目。「もし [1] なら→ [2] →もし [2] なら（＝そうすれば）→ [3]」という論理展開。④「自然に興味があれば〈条件〉→ 窓を開けて外の景色を楽しむべき〈結果〉」が If SV[1] → SV[2] にあたり、⑤「窓を開けて外の景色を楽しめば（＝そうすれば）〈条件〉→新鮮な空気と暖かい日差しに感動する〈結果〉」が Then → SV[3] にあたる。

🖉「～している間」は〈while S be *doing*〉で表す。while 節の主語が主節の主語と同じ場合は、while 節の主語と be 動詞を省略できる。ここでは while (he is) staying indoors の he is が省略されている。

表現 感動する ▶ be impressed

19

201

次の絵の意味について、あなたが考えたことを 80 語程度の英語で説明しなさい。

（絵は → 別冊 p.38）

💡 発想　日本語で下書きを作成する

> 見解　この絵の意味＝自然を直接体験することの大切さ
> ↓
> 理由　たくさんの自然に関する本 → 自然に興味がある
> ↕ 矛盾
> 屋外で見られる景色をテレビで見ている
> ↓
> 自然に興味があるなら、屋外で景色を楽しむべき
> → 新鮮な空気と暖かい日差しに感動する

✏️ 表現　日本語の下書きをもとに英語で意見を書く

① この絵は、<u>自然を直接体験すること</u>が大切だということを意味していると思う。
I think the picture means it is important ＿＿＿(3語)＿＿＿ firsthand.

② <u>この少年は自然に関する本をたくさん持っているので、自然に興味があるようだ。</u>
＿＿＿(4語)＿＿＿ in nature because he has a lot of books about the topic.

③ しかし、屋外で同じ景色が見られるのに、テレビでその景色を見ている。
However, he is watching a scene on TV ＿＿＿(4語)＿＿＿ see the same scene outside.

④ もし本当に自然に興味があるのなら、<u>テレビを見るのをやめて</u>、窓を開けて外の景色を楽しむべきだ。
If he is really interested in nature, he should ＿＿＿(3語)＿＿＿ and open the window to enjoy the outdoor scene.

⑤ そうすれば、室内にいては決して体験することができない、新鮮な空気と暖かい日差しに感動するだろう。
Then he will be impressed by the fresh air and warm sunshine, which he can never experience ＿＿＿(3語)＿＿＿.

次の英文の下線部を正しい表現に直そう。

I think the picture means it is important ① <u>to experience the nature</u> firsthand. ② <u>The boy seems that he is interested</u> in nature because he has a lot of books about the topic. However, he is watching a scene on TV ③ <u>even although</u> he can see the same scene outside. If he is really interested in nature, he should ④ <u>stop seeing the TV</u> and open the window to enjoy the outdoor scene. Then he will be impressed by the fresh air and warm sunshine, which he can never experience ⑤ <u>during staying indoors</u>.

正解　注意すべきポイント

① **to experience nature** ▶ 「自然」の意味の nature は無冠詞で用いる。

② **The boy seems interested** ▶ 「S は C のように見える、思われる」は〈S seem C〉で表す。〈It seems that SV〉（S が V するように思える）と混同する間違いが多い。

③ **even though** ▶〈even though〉は though の強調形。though と although は原則として交換可能だが、× even although とは言えない。

④ **stop watching TV** ▶ 「テレビを見る〔視聴する〕」は〈watch TV〉で表す。TV は無冠詞であることに注意。× see〔look at〕TV とは言えない。

⑤ **while staying indoors** ▶ 「〜している間」は〈while S be *doing*〉で表す。ここでは while (he is) staying indoors の he is が省略されている。during は「〜（の期間）の間ずっと」という意味の前置詞だが、目的語に動名詞をとることはできない。

モデル英文 19

I think the picture means it is important **to experience nature** firsthand. **The boy seems interested** in nature because he has a lot of books about the topic. However, he is watching a scene on TV **even though he can** see the same scene outside. If he is really interested in nature, he should **stop watching TV** and open the window to enjoy the outdoor scene. Then he will be impressed by the fresh air and warm sunshine, which he can never experience **while staying indoors**. (86 words)

19

次の絵の意味について、あなたが考えたことを80語程度の英語で説明しなさい。

（絵は → 別冊 p.38）

💡 発想　日本語で下書きを作成する

> | 見解 | この絵の意味＝自然を直接体験することの大切さ |
>
> ↓
>
> | 理由 | たくさんの自然に関する本 → 自然に興味がある |
>
> ↕ 矛盾
>
> 屋外で見られる景色をテレビで見ている
>
> ↓
>
> 自然に興味があるなら、屋外で景色を楽しむべき
> → 新鮮な空気と暖かい日差しに感動する

✏️ 表現　日本語の下書きをもとに英語で意見を書く

（ヒント1）次の日本語を英語に直そう。

この絵は、自然を直接体験することが大切だということを意味していると思う。この少年は自然に関する本をたくさん持っているので、自然に興味があるようだ。しかし、屋外で同じ景色が見られるのに、テレビでその景色を見ている。もし本当に自然に興味があるのなら、テレビを見るのをやめて、窓を開けて外の景色を楽しむべきだ。そうすれば、室内にいては決して体験することができない、新鮮な空気と暖かい日差しに感動するだろう。

ヒント1 の日本語を参考に、次の英文の下線部に適切な表現を入れよう。

I think the picture means _____ (6語) _____ firsthand. _____
_____ (6語) because he has a lot of books about the topic. However,
he is watching a scene on TV _____ (8語) _____ outside. If he is
really interested in nature, _____ (5語) _____ and open the window
to enjoy the outdoor scene. Then he will be impressed by the fresh air and
warm sunshine, which _____ (7語) _____.

✔ 確認 ┃ 書いた英文を確認する

☐ 自然 ▶ nature
☐ S は C のように見える、思われる ▶ S seem C
☐ 〜にもかかわらず ▶ even though
☐ (今している活動を) やめる ▶ stop *doing*
☐ テレビを見る〔視聴する〕 ▶ watch TV
☐ 〜している間 ▶ while (S be) *doing*

✔ 最後に確認

☐ 名詞：特定か不特定か／単数か複数か
☐ 動詞：時制は適切か／助動詞は適切か／語法は適切か
☐ つながり：文と文のつながりは適切か／数の一致は適切か

モデル英文 19

　I think the picture means **it is important to experience nature** firsthand.
The boy seems interested in nature because he has a lot of books about the
topic. However, he is watching a scene on TV **even though he can see the
same scene** outside. If he is really interested in nature, **he should stop
watching TV** and open the window to enjoy the outdoor scene. Then he will
be impressed by the fresh air and warm sunshine, which **he can never
experience while staying indoors**.

(86 words)

19

Round 1 | 理解 〉定着 〉発信 　　**手順と構成を理解する**

大学の英語の授業で、「あなたの出身地にある、外国人観光客にぜひ訪れてほしいスポット」を説明することになりました。あなたなら、どこを訪れ、何をすることを外国人観光客に勧めますか。80語程度の英語で書きなさい。

💡 **発想** 日本語で下書きを作成する ▶▶ くわしくは → p.208

要素 　**必要な要素を考える**

・(出身地は?) 福岡県北九州市
・(勧めたいことは?) 日本らしい体験
・(お勧めの場所は?) 小倉城
・(そこで何をする?) 歴史学習+日本の伝統文化の体験(茶会)
・(ほかには?) 春の花見

配置 　**考えた要素を適切に並べ替えながらメモを作成する**

> | 導入 | 出身地=福岡県北九州市 |
> |---|---|
>
> ↓
>
> | お勧め | 小倉城 |
> |---|---|
>
> ↓
>
> | 理由 | 小倉城の歴史を学べる+日本の伝統文化を体験できる |
> |---|---|
>
> > | 具体① | 茶会で着物と抹茶を体験できる |
> > |---|---|
> > | 具体② | 春には桜の「花見」も楽しめる |

展開 　**メモを文章のかたちにする**

導入	① 私は福岡県北九州市出身です。

お勧め	② 私の故郷を訪れる外国人観光客には、小倉城へ行くことをお勧めします。

理由	③ そこでは小倉城の興味深い歴史を学び、日本の伝統文化に関連したアクティビティを体験できます。

> | 具体① | ④ そこではよく茶会が開かれ、参加者は着物を着て抹茶を飲むというユニークな体験をすることができます。 |
> |---|---|
> | 具体② | ⑤ 春になると、外国人観光客は「花見」と呼ばれる日本独特の方法で、城の周りにある美しい桜を楽しむことができます。 |

英訳　展開 で決めた内容を英語にする

① 私は福岡県北九州市出身です。
▶ I am from Kitakyushu City in Fukuoka Prefecture.

② 私の故郷を訪れる外国人観光客には、小倉城へ行くことをお勧めします。
▶ I recommend that foreign visitors to my hometown visit Kokura Castle.

③ そこでは小倉城の興味深い歴史を学び、日本の伝統文化に関連したアクティビティを体験できます。
▶ They can learn about its interesting history and do some activities related to traditional Japanese culture there.

④ そこではよく茶会が開かれ、参加者は着物を着て抹茶を飲むというユニークな体験をすることができます。
▶ Tea ceremonies are often held there, and the participants can have the unique experience of wearing kimonos and drinking green tea.

⑤ 春になると、外国人観光客は「花見」と呼ばれる日本独特の方法で、城の周りにある美しい桜を楽しむことができます。
▶ In spring, foreign visitors can enjoy the beautiful cherry blossoms around the castle in the unique Japanese way known as "Hanami."

完成　文のつながりを意識して英文をまとめる

モデル英文 20　次のページの解説を読み、構成を理解した上で暗唱しよう。

　　I am from Kitakyushu City in Fukuoka Prefecture. I recommend that foreign visitors to my hometown visit Kokura Castle **because** they can learn about its interesting history and do some activities related to traditional Japanese culture **there**. **For example**, tea ceremonies are often held **there**, and the participants can have the unique experience of wearing kimonos and drinking green tea. **Moreover**, in spring, foreign visitors can enjoy the beautiful cherry blossoms around the castle in the unique Japanese way known as "Hanami."　　(82 words)

20

私は福岡県北九州市出身です。私の故郷を訪れる外国人観光客には、小倉城へ行くことをお勧めします。なぜなら、そこでは小倉城の興味深い歴史を学び、日本の伝統文化に関連したアクティビティを体験できるからです。たとえば、そこではよく茶会が開かれ、参加者は着物を着て抹茶を飲むというユニークな体験をすることができます。さらに、春になると、外国人観光客は「花見」と呼ばれる日本独特の方法で、城の周りにある美しい桜を楽しむことができます。

発想　日本語で下書きを作成する

　この問題では、「外国人観光客にあなたの出身地でどこを訪れ、何をすることを勧めるか」を説明することを求められています。このような問題では、まず出身地を紹介してから、訪れるべき場所やするべきことを述べることになります。その際に、「外国人観光客」に勧めるという条件があることに注意しましょう。この条件には、「日本でしか体験できないこと」「外国人にとって興味深いこと」を紹介してほしいという出題者のメッセージが込められています。したがって、外国人が思い浮かべる典型的な日本のイメージに合うことを挙げるのが無難です。奇をてらわずに、「温泉」「お城」「着物」「花見」「和食」のような、日本らしさを感じさせるキーワードを用いて説明するようにしましょう。

要素　必要な要素を考える

　ここでは、「福岡県北九州市」出身ということで考えてみます。まず、北九州市で「日本らしい体験」ができる場所を考えます。北九州市には「小倉城」という名所があり、そこでは「歴史学習」ができるので、日本の歴史を知るよい体験ができそうです。さらに、「茶会」が開かれているので、「日本の伝統文化の体験」もできます。小倉城は桜の名所としても知られているので、「春の花見」も日本の文化の体験の場としてお勧めできそうです。

配置　考えた要素を適切に並べ替えながらメモを作成する

　まず、〈トピックセンテンス〉で「出身地＝福岡県北九州市」と出身地を〈導入〉します。次に、お勧めの場所として「小倉城」を紹介します。その理由として、「小倉城の歴史を学べる」こと、「日本の伝統文化を体験できる」ことを挙げます。「日本の伝統文化の体験」については、「茶会で着物と抹茶を体験できる」と具体的にできることを挙げると、〈概略→詳細〉の論理展開になり、読み手にもお勧めポイントが伝わりやすくなります。さらに、「日本の伝統文化の体験」の具体例として「春には桜の『花見』も楽しめる」ことも挙げておくと、小倉城が外国人観光客にとってお勧めの場所であることを十分に理解してもらえるでしょう。

表現　表現のポイント

① 私は福岡県北九州市出身です。

I am from Kitakyushu City in Fukuoka Prefecture.

　「S は A 出身である」は〈S be〔come〕from A〉で表す。出身地は常に変わらないので、現在形で表すことに注意。都道府県・市町村は固有名詞なので、大文字で始める。

② 私の故郷を訪れる外国人観光客には、小倉城へ行くことをお勧めします。

I recommend that foreign visitors to my hometown visit Kokura Castle

　「S が〜することを勧める」は〈recommend that S do / recommend that S should do〉で表す。that 節内の動詞には原形か should do を用いることに注意。

③ なぜなら、そこでは小倉城の興味深い歴史を学び、日本の伝統文化に関連したアクティビティを体験できるからです。

because they can learn about its interesting history and do some activities related to traditional Japanese culture there.

✐ there は in Kokura Castle ということ。there を用いることで前文との結束性が生まれることに注目。

表現　□ **A について知る、A について知識を得る** ▶ **learn about A**
　　　□ A（知識・技術など）を学ぶ、習得する、身につける ▶ learn A
　　　□ **（楽しむための）活動** ▶ **activities**　注 この意味では複数形が一般的。
　　　□ レジャー活動 ▶ leisure activities / アウトドア活動 ▶ outdoor activities

④ たとえば、そこではよく茶会が開かれ、参加者は着物を着て抹茶を飲むというユニークな体験をすることができます。

For example, tea ceremonies are often held there, and the participants can have the unique experience of wearing kimonos and drinking green tea.

✐ 前文の「<u>小倉城で体験できる日本の伝統文化に関連するアクティビティ</u>」の具体例を紹介しているので、there「そこで（＝小倉城で）」を加えると前文との結束性が生まれる。

✐ ここでの「参加者」とは、「（小倉城という特定の場所で開かれる）<u>特定の</u>茶会への参加者」なので、〈特定＋複数形〉の組み合わせである <u>the participants</u> が適切。the participant〈特定＋単数形〉だと参加者が1人になってしまう。a participant / participants は〈不特定〉。

表現　□ **A（会議・イベントなど）が開かれる、催される** ▶ **A be held**
　　　□ **〜する経験** ▶ **experience of *doing***　注 × experience to *do* は不可。

⑤ さらに、春になると、外国人観光客は「花見」と呼ばれる日本独特の方法で、城の周りにある美しい桜を楽しむことができます。

Moreover, in spring, foreign visitors can enjoy the beautiful cherry blossoms around the castle in the unique Japanese way known as "Hanami."

✐ それまでの内容に対して、「さらに」と新たな情報を文のかたちで追加する時は〈SV 〜. Moreover, SV ....〉を用いる。moreover は副詞句で、直後にコンマが必要。

表現　□ **S は A の名称で知られている〔呼ばれている〕** ▶ **S be known as A**
　　　注 ここでは、known as "Hanami" という形容詞句が the unique Japanese way を後ろから修飾している。
　　　□ S は A で有名である ▶ S be known for A
　　　□ S は A に知られている ▶ S be known to A

20

大学の英語の授業で、「あなたの出身地にある、外国人観光客にぜひ訪れてほしいスポット」を説明することになりました。あなたなら、どこを訪れ、何をすることを外国人観光客に勧めますか。80 語程度の英語で書きなさい。

💡 発想　日本語で下書きを作成する

導入　出身地＝福岡県北九州市
↓
お勧め　小倉城
↓
理由　小倉城の歴史を学べる＋日本の伝統文化を体験できる
　　具体①　茶会で着物と抹茶を体験できる
　　具体②　春には桜の「花見」も楽しめる

✏️ 表現　日本語の下書きをもとに英語で意見を書く

① 私は福岡県北九州市<u>出身</u>です。

　　　　　(3語)　　　　　　　　　Kitakyushu City in Fukuoka Prefecture.

② 私の故郷を訪れる外国人観光客には、<u>小倉城へ行く</u>ことをお勧めします。

I recommend that foreign visitors to my hometown ＿＿＿(3語)＿＿＿

③ なぜなら、小倉城の興味深い歴史を学び、日本の伝統文化に関連した<u>アクティビティを体験</u>できるからです。

because they can learn about its interesting history and ＿＿＿(3語)＿＿＿
related to traditional Japanese culture there.

④ たとえば、そこでは<u>よく茶会が開かれ</u>、参加者は着物を着て抹茶を飲むというユニークな体験をすることができます。

For example, tea ceremonies ＿＿＿(3語)＿＿＿ there, and the participants
can have the unique experience of wearing kimonos and drinking green tea.

⑤ さらに、春になると、外国人観光客は<u>「花見」と呼ばれる</u>日本独特の方法で、城の周りにある美しい桜を楽しむことができます。

Moreover, in spring, foreign visitors can enjoy the beautiful cherry blossoms
around the castle in the unique Japanese way ＿＿＿(3語)＿＿＿.

次の英文の下線部を正しい表現に直そう。

① <u>I was from</u> Kitakyushu City in Fukuoka Prefecture. I recommend that foreign visitors to my hometown ② <u>will visit Kokura Castle</u> because they can learn about its interesting history and do ③ <u>activity</u> related to traditional Japanese culture there. For example, tea ceremonies ④ <u>are often opened</u> there, and the participants can have the unique experience of wearing kimonos and drinking green tea. Moreover, in spring, foreign visitors can enjoy the beautiful cherry blossoms around the castle in the unique Japanese way ⑤ <u>known for "Hanami."</u>

正解　注意すべきポイント

① **I am from** ▶ 「S は A 出身である」は〈S be〔come〕from A〉で表す。出身地は常に変わらないので、現在形で表す。

② **visit Kokura Castle** ▶ 「S が～することを勧める」は〈recommend that S *do* / recommend that S should *do*〉で表す。that 節内の動詞は原形か should *do*。

③ **some activities** ▶ activities は「(楽しむための) 活動」の意味では複数形が一般的。

④ **are often held** ▶ 「A (会議・イベントなど) が開かれる、催される」は〈A be held〉で表す。「開かれる」に引きずられて A be opened としてしまわないよう注意。

⑤ **known as "Hanami."** ▶ 「S は A の名称で知られている〔呼ばれている〕」は〈S be known as A〉で表す。S be known for A だと「S は A で有名である」という意味になる。

モデル英文 20

I am from Kitakyushu City in Fukuoka Prefecture. I recommend that foreign visitors to my hometown **visit Kokura Castle** because they can learn about its interesting history and **do some activities** related to traditional Japanese culture there. For example, tea ceremonies **are often held** there, and the participants can have the unique experience of wearing kimonos and drinking green tea. Moreover, in spring, foreign visitors can enjoy the beautiful cherry blossoms around the castle in the unique Japanese way **known as "Hanami."**

(82 words)

20

理解 〉定着 〉発信 **覚えた例文を再現する**

大学の英語の授業で、「あなたの出身地にある、外国人観光客にぜひ訪れてほしいスポット」を説明することになりました。あなたなら、どこを訪れ、何をすることを外国人観光客に勧めますか。80 語程度の英語で書きなさい。

💡 発想 **日本語で下書きを作成する**

導入 出身地＝福岡県北九州市
↓
お勧め 小倉城
↓
理由 小倉城の歴史を学べる＋日本の伝統文化を体験できる
具体① 茶会で着物と抹茶を体験できる
具体② 春には桜の「花見」も楽しめる

✏️ 表現 **日本語の下書きをもとに英語で意見を書く**

（ ヒント 1 ） 次の日本語を英語に直そう。

私は福岡県北九州市出身です。私の故郷を訪れる外国人観光客には、小倉城へ行くことをお勧めします。なぜなら、そこでは小倉城の興味深い歴史を学び、日本の伝統文化に関連したアクティビティを体験できるからです。たとえば、そこではよく茶会が開かれ、参加者は着物を着て抹茶を飲むというユニークな体験をすることができます。さらに、春になると、外国人観光客は「花見」と呼ばれる日本独特の方法で、城の周りにある美しい桜を楽しむことができます。

ヒント1 の日本語を参考に、次の英文の下線部に適切な表現を入れよう。

_____ in Fukuoka Prefecture. I recommend that
       (5語)
foreign visitors _____ because they can learn about its
            (6語)
interesting history and _____ there. For example,
           (8語)
_____ there, and the participants can have the unique
     (5語)
experience of wearing kimonos and drinking green tea. Moreover, in spring,
foreign visitors can enjoy the beautiful cherry blossoms around the castle in
_____ .
    (7語)

✔ 確認 | **書いた英文を確認する**

- □ S は A 出身である ▶ S be〔come〕from A
- □ S が〜することを勧める ▶ recommend that S (should) *do*
- □ (楽しむための) 活動 ▶ activities
- □ A (会議・イベントなど) が開かれる、催される ▶ A be held
- □ S は A の名称で知られている〔呼ばれている〕▶ S be known as A

✔ 最後に確認

- □ 名詞：特定か不特定か／単数か複数か
- □ 動詞：時制は適切か／助動詞は適切か／語法は適切か
- □ つながり：文と文のつながりは適切か／数の一致は適切か

モデル英文 20

I am from Kitakyushu City in Fukuoka Prefecture. I recommend that foreign visitors **to my hometown visit Kokura Castle** because they can learn about its interesting history and **do some activities related to traditional Japanese culture** there. For example, **tea ceremonies are often held** there, and the participants can have the unique experience of wearing kimonos and drinking green tea. Moreover, in spring, foreign visitors can enjoy the beautiful cherry blossoms around the castle in **the unique Japanese way known as "Hanami."**

                                                      (82 words)

20

□ 17　表の説明

　「3つの要素のこの点がこれだけ異なる」という具体的な説明の仕方で差が出ました。語数制限があるので、すべての違いに言及することは不可能です。**最も特徴的な違いにしぼり、その点についてできるだけくわしく説明する**ようにしましょう。数字の説明については、「数字を言い換える → **割り算で〈割合〉、引き算で〈差〉に言い換える**ことで、数字に対する読み手のイメージがふくらみ、より強い実感につながる」というコツを再確認しておきましょう。

□ 18　グラフの説明

　「2種類のグラフの示す意味」についてはよく書けていましたが、その傾向を説明する部分で大きく差が出ました。データの種類が9か国と多く、どこに着目すればいいのか迷ったことが原因と考えられます。データが多い場合、そのすべてに注目することは不可能です。そんな時は、**データを大きく2つか3つのグループに分けてみて、特に大きな違いや傾向に注目して**みましょう。あえて**単純化して、大まかな対比をする**ことで、初めて見えてくる違いや傾向もあるということを覚えておきましょう。

□ 19　イラストの説明

　「自然に関する本が多い。テレビを見ている。自然の風景に関する番組だ」のように、イラストに描かれている状況を説明するだけで、そこに込められた意味に対する考察がない答案が目立ちました。そのような答案は、「イラストに込められた意味を説明する」という**条件に答えていないので、大幅な減点対象となります**。また、ポイントとなる**重要な要素の見落とし**や、**一部の要素だけに偏って注目**したために、解釈に無理がある答案も見られました。

□ 20　出身地のお勧めスポットの説明

　「海が近く魚がおいしい」や「自然が豊富だ」のように、あまりにも漠然としすぎて、出身地の特徴が感じられないことを書いている答案が多く見られました。これでは、「外国人観光客へのお勧め」という条件を十分に満たしたことになりません。**日本に固有で、かつその場所以外ではまずお目にかかれない、いかにも外国人の興味を引きそうなこと**について説明するようにしましょう。また、非常にマイナーな食べ物や観光地を挙げる答案も多くみられましたが、それらについて、どんなにくわしく書いても、イメージがしにくく、外国人が日本に抱く典型的なイメージとも言えないので、答案としての評価は下がることになります。

書籍のアンケートにご協力ください

抽選で**図書カードを**
プレゼント！

Z会の「個人情報の取り扱いについて」はＺ会
Webサイト(https://www.zkai.co.jp/home/policy/)
に掲載しておりますのでご覧ください。

著者紹介

米山 達郎（よねやま たつろう）

ラ・サール高校、京都大学文学部卒業。総合教育機関
ECC、河合塾を経て、現在は『米山達郎英語塾』を主宰し、
英作文の添削指導、個別学習相談、講演会などを行う。
著作に『英文法・語法 Vintage』（共著、いいずな書店）、
『英文法・語法 SWing』（共著、Gakken）、『パラグラフ
リーディングのストラテジー①②③』（共著、河合出版）
などがある。
米山達郎英語塾　http://www.yone-juku.net/

久保田 智大（くぼた ともひろ）

栄東高校、東京大学文学部英文科卒業。ロンドン大学大
学院（バークベック校）応用言語学科英語教授法専攻修
了。現在は駿台予備学校英語科講師としてお茶の水校を
中心に出講し、教材や模試の作成も多く手掛けている。
著作に『英文解釈クラシック』（研究社）がある。

大学入試 英作文バイブル 自由英作文編 解いて覚えるモデル英文20

初版第 1 刷発行	………………	2023 年 12 月 10 日
著者	…………………………	米山達郎、久保田智大
発行人	………………………	藤井孝昭
発行	………………………	Ｚ会
		〒411-0033　静岡県三島市文教町 1-9-11
		【販売部門：書籍の乱丁・落丁・返品・交換・注文】
		TEL 055-976-9095
		【書籍の内容に関するお問い合わせ】
		https://www.zkai.co.jp/books/contact/
		【ホームページ】
		https://www.zkai.co.jp/books/
装丁	…………………………	BLANC design inc.
印刷・製本・DTP	…………	シナノ書籍印刷株式会社

Z-KAI

別冊

大学入試

英作文バイブル

自由英作文編

問題・モデル英文
＋
テーマ別表現集

この別冊は、「問題＋モデル英文」と「テーマ別表現集」の2つで構成されています。ここでそれぞれの使い方を確認し、本書で学んだ知識の定着に役立てましょう。

本体で学ぶ問題と解答が掲載されています。本体での学習の前後に次のように活用しましょう。

① **本体での学習を始める前に**…各課の学習を始める前に、この別冊を使って問題を解いてみます。本体の解説と同じ紙面構成になっているので、まずは示された手順に沿って、原則編で学んだ論理展開を用いて文を組み立てられるかを確認しましょう。

② **本体での学習を終えた後に**…本体での学習を終えたら、モデル英文を暗唱できたかをこの別冊を使って確認します。問題を見て、モデル英文を復元できるかを確認します。うまく復元できない場合は、 要素 に挙げられている内容をヒントに思い出してみましょう。問題を見て、モデル英文をすらすらと復元できるようになるのが、本書の最終目標になります。

大学入試の自由英作文で頻出のテーマについて、よく使われる表現をまとめました。モデル英文と合わせて覚えることで、さまざまなテーマについて語れる表現力が身につきます。

音声サイトのご案内

本書のモデル英文の音声は、下記サイトから無料でダウンロードできます。各 Round の学習の際や、別冊を使って英文を暗唱する際にご活用ください。

https://service.zkai.co.jp/books/zbooks_data/dlstream?c=3091

オンライン教育 (online education) を取り入れる学校が増えていますが、あなたはオンライン教育についてどのように考えていますか。オンライン教育のメリットとデメリットについて、80 語程度の英語で説明しなさい。

💡 発想   日本語で下書きを作成する

要素　必要な要素を考える

- (オンライン教育のメリットと言えば…) 通学しないで受講可能
- (オンライン教育のデメリットと言えば…) 授業に集中できない
- (通学しないで済むということは…) 通学時間の節約、時間の有効活用
- (集中できない理由は…) 部屋に 1 人 → 誘惑あり (まんがやゲーム)
- (まんがやゲームがあると…) 注意散漫、学習意欲の低下

配置　考えた要素を適切に並べ替えながらメモを作成する

展開　メモを文章のかたちにする

英訳 展開 で決めた内容を英語にする

_____

_____

_____

_____

_____

_____

_____

完成 文のつながりを意識して英文をまとめる

モデル英文 01

One advantage of online education is that you can take lessons without physically going to school or university. This saves commuting time and enables you to spend more time studying or doing whatever you like. On the other hand, one disadvantage of online education is that you may have difficulty concentrating on lessons. There are various temptations such as comic books or video games when you are alone in your room. These temptations can distract you and make you less motivated to learn.

(83 words)

オンライン教育の1つのメリットは、学校や大学に物理的に通うことなく授業を受けることができることである。そのおかげで通学時間が節約され、勉強や何でも好きなことに時間を割くことができる。一方、オンライン教育の1つのデメリットは、授業に集中しにくいかもしれないということである。部屋に1人でいると、まんがやゲームなど、さまざまな誘惑がある。こうした誘惑があると、気が散ってしまい、学習意欲が低下してしまう恐れがある。

ペットを飼うことは、飼い主にさまざまなよい効果をもたらすといわれています。あなたが考えるペットを飼うメリットを、80 語程度の英語で説明しなさい。

💡 発想 日本語で下書きを作成する

要素 必要な要素を考える

・メリットは複数ある

・メリット①：責任感が芽生える

・メリット②：命の尊さを知る

・（責任感が芽生えるのは…）ペットは人による世話が不可欠

・（命の尊さを知るのは…）ペットが亡くなった時

配置 考えた要素を適切に並べ替えながらメモを作成する

展開 メモを文章のかたちにする

英訳　展開 で決めた内容を英語にする

完成　文のつながりを意識して英文をまとめる

モデル英文 02

Having a pet has several advantages. First, you can develop a sense of responsibility. Pets cannot live without being taken care of, so you have to feed them, clean their houses, and check their health. This will help you to be a more responsible person. Second, by having a pet, you will learn how precious life is. You may feel sad when your pet dies. However, the very experience of loss can help you realize the importance of life.　(79 words)

ペットを飼うことには、いくつかの利点がある。まず、責任感が芽生える。ペットは世話をしないと生きていけないので、えさをあげたり、すみかを掃除したり、健康状態をチェックしたりしなければならない。そうすることで、より責任感のある人間になることができる。次に、ペットを飼うことで、命の尊さを知ることができる。ペットが死ぬと、悲しい気持ちになるかもしれない。しかし、まさにその喪失という体験が、命の大切さを教えてくれるのだ。

日本で働く外国人の数は、今後も増加していくことが予想されます。日本が多くの外国人が暮らす多文化社会（a multicultural society）になった場合、どのような難点（drawback）があると思いますか。あなたの考えを 80 語程度の英語で説明しなさい。

💡 **発想**　**日本語で下書きを作成する**

要素　**必要な要素を考える**

・（多文化社会の難点は…）言語や文化の違いからトラブルが発生

・（日本への移民は…）言葉の不自由さや生活習慣の違い

・（違いがあると…）日本人同士では起こりえない問題になるおそれも

・（具体的には…）移民による暴動

・（なぜそう言える?）一部の欧州諸国で移民による暴動が起きている

配置　**考えた要素を適切に並べ替えながらメモを作成する**

展開　**メモを文章のかたちにする**

英訳　**展開** で決めた内容を英語にする

_____

_____

_____

_____

_____

_____

_____

_____

完成　文のつながりを意識して英文をまとめる

モデル英文 03

　　One of the drawbacks of living in a multicultural society is that trouble can arise between the Japanese and foreigners because of differences in language and culture.　Misunderstandings can easily occur due to a lack of language skills or differences in lifestyle, which can lead to problems that would not normally occur among Japanese people.　I have heard that riots by immigrants have happened in some Western countries.　If more immigrants come to Japan, the same problem may occur in Japan.　(81 words)

多文化社会で暮らすことの難点の１つは、言語や文化の違いから、日本人と外国人の間でトラブルが発生しかねないということだ。言葉の不自由さや生活習慣の違いから誤解が生じやすく、そのせいで日本人同士ではふつう起こりえないような問題にまで発展するおそれがある。一部の欧米諸国では移民による暴動が起きていると聞いている。日本への移民が増えた場合、日本でも同じ問題が起きるかもしれない。

教室で先生に教わりながら学ぶ (classroom learning with teachers) のと、先生の助けを借りずに生徒が独学する (self-study) のでは、どちらが効率的だと思いますか。あなたの意見を 80 語程度の英文で書きなさい。

発想　日本語で下書きを作成する

要素　必要な要素を考える

・(どちらが効率的?) 教室で先生に教わりながら学ぶほう

・(どういう点が効率的?) 初めての内容について先生がポイントを教えてくれる

・(それ以外には?) 先生がアドバイスしてくれる → 理解が深まる

・(独学の場合は?) 物理を独学した時、何がポイントかわからず、苦労した

配置　考えた要素を適切に並べ替えながらメモを作成する

展開　メモを文章のかたちにする

英訳　展開　で決めた内容を英語にする

_____

_____

_____

_____

_____

_____

_____

完成　文のつながりを意識して英文をまとめる

モデル英文 04

　　I think classroom learning with teachers is more efficient than self-study. This is because when you are learning something for the first time, your teacher will teach you what is important, so that you can study more efficiently.　In fact, when I started studying physics on my own, I didn't know what the important points were.　But after taking classes, I was able to understand the subject better because my teacher fully explained the theories and gave me some helpful advice on how to study.　　　(85 words)

私は、独学よりも教室で先生に教わりながら学ぶほうが効率的だと思う。なぜなら、初めて何かを学んでいる時、先生が何が重要かを教えてくれるので、効率よく勉強できるからである。実際、私が独学で物理を勉強し始めた時、何が重要なポイントなのかわからなかった。しかし、授業を受けてみると、先生が理論を十分に説明し、勉強の仕方に関する役立つアドバイスをしてくれたので、物理の理解がより深まった。

Resignation is the first lesson of life. (何事もあきらめが肝心) と Where there is a will, there is a way. (あきらめなければ必ず道は開ける) ということわざがありますが、あなたの考えはどちらに近いですか。過去の経験を挙げて、80 語程度の英文で述べなさい。

(2019 年　大阪大学・改題)

💡 **発想**　日本語で下書きを作成する

要素　必要な要素を考える

・(どちらに近い?) あきらめなければ必ず道は開ける
・(どんな体験からそう言える?) 高校のテニス部
・(なにがあった?) 下手で退部しかけた
・(あきらめなかったらどうなった?) 2 年近く毎日練習 → 優勝できた

配置　考えた要素を適切に並べ替えながらメモを作成する

展開　メモを文章のかたちにする

英訳　展開 で決めた内容を英語にする

_____

_____

_____

_____

_____

_____

_____

完成　文のつながりを意識して英文をまとめる

モデル英文 05

As the proverb "Where there is a will, there is a way" says, I believe it is important never to give up. When I was in high school, I belonged to the tennis club. I was the most terrible player, and I thought about leaving the club many times. However, I didn't give up and practiced hard every day for nearly two years, until I finally won the championship. If I had given up easily, I couldn't have achieved such a remarkable result. (83 words)

「あきらめなければ必ず道は開ける」ということわざがあるように、私は決してあきらめないことが大切だと思う。高校時代、私はテニス部に所属していた。私は一番下手で、何度も退部しようかと考えた。しかし、あきらめずに2年近く毎日練習を積み重ね、ついに優勝することができた。もし簡単にあきらめていたら、このようなすばらしい結果は得られなかっただろう。

登下校時の安全確認や緊急連絡用のツールとして、小学生にスマートフォンを持たせる親が増えていますが、このような用途以外には「小学生にスマートフォンを自由に使わせるべきではない」という意見があります。あなたはこの意見に賛成か反対か、80 語程度の英語で述べなさい。

💡 発想 **日本語で下書きを作成する**

要素 **必要な要素を考える**

- （賛成か反対か？）賛成
- （なぜ？）適切に使えない、スマホ中毒になる → 子供の成長に悪影響
- （なぜそう言える？）携帯ゲームのやり過ぎ、SNS の見過ぎ
- （その結果どうなる？）外で遊ぶ回数減少 → 健康維持の妨げ

配置 **考えた要素を適切に並べ替えながらメモを作成する**

展開 **メモを文章のかたちにする**

英訳 **展開** で決めた内容を英語にする

_____

_____

_____

_____

_____

_____

完成 文のつながりを意識して英文をまとめる

モデル英文 06

I agree with the opinion that elementary school students should not use smartphones freely. They are still not old enough to use smartphones in a proper way, and they can easily get addicted to their smartphones. For example, they might develop bad habits of playing mobile games or watching social media to excess. This addiction will have a bad effect on their development. Using smartphones too much means playing outside less often, which could prevent them from staying healthy. (79 words)

私は、小学生がスマートフォンを自由に使うべきではないという意見に賛成だ。彼らはまだスマートフォンを適切に使えるほど大人ではなく、容易にスマートフォン中毒になることもある。たとえば、携帯ゲームをやり過ぎたり、SNS を見過ぎたりする悪い習慣を身につけてしまうかもしれない。このような依存状態は、成長に悪い影響を与える。スマートフォンの使い過ぎは、外で遊ぶ回数が減ることを意味し、そのせいで健康を維持することができなくなるかもしれない。

多くの高校生がスマートフォンを持っていますが、授業中はもちろん、校内での使用を禁止している高校もあります。高校生が学校でスマートフォンを使うことは許可されるべきだと思いますか。あなたの意見を 80 語程度の英語で述べなさい。

💡 発想　日本語で下書きを作成する

要素　必要な要素を考える

・(許可されるべき?) 許可されるべき

・(なぜ?) スマホ = 便利な勉強道具

・(なぜそう言える?) スマホで簡単にネットにアクセス → 情報検索

・(どんな時に使える?) わからないことや関心をもったことがある時

・(そうすると?) 先生に質問しなくても効果的な勉強が可能

配置　考えた要素を適切に並べ替えながらメモを作成する

展開　メモを文章のかたちにする

英訳　展開　で決めた内容を英語にする

_____

_____

_____

_____

_____

_____

_____

完成　文のつながりを意識して英文をまとめる

モデル英文 07

　　High school students should be allowed to use their own smartphones at school.　Smartphones can be a very useful study tool.　For example, if there is something they do not understand in their textbooks, or if they have a strong interest in the content they have studied in class, they can easily access the Internet with their smartphones and search for the information they need. In this way, they can study more effectively without having to ask their teachers for help all the time.　(84 words)

高校生は学校でスマートフォンを使うことを許可されるべきだ。スマートフォンは、とても便利な勉強道具になり得る。たとえば、教科書でわからないことや、授業で勉強した内容に強い関心がある場合、スマートフォンで簡単にインターネットにアクセスし、必要な情報を検索することができる。このように、常に先生に助けを求めなくても、より効果的に勉強することができるのだ。

中学校や高校での部活動の在り方についてはさまざまな意見がありますが、もしすべての部活動を廃止する計画があるとしたら、あなたはその計画に賛成ですか、それとも反対ですか。80 語程度の英語で答えなさい。

💡 **発想** | 日本語で下書きを作成する

要素 | 必要な要素を考える

・（賛成か反対か?）反対
・（なぜ?）部活動は有意義な経験を提供する
・（ほかには?）部活動から達成感を得られる
・（どんな経験?）勝つために他の部員と協力 → 社会性が身につく
・（どんな達成感?）目標のために練習 → 誇りと自信を得られる

配置 | 考えた要素を適切に並べ替えながらメモを作成する

展開 | メモを文章のかたちにする

英訳　展開で決めた内容を英語にする

_____

_____

_____

_____

_____

_____

_____

完成　文のつながりを意識して英文をまとめる

モデル英文 08

　I don't agree to the plan to end all club activities because club activities provide students with meaningful experiences. For example, students usually have to communicate and cooperate with other members to win a game. These social skills will be useful to them in the future. Moreover, through club activities students can develop a sense of achievement. Practicing hard to achieve goals will make them proud of what they have done and help them gain self-confidence.

(76 words)

部活動は生徒に有意義な経験を提供するので、すべての部活動を廃止する計画には賛成しない。たとえば、試合に勝つために、他の部員とコミュニケーションをとり、協力しなければならないのがふつうである。このようにして身につけた社会性は、将来に役に立つことになる。さらに、部活動を通して、生徒は達成感を得ることもできる。目標達成のために一生懸命練習をすることで、自分のしたことに誇りを持ち、自信を持つことができるのだ。

食品廃棄 (food waste) は日本のみならず、世界中で深刻な問題になっています。この問題に対して、私たちは日常生活の中でどのような対策を行えると思いますか。あなたの考えを、具体的な体験に基づいて 80 語程度の英語で述べなさい。

発想 日本語で下書きを作成する

要素 必要な要素を考える

・(食品廃棄に関する体験は…) コンビニのバイトで、賞味期限切れのものを廃棄
・(できることは?) 生活困窮者に寄付 → 廃棄を減らせる
・(それ以外では?) 食品を買い過ぎない＋外食時の食べ残しを持ち帰る
・(そうすると?) 廃棄が減少
・(これらを受けて、私の考えは…) 廃棄量を減らす対策が必要

配置 考えた要素を適切に並べ替えながらメモを作成する

展開 メモを文章のかたちにする

英訳　展開 で決めた内容を英語にする

_____

_____

_____

_____

_____

_____

_____

完成　文のつながりを意識して英文をまとめる

モデル英文 09

　　Food waste is such a serious problem that we should do everything to reduce it. First, I am always careful not to buy more food than I can eat, and when I eat out, I try to take leftover food home. This practice has reduced the amount of food I throw away. Second, when I was working part-time at a convenience store, I had to throw away products that were past their expiration date. I'm sure donating such products to people in need will reduce food waste.

(87 words)

食品廃棄はとても深刻な問題なので、それを減らすためにあらゆることを行うべきだ。まず、私はいつも食べ切れない量の食品を買わないよう気をつけており、また、外食する時には、残った料理は持ち帰るようにしている。この習慣のおかげで、捨てる食品の量を減らすことができている。次に、コンビニでバイトをしていた時、賞味期限切れの商品を捨てなければならなかった。そのような商品を生活に困っている人々に寄付することで、食品廃棄を減らすことができるにちがいない。

▶▶解説は → 本体 p.110　19

空き家 (vacant house) の増加は、日本が抱える社会問題の 1 つになっています。空き家が地域社会に引き起こす問題にはどのようなものがあり、その解決法にはどのようなものがあるか、あなたの考えを 80 語程度の英語で答えなさい。

発想　日本語で下書きを作成する

要素　必要な要素を考える

・(空き家の問題は?) 誰も手入れをしない → 構造的に弱くなる

・(その結果は?) 台風や地震が起きると、近所が危険

・(それ以外には?) 雑草が生い茂り、景観を損ね、周囲の家の価値を下げる

・(だから…) 空き家は地域社会に問題を引き起こす

・(解決法は…) 自治体が買い取り、改修、適正な価格で売却

配置　考えた要素を適切に並べ替えながらメモを作成する

展開　メモを文章のかたちにする

✎ 表現　日本語の下書きをもとに英語で意見を書く

英訳　**展開** で決めた内容を英語にする

_____

_____

_____

_____

_____

_____

_____

_____

完成　文のつながりを意識して英文をまとめる

モデル英文 10

Vacant houses cause problems to the local community. Since nobody takes care of vacant houses, they will become structurally weak. As a result, when a typhoon or earthquake hits, they will easily collapse, and people nearby may be in great danger. In addition, weeds grow around vacant houses, which can spoil the community landscape and lower the value of surrounding homes. To solve these problems, local governments should buy vacant houses, renovate them, and then sell them at a reasonable price. (81 words)

空き家は、地域社会に問題を引き起こす。空き家は誰も手入れをしないので、構造的に弱くなる。その結果、台風や地震に襲われると、簡単に倒壊してしまい、近所の人が非常に危険な目に遭うかもしれない。また、空き家の周りには雑草が生え、地域の景観を損ねて、周囲の家の価値を下げることもある。これらの問題を解決するために、自治体が空き家を買い取り、改修した上で、適正な価格で売却すべきだ。

教師をしているあなたに、友人から次の悩み相談のメールが届きました。あなたならどのような助言をしますか。80 語程度の英語で書きなさい。（本文のみ。あいさつ文などは不要）

Yesterday I heard from my wife that our daughter wants to quit high school. I was very shocked to hear that. I don't want her to quit high school because I believe education is very important to succeed in the future. What should I do for her?

💡 発想 **日本語で下書きを作成する**

要素 **必要な要素を考える**

- （助言としては…）まずは高校をやめたい理由を聞くべき
- （一般論としては…）人生での成功には教育が大切
- （しかし実際は…）自分の人生に満足するほうがもっと大切
- （相談者の子供の場合…）学校では学べない「やりたいこと」を見つけた可能性あり
- （なぜなら…）10 代の若者は将来を真剣に考え始める
- （「やりたいこと」を見つけたとしたら…）子供の意思を尊重して応援すべき

配置 **考えた要素を適切に並べ替えながらメモを作成する**

展開 **メモを文章のかたちにする**

英訳　展開 で決めた内容を英語にする

完成　文のつながりを意識して英文をまとめる

モデル英文 11

First of all, you should ask your daughter why she wants to quit high school. It is true that a good education is very important to succeed in life, but it is much more important for her to be satisfied with her life. Generally speaking, teenagers begin to think seriously about their own future. Your daughter may have found something that she really wants to do but that cannot be learned in school. If so, you should respect her will and support her.

(83 words)

まず、あなたはお嬢さんに高校をやめたい理由を聞いてみるべきです。確かに人生で成功するためには、よい教育を受けることはとても大切ですが、それよりもお嬢さんが自分の人生に満足することのほうがはるかに大切です。一般的に、10代の若者は、自分の将来について真剣に考え始めるものです。お嬢さんは、本当にやりたいけど学校では学べないことを見つけたのかもしれません。もしそうであれば、彼女の意思を尊重し、応援してあげてください。

相談文訳

昨日、妻から娘が高校を辞めたがっていると聞きました。私はそれを聞いて、とてもショックを受けました。将来、成功するためには教育がとても大切だと思うので、彼女には高校を辞めてほしくありません。彼女に何をしてあげればよいでしょうか。

人生で最も印象に残っている風景は何ですか。そして、その理由は何ですか。80 語程度の英語で述べなさい。

💡 **発想**　日本語で下書きを作成する

要素　必要な要素を考える

・（最も印象に残っている風景は…）北海道の広大な雪景色

・（理由は？）初めての雪景色に言葉を失うほど感動

・（なぜ感動？）出身は沖縄 → 雪が降らないので、見たことがなかった

・（いつ見た？）小学生の時の家族旅行で北海道に行った時

配置　考えた要素を適切に並べ替えながらメモを作成する

展開　メモを文章のかたちにする

英訳　　展開　で決めた内容を英語にする

完成　文のつながりを意識して英文をまとめる

モデル英文12

　　The most impressive scenery in my life is the vast snow scene I first saw in Hokkaido. I was born and raised in Okinawa, where it never snows. So I had never seen snow until I visited Hokkaido on a family trip when I was in elementary school. When I saw the snow scene for the first time, I was so impressed that I was at a loss for words. I still vividly remember the scenery, which was completely different from that of my hometown.　　(85 words)

　私の人生で最も印象に残っている風景は、北海道で初めて見た広大な雪景色です。私は、雪が降らない沖縄で生まれ育ちました。なので、小学生の時に家族旅行で北海道を訪れるまで、雪を見たことがありませんでした。初めて雪景色を見たとき、とても感動して言葉を失いました。地元とはまったく違うその風景を今でも鮮明に覚えています。

これまでの人生の中で、目標を達成できなかった経験はありますか。その経験について、そこから得た教訓も含めて 80 語程度の英語で説明しなさい。

💡 **発想** 日本語で下書きを作成する

要素 必要な要素を考える

- （失敗した経験は…）第一志望の高校に入れなかった
- （そこから得た教訓は？）早めに目標設定 → 十分に準備
- （なぜそう思う？）中学の部活引退後、入試合格のためがんばった
  → 受験勉強を始めるのが遅すぎた
- （早く始めていたら…）目標達成の可能性が高まる

配置 考えた要素を適切に並べ替えながらメモを作成する

展開 メモを文章のかたちにする

英訳 　展開 で決めた内容を英語にする

_____

_____

_____

_____

_____

_____

_____

完成 　文のつながりを意識して英文をまとめる

モデル英文 13

When I was in junior high school, after retiring from the soccer club in July, I worked hard to pass the entrance exam. But despite all my efforts, I couldn't enter the high school of my first choice. I thought about why I had failed. Then I realized that I had started preparing for the exam too late. From this experience I learned that the earlier we set a goal, the more adequately we can prepare and the more likely we are to achieve it.

(85 words)

中学生の時、7月にサッカー部を引退した後、私は入試合格のために一所懸命がんばりました。しかし、あらゆる努力にもかかわらず、第一志望の高校に入れなかったのです。私はなぜ失敗したのかを考えました。そして、試験の準備を始めるのが遅すぎたことに気づきました。この経験から、目標を立てるのが早ければ早いほど、十分な準備ができ、その目標を達成できる可能性が高くなるということを学びました。

あなたは4月の大学入学に備えて、住む部屋を探しています。不動産会社から次の2つの物件を紹介されましたが、あなたならどちらを選びますか。その理由を 80 語程度の英語で答えなさい。

APARTMENT 1	
かもめ駅 徒歩 8 分	
●賃料	100,000 円
●敷金	100,000 円
●礼金	100,000 円
●専有面積	35.00m²
●間取り	2K / バス・トイレ別
●竣工	2022 年

APARTMENT 2	
かもめ駅 徒歩 18 分	
●賃料	45,000 円
●敷金	無
●礼金	無
●専有面積	18.00m²
●間取り	1K / ユニットバス
●竣工	2002 年

💡 **発想** 日本語で下書きを作成する

要素 必要な要素を考える

・(選ぶ際の条件は…) 家賃が安い

・(なぜその条件?) 節約したお金で好きなことができる

・(具体的には?) 読書や旅行など

・(そうすると…) 視野が広がる → 有意義

・(では、どちらを選ぶ?) 狭いが家賃が安いアパート 2

配置 考えた要素を適切に並べ替えながらメモを作成する

_____

_____

_____

_____

✎ 表現　日本語の下書きをもとに英語で意見を書く

英訳　　展開　で決めた内容を英語にする

_____

_____

_____

_____

完成　　文のつながりを意識して英文をまとめる

モデル英文 14

> I would choose apartment 2 because it costs much less than apartment 1. Apartment 2 is smaller than apartment 1, but I don't care about that. It is more important for me to save money. With the money I save, I will be able to do the things I like while in college, such as reading or traveling. I believe it is more meaningful to broaden my horizons through reading and traveling than to live in a large room.
>
> (79 words)

私はアパート2を選びますが、それはアパート1よりずっと費用がかからないからです。アパート2はアパート1より狭いですが、私は気にしません。お金を節約することのほうが私にとって重要なのです。貯めたお金で、大学生の間に読書や旅行など、好きなことができます。広い部屋に住むよりも、読書や旅行を通じて視野を広げるほうが有意義だと思います。

問題 15

もし宝くじで 100 億円当たったら、あなたはそのお金をどのように使いますか。80 語程度の英語で答えなさい。

発想 日本語で下書きを作成する

要素 必要な要素を考える

・（使い道は…）宇宙旅行に行きたい
・（なぜ宇宙旅行？）宇宙から地球を見てみたい
・（なぜそう思う？）宇宙飛行士になって宇宙から地球を見るのが子供の頃の夢
・（現実は？）宇宙飛行士になるのは大変 → 断念
・（今では？）大金さえ払えば、ふつうの人でも宇宙に行ける

配置 考えた要素を適切に並べ替えながらメモを作成する

展開 メモを文章のかたちにする

英訳　展開　で決めた内容を英語にする

完成　文のつながりを意識して英文をまとめる

モデル英文 15

　　If I won ten billion yen in the lottery, I would spend it traveling to space. As a child, my dream was to become an astronaut and look at the earth from space. However, I gave up the dream because becoming an astronaut required extremely tough training. Now things have changed, and ordinary people can travel to space if only they pay a lot of money. So, like those people, I would also like to take a look at the earth from space with the lottery money.

(87 words)

　もし宝くじで100億円当たったら、宇宙旅行に使うだろう。子供の頃、私の夢は宇宙飛行士になって宇宙から地球を見ることだった。しかし、宇宙飛行士になるには非常に厳しい訓練が必要なので、その夢は断念した。今では状況が変わり、大金さえ払えば、ふつうの人でも宇宙に行ける。だから、そのような人々と同じように、私も宝くじで当てたお金で宇宙から地球を見てみたい。

幸せな人生を送るために最も重要なことは何だと思いますか。また、その理由は何ですか。
次の文を読んで、80 語程度の英語で答えなさい。

What is the most important thing for a happy life? Some people say that money is most important, and others say fame. For some people, hobbies may be the most important thing. American researchers conducted a survey on this topic. The results showed that most people value interaction with family and friends the most. Of course, money and fame are important for a good life, but it seems that good relationships are the most important factor for a happy life.

💡 発想　日本語で下書きを作成する

要素　必要な要素を考える

- （最も重要なことは…）良好な人間関係
- （なぜ重要?）人間は一人では生きていけない社会的な生き物
- （ほかには?）身近な人々との付き合いで幸福度は決まる
- （だから?）お互いに（特に家族や友人と）交流する必要あり
- （具体的には?）お金や名声があっても、友人や家族が幸福な人生に不可欠

配置　考えた要素を適切に並べ替えながらメモを作成する

展開　メモを文章のかたちにする

英訳　展開 で決めた内容を英語にする

_____

_____

_____

_____

_____

完成　文のつながりを意識して英文をまとめる

モデル英文 16

I believe good relationships are the most important factor for a happy life. After all, we humans are social creatures who cannot live alone, and we need to interact with each other, especially with our family and friends. No matter how much money or fame we have, we cannot lead a truly satisfying life without our loving friends and family, with whom we can share joys and sorrows from our hearts. Thus, how happy we are depends on how well we get along with those close to us.

(88 words)

幸せな人生には良好な人間関係が最も重要な要素だと思う。結局のところ、私たち人間は一人では生きていけない社会的な生き物であり、お互いに、特に家族や友人と交流する必要があるのだ。どんなにお金や名声があっても、心から喜びや悲しみを分かち合える愛情あふれる友人や家族がいなければ、本当に満足できる人生を送ることはできない。このように、私たちがどれだけ幸せであるかは、身近な人々とどれだけ仲よくできるかにかかっている。

課題文訳

幸せな人生にとって最も重要なものは何だろうか。お金が最も大切だという人もいれば、名声が最も大切だという人もいる。人によっては、趣味が最も大切かもしれない。このトピックについて、アメリカの研究者が調査を行った。その結果、多くの人が家族や友人との交流を最も大切にしていることがわかった。もちろん、よい人生を送るためにはお金や名声も重要だが、良好な人間関係が幸せな人生を送るためには最も重要な要素だといえそうだ。

▶▶解説は → 本体 p.170

下の表は、アメリカの大学への留学生の入学者数の変化を示している。2001 年から 2014 年の間における、3 か国からの入学者数の異なる動向を、80 語程度の英語で簡単に述べなさい。

（2021 年 九州大学・改題）

place of origin	number of students		percentage change 2001→2014
	2001	2014	
Japan	46,810	19,064	− 59%
China	63,211	304,040	+381%
Canada	26,514	27,240	+3%

（表は Open Doors Report, Institute of International Education のデータをもとに作成）

💡 発想　日本語で下書きを作成する

要素　必要な要素を考える

・（日本の動向は…）約 60%減少
・（中国の動向は…）飛躍的に増加
・（カナダの動向は…）ほぼ横ばい
・（特徴的なのは…）中国の留学生：2001 年 → 2014 年で約 5 倍に

配置　考えた要素を適切に並べ替えながらメモを作成する

展開　メモを文章のかたちにする

✎ 表現　日本語の下書きをもとに英語で意見を書く

英訳　**展開** で決めた内容を英語にする

_____

_____

_____

_____

_____

_____

_____

完成　文のつながりを意識して英文をまとめる

モデル英文 17

　　Between 2001 and 2014 the number of international students from Japan enrolled at universities in the United States decreased by about 60%, from 46,810 to 19,064.　In contrast, during the same period, the number of students from China increased dramatically.　In 2014 there were about five times as many Chinese students studying in American universities as in 2001. Unlike those two countries, during the same period, the number of students from Canada remained almost unchanged, with only a slight increase of 3%.

(82 words)

2001 年から 2014 年の間に、アメリカの大学に入学した日本からの留学生は、46,810 人から 19,064 人へと約 60% 減少した。一方、同時期に中国からの留学生は飛躍的に増加した。2014 年にアメリカの大学で学ぶ中国人留学生の数は、2001 年の約 5 倍だった。この 2 か国とは異なり、同時期にカナダからの留学生の数はほぼ変わらず、3% の微増にとどまっていた。

下のグラフは、さまざまな国における自転車の利用状況や安全性の調査データを示したものです。折れ線グラフと棒グラフが何を示しているかを説明しなさい。そして、あなたが気づいたことについて、考えられる理由を 1 つまたは複数挙げて説明しなさい。80 語程度で説明しなさい。

（2021 年 名古屋大学・改題）

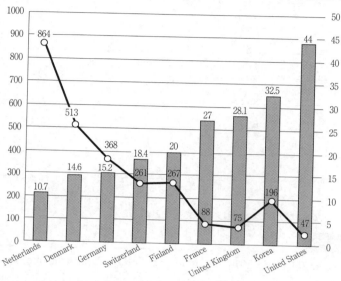

the bicycle travel distance per person per year (km)
the number of cyclists killed per billion kilometers of bicycle travel

(Adapted from the following source: Cycling Health and Safety, OECD 2013)

💡 **発想** 日本語で下書きを作成する

要素 必要な要素を考える

・（比べるポイントは…）オランダ（最長走行距離）とアメリカ（最短走行距離）

・（比べた結果は…）オランダの死亡率はアメリカの約 4 分の 1

・（そこから言えるのは…）自転車の走行距離と死亡者数は反比例

・（考えられる理由は…）自転車利用が多い国 → 安全な環境や設備が充実

配置 考えた要素を適切に並べ替えながらメモを作成する

_____

_____

_____

_____

✏ 表現　日本語の下書きをもとに英語で意見を書く

英訳　**展開** で決めた内容を英語にする

_____

_____

_____

_____

完成　文のつながりを意識して英文をまとめる

モデル英文 18

The data shows that the longer distance a person rides a bicycle, the fewer cyclists are killed in traffic accidents. For example, if we compare the Netherlands, which has the longest bicycle travel distance, with the United States, which has the shortest, the death rate in the Netherlands is about one quarter that of the United States. One possible reason is that countries where bicycles are used more often have safer environments and facilities for cyclists, such as bike lanes and road signs for cyclists.

(85 words)

このデータは、自転車に乗る距離が長いほど、交通事故での自転車利用者の死亡者数が少ないことを示している。たとえば、自転車の走行距離が最も長いオランダと、最も短いアメリカを比較すると、オランダの死亡率はアメリカの約 4 分の 1 である。その理由として考えられるのは、自転車がより頻繁に利用される国では、自転車専用レーンや自転車利用者用の道路標識など、自転車利用者にとってより安全な環境や設備が整っているということである。

問題 19

次の絵の意味について、あなたが考えたことを 80 語程度の英語で説明しなさい。

💡 **発想** 　日本語で下書きを作成する

要素 　必要な要素を考える

- （絵にあるのは…）自然の景色をテレビで見ている少年、たくさんの自然に関する本

- （それ以外には…）窓の外にテレビと同じ景色

- （絵から読み取れることは…）少年は自然に興味があるようだ

- （それなのに…）屋外で見られる景色をテレビで見ている

- （この少年がすべきなのは…）自然に興味があるなら、屋外で景色を楽しむべき

- （この絵が伝えたいことは…）自然を直接体験することの大切さ

配置 　考えた要素を適切に並べ替えながらメモを作成する

_____

_____

_____

_____

表現 日本語の下書きをもとに英語で意見を書く

英訳 展開 で決めた内容を英語にする

_____

_____

_____

_____

完成 文のつながりを意識して英文をまとめる

モデル英文 19

I think the picture means it is important to experience nature firsthand. The boy seems interested in nature because he has a lot of books about the topic. However, he is watching a scene on TV even though he can see the same scene outside. If he is really interested in nature, he should stop watching TV and open the window to enjoy the outdoor scene. Then he will be impressed by the fresh air and warm sunshine, which he can never experience while staying indoors.

(86 words)

この絵は、自然を直接体験することが大切だということを意味していると思う。この少年は自然に関する本をたくさん持っているので、自然に興味があるようだ。しかし、屋外で同じ景色が見られるのに、テレビでその景色を見ている。もし本当に自然に興味があるのなら、テレビを見るのをやめて、窓を開けて外の景色を楽しむべきだ。そうすれば、室内にいては決して体験することができない、新鮮な空気と暖かい日差しに感動するだろう。

問題 20

大学の英語の授業で、「あなたの出身地にある、外国人観光客にぜひ訪れてほしいスポット」を説明することになりました。あなたなら、どこを訪れ、何をすることを外国人観光客に勧めますか。80 語程度の英語で書きなさい。

発想 日本語で下書きを作成する

要素 必要な要素を考える
- （出身地は?）福岡県北九州市
- （勧めたいことは?）日本らしい体験
- （お勧めの場所は?）小倉城
- （そこで何をする?）歴史学習＋日本の伝統文化の体験（茶会）
- （ほかには?）春の花見

配置 考えた要素を適切に並べ替えながらメモを作成する

展開 メモを文章のかたちにする

英訳　展開 で決めた内容を英語にする

完成　文のつながりを意識して英文をまとめる

モデル英文 20

I am from Kitakyushu City in Fukuoka Prefecture. I recommend that foreign visitors to my hometown visit Kokura Castle because they can learn about its interesting history and do some activities related to traditional Japanese culture there. For example, tea ceremonies are often held there, and the participants can have the unique experience of wearing kimonos and drinking green tea. Moreover, in spring, foreign visitors can enjoy the beautiful cherry blossoms around the castle in the unique Japanese way known as "Hanami."

(82 words)

私は福岡県北九州市出身です。私の故郷を訪れる外国人観光客には、小倉城へ行くことをお勧めします。なぜなら、そこでは小倉城の興味深い歴史を学び、日本の伝統文化に関連したアクティビティを体験できるからです。たとえば、そこではよく茶会が開かれ、参加者は着物を着て抹茶を飲むというユニークな体験をすることができます。さらに、春になると、外国人観光客は「花見」と呼ばれる日本独特の方法で、城の周りにある美しい桜を楽しむことができます。

▶▶ 解説は → 本体 p.206

01　学校・教育・勉強

- □ 母校を訪れる ▶ visit one's alma mater
- □ 高校の同窓会に出席する ▶ attend a high school reunion
- □ 京都大学の卒業生 ▶ a graduate of Kyoto University
- □ 大学院 ▶ a graduate school
  - □ 大学院生 ▶ a graduate student
- □ 塾〔予備校〕に通う〔通っている〕 ▶ go to cram school
- □ 体育 ▶ PE
  - □ 体育の授業 ▶ a PE class　　　□ 体育教師 ▶ a PE teacher
- □ (教科の) 古文 / 漢文 ▶ Japanese classics / Chinese classics
- □ 人文科学 ▶ (the) humanities
- □ 自然科学 ▶ (the) natural sciences
- □ 文化祭〔学園祭〕を開催する ▶ hold a school festival
- □ 体育祭〔運動会〕が開催される ▶ an athletic meet is held
- □ 体罰を禁止する ▶ ban corporal punishment
- □ 授業中 ▶ in class
  - □ 休み時間に ▶ at break　　　□ 放課後 ▶ after school
- □ (人に) 問題を出す ▶ give (someone) a problem
  - □ 問題を解く ▶ solve a problem
- □ (人に) 質問をする ▶ ask (someone) a question
  - □ 質問に答える ▶ answer a question
- □ 講義のノート〔記録〕を取る ▶ take notes on the lecture
- □ (走り書きで) 名前をメモする ▶ make a note of the name
- □ 模擬試験を受ける ▶ take a mock test〔exam〕
- □ テストでよい成績を取る ▶ get a good grade on〔in〕a test
- □ 学校の成績がよい ▶ do well in school
  - □ 学校の成績が悪い ▶ do poorly in school
- □ 1位になる ▶ win first prize
  - □ 2位になる ▶ win second prize

□ アルバイトをする ▸ work part-time / do a part-time job

□ 中退する ▸ drop out of school

　　□ 退学する ▸ quit school

□ 学歴で決まる ▸ be determined by educational background

□ 知的好奇心をかき立てる ▸ stimulate one's intellectual curiosity

□ 達成感を得る〔覚える〕 ▸ gain a sense of achievement

□ 責任感を抱く〔覚える〕 ▸ develop a sense of responsibility

□ やる気を高める、やる気がアップする ▸ increase one's motivation

□ 視野を広げる、視野が広がる ▸ broaden one's horizons

□ 不登校 ▸ truancy

　　□ 不登校の生徒、無断欠席者 ▸ a truant

□ リカレント教育、社会人の学び直し ▸ recurrent education

02　健康・医学・医療

□ 朝食を抜く ▸ skip breakfast

□ 間食する ▸ eat between meals

□ 体重が増える ▸ gain weight

　　□ 体重が減る ▸ lose weight

□ ダイエットを始める ▸ go on a diet

　　□ ダイエットをしている ▸ be on a diet

□ 激しい運動をする ▸ do vigorous exercise

　　□ 軽い運動をする ▸ do gentle exercise

□ 体調がよい ▸ (be) in good shape

　　□ 体調が悪い ▸ (be) in poor shape

□ 病気になる ▸ get sick〔illness〕

　　□ 病気である ▸ be sick〔ill〕

□ 風邪をひく ▸ catch (a) cold

□ 風邪をひいている ▸ have a cold

□ 市販の風邪薬を飲む ▸ take an over-the-counter cold medicine

□ 花粉症になる ▸ get〔develop〕hay fever

　　□ 花粉症である ▸ have hay fever

- □ 熱中症にかかる ▶ suffer heatstroke
- □ 脳卒中を起こす ▶ suffer a stroke
- □ 救急車を呼ぶ ▶ call an ambulance
  - □ 救急隊員 ▶ an ambulance crew
- □ 卵にアレルギーがある ▶ be allergic to eggs / have an allergy to eggs
- □ 肥満や糖尿病などの生活習慣病
  - ▶ a lifestyle disease such as obesity and diabetes
- □ 認知症になるリスクが高い ▶ have an increased risk of dementia
- □ 感染を広げる ▶ spread infection
  - □ 感染拡大 ▶ the spread of infection
- □ はしを消毒〔殺菌〕する ▶ disinfect chopsticks
  - □ はしの消毒〔殺菌〕 ▶ the disinfection of chopsticks
- □ ワクチン ▶ vaccine
  - □ ワクチンを打つ ▶ be〔get〕vaccinated
- □ コロナに感染する ▶ get infected with Covid-19
  - □ コロナの後遺症に苦しむ ▶ suffer from the after-effects of Covid-19
- □ 年に1回健康診断を受ける ▶ get〔have〕a check-up once a year
  - □ 人間ドックを受ける ▶ get〔have〕a complete medical checkup
- □ 乳がんと診断される ▶ be diagnosed with breast cancer
- □ 外来患者 ▶ an outpatient
  - □ 入院患者 ▶ an inpatient
- □ 末期〔不治の病〕の患者 ▶ patients with a terminal illness
- □ エイズ患者に末期治療を提供する
  - ▶ provide terminal care for people with AIDS
- □ 脳死判定 ▶ the diagnosis of brain death
  - □ 脳死ドナー ▶ a brain-death donor
- □ 延命治療を拒否する ▶ refuse life-sustaining treatment
- □ 植物状態で ▶ in a vegetative state
  - □ 植物状態患者 ▶ a vegetative patient
- □ 安楽死を合法化する ▶ legalize euthanasia
  - □ 安楽死を実施する ▶ practice euthanasia

- [ ] ノートパソコン ▸ a laptop (computer) / a notebook computer
- [ ] タブレット (型コンピューター) で描く ▸ draw with a tablet (computer)
- [ ] 書類をデジタル化する ▸ digitize documents
- [ ] クラウド上にデータを保存する ▸ store data in the cloud
- [ ] オンライン授業を取る ▸ take an online class
- [ ] 在宅ワーカー、テレワーカー ▸ a teleworker / a telecommuter
  - [ ] 在宅勤務を推奨する ▸ encourage telecommuting (teleworking)
  - [ ] 在宅勤務をする ▸ work from home
- [ ] 電子マネーで払う ▸ pay with electronic money (e-money)
  - [ ] クレジットカードで払う ▸ pay by credit card
  - [ ] 現金で払う ▸ pay in (by) cash
- [ ] 顔認識 ▸ facial recognition
  - [ ] 音声認識 ▸ speech recognition
- [ ] 自律型ロボットを設計する ▸ design an autonomous robot
- [ ] ドローンを利用して荷物を届ける ▸ use a drone to deliver a package
- [ ] AI (人工知能) に取って代わられる ▸ be replaced by AI (artificial intelligence)
- [ ] 電気自動車 ▸ an electric vehicle
  - [ ] 電動自転車 ▸ an electric bike
- [ ] 自動運転車の新しい法律を導入する ▸ introduce new laws for self-driving cars
- [ ] ドライブレコーダーを取り付ける ▸ install a dashcam
- [ ] 電子マネー ▸ electronic money / e-money
  - [ ] 電子書籍 ▸ an electronic book
- [ ] テレビゲーム依存症を治す ▸ cure a video game addiction
- [ ] 情報格差 (デジタルディバイド) を埋める ▸ bridge the digital divide
- [ ] 電磁波を出す ▸ emit electromagnetic waves
- [ ] 通信障害が起こる ▸ there is a communication failure
- [ ] 株式市場にサイバー攻撃を仕掛ける ▸ launch a cyberattack on a stock market
- [ ] コンピューターウィルスをばらまく ▸ spread computer viruses
- [ ] 自動 (機械) 翻訳の進歩と可能性
  - ▸ the progress and potential of machine translation

□ 3Dプリンターで人間の臓器を印刷する ► print human organs on a 3-D printer

□ QR コードを読み取る ► scan a QR code

□ リサイクル可能な素材を用いる ► use recyclable materials

□ 遺伝子検査を受ける ► undergo genetic testing

□ 遺伝子組み換え食品を認可する ► approve GM〔genetically engineered〕foods

04 社会（問題）・経済・法律・政治

□ 経済格差 ► economic inequality

   □ 社会的不平等 ► social inequality

   □ 教育格差 ► educational inequality

   □ 男女不平等 ► gender inequality

□ 晩婚化 ► a tendency to delay marriage / a tendency to marry late

□ 過疎化する ► be depopulated

   □ 過疎地 ► a depopulated area

□ 少子化 ► a declining birthrate / a low birthrate

   □ 高齢化社会 ► an aging society

□ 保育園 ► a nursery

   □ 幼稚園 ► a kindergarten

□ 児童手当を受給する ► receive child benefits

□ 児童虐待 ► child abuse

   □ 育児放棄 ► child neglect

□ 社会から引きこもる ► withdraw from the world

   □ 引きこもり ► social withdrawal

□ 寝たきりの老人を介護する ► care for bed-ridden elderly people

   □ 老人ホーム ► a nursing home

   □ 在宅看護 ► home nursing care

   □ 介護者 ► a caregiver

   □ 介護福祉士 ► a care worker

   □ 身体障害者のための特別な設備 ► special facilities for disabled people

□ 動物保護施設 ► an animal shelter

   □ ホームレス保護施設 ► a homeless shelter

- □ 実業家 ▶ a businessperson
  - □ 会社員、サラリーマン ▶ an office worker
  - □ 正社員 ▶ a regular worker　　□ 契約社員 ▶ a contract worker
- □ 最低所得保障を行う ▶ give (a) universal basic income
- □ 生活保護を受ける ▶ receive welfare
  - □ 生活保護で暮らす ▶ live on welfare
- □ 年金をもらう ▶ receive a pension
  - □ 年金で暮らす ▶ live on a pension
- □ 風評被害に遭う ▶ suffer reputational damage
- □ プライバシーを侵害する ▶ invade one's privacy
  - □ プライバシーの侵害 ▶ an invasion of one's privacy
- □ 死刑制度を廃止する ▶ abolish the death penalty
- □ 憲法を改正する ▶ amend the Constitution
- □ 日本政府 ▶ the Japanese government
  - □ 地方自治体 ▶ local governments
- □ 政府に抗議するデモを行う ▶ demonstrate against the government
- □ 医療制度を改革する ▶ reform the healthcare system
- □ 食料自給率が高い ▶ food self-sufficiency rate is high
  - □ 食料自給率が低い ▶ food self-sufficiency rate is low
- □ 政府の補助金に依存する ▶ depend on government subsidies
- □ 意思決定の過程に参加する ▶ participate in a decision-making process

05　言語・人間関係・メディア

- □ 日本語 ▶ Japanese
  - □ 日本人 ▶ Japanese people
- □ 母語 ▶ one's mother tongue
  - □ 公用語 ▶ an official language
- □ 標準語 ▶ the standard language
  - □ 方言 ▶ a (local) dialect
  - □ 関西弁を話す ▶ speak the Kansai dialect
- □ 漢字で書かれる ▶ be written in Chinese characters

- ☐ 手話で意思疎通する ▸ communicate in sign language
- ☐ 字がきれいだ ▸ have good handwriting
  - ☐ 字が汚い ▸ have poor handwriting
- ☐ 手書きをする ▸ write by hand
  - ☐ 手書きの手紙 ▸ a handwritten letter
- ☐ 語彙を増やす ▸ increase one's vocabulary
  - ☐ 語彙が豊富だ ▸ have a large vocabulary
- ☐ 英語でスピーチをする ▸ make a speech in English
- ☐ 英語力を高める ▸ improve one's English skills
- ☐ 言葉の壁を乗り越える ▸ overcome a language barrier
- ☐ コミュニケーションの手段 ▸ a means of communication
- ☐ お互い意思疎通を図る ▸ communicate with each other
- ☐ 対面コミュニケーション ▸ in-person communication
- ☐ 人と連絡を取る ▸ get in touch with someone / contact someone
- ☐ 外国人と交流する〔触れ合う〕 ▸ interact with foreigners
- ☐ みんなと仲よくする ▸ get along with everyone
- ☐ 人と親密な関係〔親しい間柄〕である ▸ have a close relationship with someone
- ☐ ユーモア感覚がある ▸ have a sense of humor
  - ☐ 冗談を言う ▸ make a joke
- ☐ 波風を立てる ▸ rock the boat
  - ☐ 空気を読む ▸ sense the atmosphere
- ☐ 口コミで広まる ▸ spread by word of mouth
- ☐ マスコミで報道される ▸ be reported in the media
- ☐ 言論の自由を守る ▸ protect freedom of speech
  - ☐ 言論の自由を重んじる ▸ respect freedom of speech
- ☐ 表現の自由を制限する ▸ restrict〔limit〕freedom of expression
- ☐ 報道機関に厳しい検閲を課す ▸ impose strict censorship on the press
- ☐ 厳しく検閲される ▸ be heavily censored / be censored heavily
- ☐ 世論を操作する ▸ manipulate public opinion
- ☐ 知的財産権の保護 ▸ protection of intellectual property rights
- ☐ 著作権の侵害 ▸ infringement of copyright

- ☐ 日本の伝統文化を体験する ▶ experience traditional Japanese culture
- ☐ 日本社会に深く根ざしている ▶ be deeply rooted in Japanese society
- ☐ 関東では ▶ in the Kanto region
  - ☐ 関西では ▶ in the Kansai region
- ☐ 神社と寺院 ▶ a (Shinto) shrine and a (Buddhist) temple
- ☐ 京都の名所を観光する ▶ see the sights of Kyoto
- ☐ 史跡〔旧跡〕を訪れる ▶ visit a historic place〔spot〕
- ☐ 観光地 ▶ a tourist spot
  - ☐ 観光客 ▶ a tourist
  - ☐ 観光産業 ▶ tourism
- ☐ 花見をする ▶ view cherry blossoms
  - ☐ 花見 ▶ cherry-blossom viewing
- ☐ 温泉 ▶ a hot spring / a spa
  - ☐ 露天風呂 ▶ an outdoor hot spring
- ☐ 元旦 ▶ New Year's Day
  - ☐ 大晦日 ▶ New Year's Eve
  - ☐ 年賀状 ▶ New Year's cards
  - ☐ おせち料理 ▶ New Year's food
- ☐ 花火 ▶ fireworks
  - ☐ 花火大会 ▶ fireworks display
- ☐ 浴衣を着る ▶ wear Japanese summer kimono, known as yukata
- ☐ 和食、日本料理 ▶ Japanese food
  - ☐ 洋食 ▶ Western food
  - ☐ 中華料理 ▶ Chinese food
- ☐ みそ ▶ soybean paste
  - ☐ しょうゆ ▶ soy (sauce)
  - ☐ 納豆 ▶ fermented soybeans
- ☐ サバを生で食べる ▶ eat mackerel raw
  - ☐ カツオ ▶ bonito　　☐ マグロ ▶ tuna
- ☐ 江戸時代までさかのぼる風習 ▶ the custom that dates back to the Edo period

- [ ] 茶道 ▶ tea ceremony
  - [ ] 華道 ▶ flower arrangement
  - [ ] 書道 ▶ calligraphy
- [ ] 剣道や空手などの武道 ▶ martial arts such as kendo and karate
- [ ] 将棋を指す ▶ play Japanese chess, known as shogi
- [ ] 日本のアニメ ▶ Japanese anime
  - [ ] 日本のアニメ映画 ▶ Japanese anime movies
- [ ] 広島の原爆ドーム ▶ the Atomic Bomb Dome in Hiroshima
- [ ] 世界遺産に登録される ▶ be designated as a World Heritage Site
- [ ] 東日本大震災 ▶ the Great East Japan Earthquake
- [ ] 避難した全生徒 ▶ all the students that were evacuated
  - [ ] 避難 ▶ evacuation
- [ ] 被災地に救援物資を届ける ▶ send relief supplies to affected areas
- [ ] 集中豪雨に見舞われる ▶ get caught in a torrential downpour
- [ ] 土砂崩れや川の氾濫を引き起こす ▶ cause landslides and river flooding
- [ ] その地域を襲った自然災害 ▶ a natural disaster that struck the area
- [ ] 津波警報が発令される ▶ a tsunami warning is issued

07　国際（問題）・異文化理解

- [ ] 国際情勢の進展 ▶ developments in the international situation
- [ ] 国際社会から非難される ▶ be criticized by the international community
- [ ] 国際関係を改善する ▶ improve international relations
- [ ] 国際協力を強化する ▶ strengthen international cooperation
- [ ] 国際交流を推進する ▶ promote international exchange
- [ ] 近隣〔周辺〕諸国と協力する ▶ cooperate with neighboring countries
- [ ] 国際紛争の平和的解決 ▶ peaceful resolution of international conflict
- [ ] 平和に対する国際貢献を行う ▶ make international contributions to peace
- [ ] 教育の国際化 ▶ the internationalization of education
- [ ] 国際人 ▶ a cosmopolitan
  - [ ] 国際感覚のある ▶ internationally-minded

- □ 西洋の ▶ Western
  - □ 西洋 ▶ the West
  - □ 西洋人 ▶ Westerners
  - □ 西洋化されたアジア諸国 ▶ westernized Asian countries
- □ 留学生を呼び込む ▶ attract international students
- □ 今日のグローバル化した社会において ▶ in today's global society
- □ 女性を差別する ▶ discriminate against women
- □ 女性差別をなくす ▶ eliminate discrimination against women
- □ 民族差別 ▶ ethnic discrimination
  - □ 民族紛争 ▶ ethnic conflict
  - □ 民族の多様性を育む ▶ foster ethnic diversity
  - □ 少数民族 ▶ ethnic minority
- □ 人種の多様性 ▶ racial diversity
  - □ 人種差別 ▶ racial discrimination
- □ 多文化社会に暮らす ▶ live in a multicultural society
- □ 相互理解を深める ▶ deepen mutual understanding
- □ 異文化に触れる ▶ be exposed to different cultures
- □ 内政干渉 ▶ intervention in domestic affairs
- □ 戦争を始める ▶ go to war / declare war
  - □ 戦争状態である ▶ be at war
  - □ 戦争が勃発する ▶ war breaks out
- □ 第二次世界大戦 ▶ World War II
- □ ロシアによるウクライナ侵攻 ▶ the invasion of Ukraine by Russia
- □ 緊急人道支援を行う ▶ provide emergency humanitarian aid
- □ 長年に渡る領土問題を解決する ▶ resolve a long-standing territorial dispute
- □ 危機的状況に対する外交的解決を目指す
  - ▶ seek a diplomatic solution to the crisis
- □ 米国との絆を深める〔関係を強化する〕 ▶ deepen ties with the United States

- ☐ ごみを出す ▶ take out the garbage
  - ☐ ごみ袋 ▶ a garbage bag
- ☐ 有毒廃棄物 ▶ toxic waste
  - ☐ 核廃棄物 ▶ nuclear waste
- ☐ 産業廃棄物を処理する ▶ dispose of industrial waste
- ☐ レジ袋〔ビニール袋〕の利用を減らす ▶ reduce the use of plastic bags
- ☐ エコバッグを持参する ▶ bring one's own reusable bag(s)
- ☐ ペットボトルをリサイクルする ▶ recycle plastic bottle
- ☐ 再生紙 ▶ recycled paper
  - ☐ 再生プラスチック ▶ recycled plastic
- ☐ 資源〔再利用できる〕ゴミを分別する ▶ separate recyclable waste
- ☐ 環境に優しい製品 ▶ green〔eco-friendly〕products
- ☐ 環境を破壊する ▶ destroy the environment
  - ☐ 環境破壊 ▶ environmental destruction
- ☐ 環境を保護する ▶ protect the environment
  - ☐ 環境保護 ▶ environmental protection
- ☐ 生態系を損なう ▶ damage an ecosystem
  - ☐ 生態系を回復する ▶ restore an ecosystem
- ☐ 自然の美しさを味わう ▶ appreciate the beauty of nature
- ☐ 自然と調和した生活を送る ▶ live in harmony with nature
- ☐ 絶滅の危機に瀕した動植物 ▶ endangered animals and plants
- ☐ 地球温暖化と気候変動 ▶ global warming and climate change
- ☐ 異常気象と水不足に直面する ▶ face extreme weather and water shortages
- ☐ 森林伐採と砂漠化の影響 ▶ effects of deforestation and desertification
- ☐ 化学肥料や殺虫剤などの農薬
  - ▶ agricultural chemicals such as fertilizer and pesticides
- ☐ 豊かな海洋〔水産〕資源を開発する ▶ exploit abundant marine resources
- ☐ 養殖魚 ▶ farmed fish
  - ☐ 天然魚 ▶ wild-caught fish
- ☐ 石炭や石油などの化石燃料を燃やす ▶ burn fossil fuels such as coal and oil

- □ 自動車の排気ガスから出る大気汚染物質 ▶ air pollutants from car exhaust
- □ 二酸化炭素排出量を 30% 減らす ▶ reduce carbon dioxide emissions by 30%
- □ 原子力 ▶ nuclear power
  - □ 原子力発電所 ▶ a nuclear power plant
- □ 太陽光発電などの再生可能エネルギー ▶ renewable energy such as solar power
- □ 太陽電池や充電式の電池を使う ▶ use solar cells and rechargeable batteries
- □ 電気料金 ▶ an electric bill
  - □ ガス料金 ▶ a gas bill   □ 水道料金 ▶ a water bill
- □ 電気を節約する ▶ save electricity
  - □ 電気を無駄使いする ▶ waste electricity
- □ 停電を引き起こした嵐 ▶ the storm that caused blackouts

09 通信・インターネット・SNS

- □ 携帯電話 ▶ a mobile phone
  - □ 固定電話 ▶ a landline
  - □ 公衆電話 ▶ a pay phone
- □ 人にメールを送る ▶ email someone / send someone (an) email
- □ 人に携帯メールを送る ▶ text someone / send someone a text
- □ 無料で音声通話をする ▶ make a free voice call
  - □ 無料でビデオ通話をする ▶ make a free video call
- □ 歩きスマホをする ▶ use a smartphone while walking
- □ オンラインで利用〔購入〕できる ▶ be available online
- □ ネットで検索する ▶ search the Internet〔internet〕
- □ (〜を) グーグルで検索する ▶ google (something)
- □ アプリをダウンロードする ▶ download an app
- □ アプリをアップデートする ▶ update an app
- □ インスタ映えする写真を撮る ▶ take instagrammable pictures
- □ 自撮りしてインスタにアップロードする ▶ take and upload selfies to Instagram
- □ ユーチューブに動画を投稿する ▶ post a video on YouTube
- □ ユーチューブへの恥ずかしい投稿 ▶ an embarrassing post on YouTube
- □ お気に入りのユーチューバーの一人 ▶ one of my favorite YouTubers

- □ SNS でバズる ▶ go viral on social media
- □ ユーザーがアクセスできるコンテンツを制限する
  - ▶ restrict the content that users can access
- □ スタンプや絵文字で感情を伝える ▶ share one's feelings with stickers or emoji
- □ フェイスブックで友人とつながる ▶ connect with friends on Facebook
- □ 出会い系サイトで人と知り合う ▶ meet someone on dating sites
- □ ライブ配信されるイベント ▶ a live-streamed event
- □ フェイクニュースを拡散する ▶ spread fake news〔false information〕
- □ 個人情報を盗む ▶ steal personal information
- □ 偽名を使って ▶ under an assumed name / under a false name
- □ なりすましなどのネット犯罪 ▶ (a) cybercrime such as identity theft
- □ 海賊版ソフト ▶ pirated software
- □ フィッシング詐欺に引っかかる ▶ fall for a phishing scam
- □ インターネット依存症である ▶ be addicted to the Internet
  - □ インターネット依存症 ▶ Internet addiction
  - □ インターネット依存症の人 ▶ Internet addict
- □ ネットいじめ ▶ cyberbullying
  - □ ネットいじめをする人 ▶ a cyberbully

10　日常生活・家庭・仕事・娯楽

- □ 夜更かしをする ▶ stay up late at night
  - □ 徹夜する ▶ stay up all night
- □ 電子レンジで〜を温める ▶ heat something in a microwave
- □ 自販機で炭酸飲料を買う ▶ buy a soda from the vending machine
- □ ボランティア活動をする ▶ do volunteer work / work as a volunteer
- □ ペットを飼う ▶ have a pet
  - □ ペットに餌をあげる ▶ feed a pet
- □ スマホをマナーモードにする ▶ put one's smartphone on silent mode
- □ スマホを充電する ▶ charge one's smartphone
- □ 自転車に乗る ▶ ride a bike
  - □ オートバイに乗る ▶ ride a motorcycle

- □ 運転免許を取る ► get a driver's license
  - □ 運転免許を更新する ► renew one's driver's license
- □ 車に酔う ► get carsick
  - □ 乗り物酔い ► carsickness
- □ 船酔いする ► get seasick
  - □ 船酔い ► seasickness
- □ 映画を見に行く ► go to the movies / go to (see) a movie
- □ プライムビデオでドラマを見る ► watch a drama on Amazon Prime Video
- □ ネットフリックスで映画を見る ► watch a movie on Netflix
- □ 親から独立する ► become independent of one's parents
- □ 二十歳になる ► turn 20
  - □ 還暦を迎える ► turn 60
- □ 就職する ► get a job
  - □ 失業する ► lose one's job
  - □ 仕事に応募する ► apply for a job
  - □ 転職する ► change jobs
- □ 結婚する ► get married
  - □ ～と結婚する ► marry someone
- □ 離婚する ► get divorced
  - □ ～と離婚する ► divorce someone
- □ 名字を変える ► change one's last name
  - □ 旧姓を使う ► use one's maiden name
- □ 子供を産む ► have a child (baby)
  - □ 子供を育てる ► bring up a child
- □ 家事をする ► do the housework
  - □ 家事を分担する ► share the housework
- □ 主夫になる ► become a househusband
- □ 3年間育児休暇を取る ► take parental leave for three years
- □ おむつを替える ► change diapers
  - □ ミルクをあげる ► bottle-feed a baby

□ ストレスを引き起こす ▶ cause stress

　　□ ストレスを発散する ▶ relieve〔reduce〕stress

□ ストレスの多い仕事 ▶ a stressful job

□（人が）仕事でストレスが溜まっている ▶ be stressed out at work

□ ダラダラ過ごす、ゴロゴロする ▶ idle one's time away / spend one's time idly

Z-KAI